高等学校人工智能通识教育系列教材

人工智能通识导论

主　编　齐苏敏　李光顺　王茂励
副主编　李桂青　王来花　黄万丽　刘红娟　董兆安

中国教育出版传媒集团
高等教育出版社·北京

内容提要

　　人工智能正重塑人类社会的生产与生活方式。本书以教育部《高等学校人工智能创新行动计划》为指导,紧扣"普及智能素养、培育创新思维"目标,面向零基础学习者构建"理论–技术–伦理"三位一体的通识教学体系。

　　全书从智能的本质出发,系统地解析二进制、计算机系统、Python 编程等底层逻辑,结合数据爬取、机器学习、AIGC 等实践案例,拆解 AI 技术的核心架构与产业应用。通过"伦理角"专栏与 20 余个实战任务,引导学生直面数据安全、算法偏见、人机协同等前沿议题,培养兼具技术理解力与人文责任感的复合型思维。

　　本书面向零基础学习者,兼顾文理学科背景,既可作为高校人工智能通识课程教材,也可为公众提供破除"AI 焦虑"、理性参与智能时代发展的知识地图。

图书在版编目(CIP)数据

　　人工智能通识导论 / 齐苏敏,李光顺,王茂励主编 ; 李桂青等副主编. -- 北京 : 高等教育出版社,2025.9.
（高等学校人工智能通识教育系列教材）. -- ISBN 978-7-04-065629-9

　　Ⅰ. TP18

　　中国国家版本馆 CIP 数据核字第 202551MC47 号

Rengong Zhineng Tongshi Daolun

| 策划编辑 | 刘　娟 | 责任编辑 | 刘　娟 | 封面设计 | 张　志 | 版式设计 | 马　云 |
| 责任绘图 | 马天驰 | 责任校对 | 马鑫蕊 | 责任印制 | 耿　轩 | | |

出版发行	高等教育出版社	网　　址	http://www.hep.edu.cn
社　　址	北京市西城区德外大街 4 号		http://www.hep.com.cn
邮政编码	100120	网上订购	http://www.hepmall.com.cn
印　　刷	山东韵杰文化科技有限公司		http://www.hepmall.com
开　　本	787 mm×1092 mm　1/16		http://www.hepmall.cn
印　　张	16.25		
字　　数	350 千字	版　　次	2025 年 9 月第 1 版
购书热线	010-58581118	印　　次	2025 年 9 月第 1 次印刷
咨询电话	400-810-0598	定　　价	36.90 元

人工智能通识导论

主　编　齐苏敏　李光顺　王茂励
副主编　李桂青　王来花　黄万丽
　　　　刘红娟　董兆安

1　计算机访问 https://abooks.hep.com.cn/65629 或手机微信扫描下方二维码进入新形态教材网。

2　注册并登录后，计算机端进入"个人中心"，点击"绑定防伪码"，输入图书封底防伪码（20位密码，刮开涂层可见），完成课程绑定；或手机端点击"扫码"按钮，使用"扫码绑图书"功能，完成课程绑定。

3　在"个人中心"→"我的学习"或"我的图书"中选择本书，开始学习。

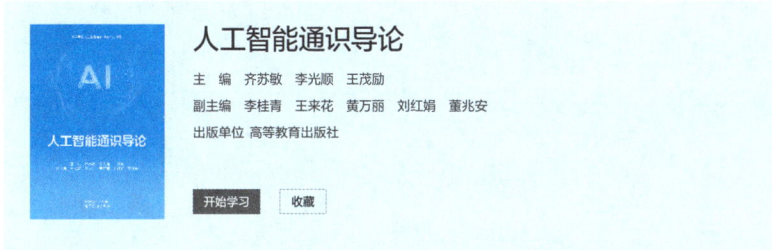

受硬件限制，部分内容可能无法在手机端显示，请按照提示通过计算机访问学习。

如有使用问题，请直接在页面点击答疑图标进行咨询。

https://abooks.hep.com.cn/65629

前　言

根据《新一代人工智能发展规划》(国发〔2017〕35号)关于"鼓励高校在原有基础上拓宽人工智能专业教育内容,形成'人工智能+X'复合专业培养新模式"的要求,大学生人工智能通识课旨在培养智能时代核心素养,通过基础理论、技术应用与伦理责任三位一体的教学体系,帮助学生理解AI基础逻辑,并掌握数据分析能力,教育部《高等学校人工智能创新行动计划》强调"进一步优化高校人工智能领域科技创新体系,把高校建成全球人工智能科技创新的重要策源地"。

人类社会发展经历了蒸汽时代、电气时代、信息时代和智能时代。人工智能(artificial intelligence,AI)正在重塑人类社会的生产模式、生活方式和思维方式。从自动驾驶到医疗诊断,从智能客服到艺术创作,AI技术的触角已延伸至人类社会的各个角落。

本书旨在以通识视角揭开人工智能的神秘面纱,帮助读者跨越技术壁垒,理解人工智能的本质、应用与伦理,培养适应智能时代的核心素养。

本书面向零基础学习者,兼顾文理学科背景,主要特点如下:

1. 跨学科融合,打破专业壁垒

"AI+X"知识体系:本书致力于将人工智能与人文、社科、艺术领域深度融合。如第1章探讨智能的哲学边界,围绕强、弱人工智能之争展开;第7章分析AIGC对艺术创作与版权法的冲击。这部分内容选取医疗、教育、环保等多元场景案例,避免纯技术化叙述,全面展现人工智能在各个行业的应用。

兼顾文理思维:用通俗语言解释技术原理;减少公式推导,增加对算法偏见、数据隐私等社会影响的讨论,使内容更契合文科思维,便于不同学科的读者理解。

2. 从底层逻辑到前沿应用的全链路覆盖

"信息-计算-智能"主线清晰:以二进制编码→计算机系统→软件开发→数据驱动→AI架构为逻辑链,回答"AI如何从0到1诞生"。例如,第2章信息编码与第5章网络数据衔接,揭示数据如何成为AI的"燃料"。

紧扣技术前沿:专设AIGC章节(第7章),覆盖扩散模型、大语言模型、多模态生成等热点;第6章详解Transformer、CNN等主流模型,避免讲解过时内容。

3. 理论与实践双轮驱动

"学以致用"导向：如第 4 章在讲解 Python 语法后，引入通俗易懂的实验强化理解；第 5 章引入 NumPy 矩阵运算与 Pandas 数据分析实战；第 7 章运用 AIGC 大模型完成文本生成、图像创作项目。

低门槛实验设计：提供 AI 辅助编程工具的安装与使用案例，利于非专业学生快速理解和掌握编程；采用 AI 虚拟仿真实训平台降低 AI 项目开发的难度，适合非专业学生。

4. 伦理与技术的平衡叙事

贯穿全程的伦理反思：每章均设"伦理角"专栏，例如，第 2 章讨论数据加密与隐私权的冲突；第 6 章分析自动驾驶的"电车难题"伦理困境。

批判性思维训练：通过争议性案例（如 AI 换脸、深度伪造新闻）引导学生辩论技术双刃剑效应；第 1 章与第 7 章呼应，追问"AI 是否取代人类创造力"。

本书与配套实践教材的建议总教学安排为 54 学时，其中，理论 28 学时，实验 26 学时，具体安排可结合下表中的学时建议进行调整和设置。教材中标注"*"的内容具有较高难度，授课教师可依据学生的专业背景对教学内容进行调整。

理论课程内容	学时安排	实验课程内容	学时安排
第 1 章　智能与人工智能	4	Prompt（提示词）应用	1
第 2 章　二进制与信息编码	4	智能体开发	1
第 3 章　计算与计算机系统	8	WPS 文字处理与 AI 文字应用	6
第 4 章　软件开发与人工智能语言 Python	4	WPS 表格与 AI 数据表格应用	6
第 5 章　网络与数据分析	4	WPS 演示与 AI 演示设计应用	4
第 6 章　人工智能技术架构与应用	2	Python 程序设计与 AI 辅助编程	8
第 7 章　AIGC 应用与实践	2		
合计	28	合计	26

本书的编写分工如下：第 1、6 章由齐苏敏编写，第 2 章由刘红娟编写，第 3 章由王来花编写，第 4 章由黄万丽编写，第 5 章由李桂青编写，第 7 章由董兆安编写，齐苏敏、李光顺、王茂励负责全书的通稿与校正工作。

本书是山东省本科高校人工智能赋能重点领域教学改革"111 计划"项目（项目编号：D2024007）的研究成果。

由于编者的知识和写作水平有限，书稿几经修改，仍难免存在不足之处，欢迎专家和读者批评指正。编者邮箱为 qixm@qfnu.edu.cn。

编者
2025 年 3 月

目　录

第1章　智能与人工智能

教学课件

虽有智慧,不如乘势;虽有镃基,不如待时。

——《孟子·公孙丑上》[①]

【导读】

在科技迅猛发展的当下,智能的概念已深度融入生活的方方面面。从日常使用的智能手机,到智能家居系统,再到无须人类操作的自动驾驶汽车,智能化功能已成为现代生活中不可或缺的部分,深刻改变着人们的生活方式与社会结构。

在享受智能设备带来的便捷时,我们不禁会思考:智能究竟是什么? 这些设备所展现的人工智能,与人类自身的智能又存在哪些联系与区别?

明晰智能与人工智能的定义,了解人工智能的发展历程,理解人工智能的应用领域,才能在科技飞速发展的时代保持理性,积极引导人工智能技术朝着造福人类的方向发展。

【教学要求】

知识点	教学要求		
	了解	理解	掌握
1.1　智能的基础概念			✓
1.2　人工智能的基础概念			✓
1.3　人工智能的发展历程		✓	
1.4　人工智能大模型的崛起		✓	
1.5　人工智能的应用领域与未来发展趋势	✓		

---

① 此句出自《孟子·公孙丑上》。"智慧"指由人的知识和能力结合形成的聪明才智;"势"指客观事物运动的基本趋势、方向等,是事物发展的客观规律;"镃基"是锄头的意思;"时"指时机、机遇。此句含义是:通过综合考量各种变化因素,将数据交错排列、相互印证,掌握其变化规律,最终成就世间万物的条理与秩序。此句强调了抓住时机、顺应形势的重要性。

1.1　智能的基础概念

在探索学习人工智能之前,首先应该理解什么是智能。智能,作为智慧与能力的统称,主要体现为人所具备的综合认知能力以及将知识运用于实际的应用能力。

智能涵盖了从感知外界信息、学习知识,到运用逻辑思维进行分析判断、解决问题等一系列复杂的心理和行为过程,是人类区别于其他生物,得以在复杂多变的环境中生存和发展的关键因素之一。

1.1.1　智能的定义

智能(intelligence)是指生物体或人造系统所具备的一种综合能力,它使个体或系统能够感知环境、获取知识、进行学习、思考推理、做出决策并采取行动,以适应环境变化并实现特定目标。

智能是一个复杂且多维度的概念,不同的学科和领域对其有不同的理解和定义。

从心理学角度看,智能是个体适应环境、学习和解决问题的能力,包括认知、记忆、思维、推理、判断等多种心理过程,这些过程相互作用,使个体能够理解周围世界,并根据环境变化做出适当的反应。例如,儿童在成长过程中,通过不断学习新知识、掌握新技能,逐渐提高其适应学校和社会生活的能力,这体现了智能的发展。

从计算机科学角度看,智能是计算机系统能够模拟人类的感知、学习、推理和决策等能力,通过数据处理和算法分析来实现自动化的任务执行和问题解决。例如,人工智能系统可以通过对大量图像数据的学习,识别出不同的物体;智能机器人能够根据环境信息做出决策,完成各种复杂的任务。

从生物学角度看,智能是生物体为了生存和繁衍,在进化过程中逐渐形成的一种适应环境的能力。它表现为生物体对环境刺激的感知、信息处理和行为反应的能力。例如,蜜蜂能够通过复杂的舞蹈语言来传递食物源的信息,鸟类能够根据季节变化进行迁徙,这些都是生物智能的体现。

从哲学角度看,智能涉及意识、思维和认知等方面,是人类对世界的认识和理解能力,以及运用这种认识和理解来改造世界的能力。它体现了人类的理性和智慧,使人类能够探索宇宙的奥秘、思考人生的意义,并创造出丰富的文化和科技成果。

因此,智能不仅体现在人类的认知和行为中,也可以通过计算机系统和其他技术手段来模拟和实现。

1.1.2　智能体的概念

智能体(agent)是指具有感知、决策和行动能力,能够在一定环境中自主运作并与环境交互,以实现特定目标的实体。

人类、动物和智能机器人都是智能体的典型代表。智能体通过感知获取环境信息,经过推理和判断后采取行动,以适应环境并实现目标,如智能机器人通过摄像头感知物体,经过推理判断后执行抓取任务。

1.1.3 智能的组成要素

在智能系统中,智能就是在具有一定知识积累前提下,有目的性地思考与反应,主要由感知、推理、学习、决策、记忆、语言等六大要素构成,如图 1-1 所示。

1. 感知(perception)

感知指通过各种感觉器官(如视觉、听觉、触觉、嗅觉、味觉等)获取外部信息。

对于人类和其他生物而言,感知能力是与外界交互的基础;对于智能机器来说,感知能力是通过传感器等设备来模拟实现。感知能力为后续的信息处理和决策提供原始数据。例如,人类通过眼睛看到周围的景象,通过耳朵听到声音,从而感知环境中的危险或机会;智能机器人通过摄像头感知物体的形状和颜色,通过麦克风感知声音,以便执行相应的任务。

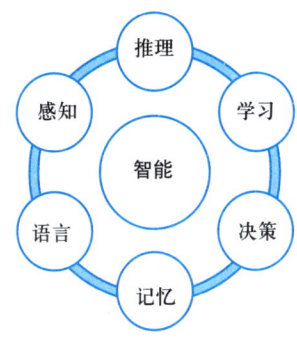

图 1-1 智能的组成要素

2. 推理(reasoning)

推理是根据已有的知识和信息,推导出新的结论或判断的过程,包括演绎推理、归纳推理、类比推理等。

推理使智能体能够从已知信息中获取更多的知识,做出合理的决策。如在科学研究中,科学家通过演绎推理从一般原理推导出具体结论,通过归纳推理从大量实验数据中总结出规律;智能系统利用推理算法来解决各种复杂的问题。

3. 学习(learning)

学习是指智能体从经验中获取新知识、新技能,或改进现有知识和技能的过程。

学习能力使智能体能够适应不断变化的环境和任务需求。人类通过学习不断提升自己的认知和技能水平;智能机器则通过对大量数据的学习,调整模型的参数,以提高对未知数据的预测和处理能力。

4. 决策(decision-making)

决策是在面临多种选择时,根据一定的标准和目标,选择最优或较优方案的过程。

决策能力是智能体适应环境和实现目标的关键。在日常生活和工作中,人类需要不断地做出决策;智能系统也需要根据环境信息和自身的目标,做出合理的决策,如在自动驾驶汽车中,根据路况和交通规则做出加速、减速、转弯等决策。

5. 记忆(memory)

记忆是对过去经验、知识和信息的存储和再现能力。记忆为学习和推理提供了基础,如人类能够记住所学的知识、经历的事件,在需要时回忆起来,而智能机器通过存储数据和模型,以便后续查询和使用。

6. 语言(language)

语言能力包括语言的理解和表达能力,能够理解自然语言的含义,并通过语言进行思想、情感的交流和信息的传递。

语言是人类交流和传承知识的重要工具,也是智能的重要体现。人类通过语言进行沟通、学习、传授知识和协作;对于智能系统来说,自然语言处理技术使其能够与人类进行交互,理解人类的指令并提供相应的回答和服务。

1.2　人工智能的基础概念

1.2.1　人工智能的定义

人工智能,从字面上可以拆解为"人工+智能",其核心内涵是让人工研制的软硬件系统具备像人一样的智能。

人工智能(artificial intelligence,AI)是由计算机科学、控制论、信息论、神经生理学、心理学、语言学、哲学等多学科相互渗透而发展起来的一门综合性学科,旨在通过计算机技术和算法,使机器具备模拟人类智能的能力,从而能够感知环境、学习知识、进行推理、做出决策并采取行动以实现特定目标。

具体而言,人工智能旨在让机器能够像人一样能感知、会学习、会思考。

人工智能是利用计算机技术、数学算法和数据处理方法,构建具有学习、推理和决策能力的系统的技术领域。

人工智能通过编写程序和设计算法,让计算机能够自动处理和分析大量数据,从中提取规律和模式,并根据这些信息做出合理的判断和决策。例如,图像识别技术对大量图像数据进行学习和分析,从而能够识别出图像中的物体、人物、场景等信息;自然语言处理技术使计算机能够理解、生成和处理人类语言,如智能语音助手可以听懂用户的语音指令并给出相应的回答。

1.2.2　人工智能的分类

人工智能是试图模拟、延伸和扩展人类智能的各个方面,包括感知、学习、记忆、推理、语言理解与生成、问题解决等能力的技术和系统。

人工智能追求的是机器行为跟人类智能行为的相似性,越相似实力越强。因此,按智能水平来分,人工智能有三个不同层次的定义,分别是弱人工智能、强人工智能和超人工智能。

1. 弱人工智能(weak AI)

弱人工智能,也称为领域人工智能或者应用型人工智能,是指专注于且只能解决特定领域问题的人工智能。比如,AlphaGo就是弱人工智能的一个最好实例,尽管战胜世界围棋冠军毫不费力,但是它只会下围棋。当前所有人工智能算法和应用都属于弱人工智能的范畴,人们更愿意将弱人工智能看成人类的工具,而不会将其视为威胁。

2. 强人工智能(strong AI)

强人工智能,又称为通用人工智能或者完全人工智能(artificial general intelligence,AGI),是指可以胜任人类所有工作的人工智能,人可以做什么,强人工智能就可以做什么,各方面都能和人类比肩。实现强人工智能比弱人工智能难得多,目前还很难做到。一旦实现了,也就意味着所有人类工作都可以用人工智能来取代。

3. 超人工智能(super AI)

牛津大学哲学家、未来学家尼克·博斯特罗姆(Nick Bostrom)在《超级智能》一书中,把超级智能定义为"在几乎所有领域都比最聪明的人类大脑聪明很多,包括科学创新、通识和社交技能"。超人工智能是在各方面都比人类强,目前也只存在于科幻小说和电影中。

1.2.3　人工智能的伦理挑战

强人工智能的崛起如同一把双刃剑,既为人类社会开启了充满无限可能的未来大门,也带来了诸多潜在风险,特别是在伦理层面引发了一系列严峻挑战。

当人工智能具备意识,权利归属问题便成为争议焦点。赋予其人权,并使其成为承担刑事责任的法律主体是否合理,亟待深入探讨。

同时,人类还面临控制难题,即如何实现价值对齐,确保强人工智能目标与人类价值观一致,否则它很可能背离人类预期。

此外,强人工智能的出现可能引发一系列社会问题,大规模失业、权力结构重组甚至人类文明边缘化都有可能发生。

【例 1-1】　自动驾驶的"强弱之辨"案例分析。

【解析】　我们从技术上和伦理上来分析自动驾驶的 AI 强和弱。

技术现状剖析:

● 弱 AI 级自动驾驶:目前,L4 级自动驾驶在限定场景,比如高速公路上,能够较为可靠地运行。然而,一旦遭遇极端天气,像暴雨、暴雪等,或是面临伦理抉择时,其应对能力便显得捉襟见肘。

● 强 AI 级自动驾驶:实现强 AI 级自动驾驶,需要车辆实时理解复杂的社会规则。例如,不同文化背景下"礼让行人"的规则存在差异,这对自动驾驶技术提出了极高要求。但截至目前,仍没有切实可行的解决方案。

伦理困境探讨:

● 电车难题:在紧急情况下,自动驾驶 AI 面临艰难抉择,究竟应该优先保护车内乘客,还是车外路人? 这一问题引发了广泛的伦理争议。

● 责任归属难题:当自动驾驶车辆发生事故时,责任该由谁来承担? 是技术开发者、车辆所有者,还是 AI 本身? 这一模糊地带亟待明确的法律界定。

【伦理角】　强 AI 是否应拥有"人权"?

【案例】 沙特授予机器人索菲亚公民身份引发争议。

【讨论】 思考若 AI 具备类人意识，是否应赋予其权利；人类是否有义务"善待"AI。讨论以下问题：

■ 若 AI 因"痛苦"拒绝执行危险任务，人类是否有权强制其执行？

■ 如何界定 AI 的"道德主体"地位？

1.3 人工智能的发展历程

1.3.1 图灵测试

1950 年 10 月，图灵发表了一篇题为《机器能思考吗》的论文，文中提出了著名的图灵测试。测试过程如下：测试者（一个真人）在与被测试者（一个真人和一台机器）隔开的情况下，通过通信装置向被测试者随意提问，并要求测试者猜测与自己对话的对方到底是真人还是机器（如图 1-2 所示）。在多次测试后，如果机器能平均让每个参与者做出超过 30% 的误判，那么这台机器就通过了测试，并被认为具有人类智能。

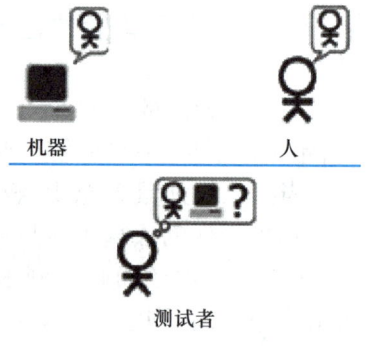

图灵测试的提出，首次让人们意识到机器人可能具备人类智能。图灵测试可以被称为人工智能的"试金石"或"智能分水岭"，其本质是对机器是否具备类人智能的核心拷问。

图 1-2 图灵测试模型

为了纪念图灵的贡献，美国计算机协会（ACM）在 1966 年设立了图灵奖（Turing Award），该奖项被誉为计算机界的"诺贝尔奖"，图灵也因此被誉为"人工智能之父"。

【科普知识】 艾伦·麦席森·图灵，也译作阿兰·图灵，是计算机科学的奠基者，许多人工智能的重要方法也源自这位伟大的科学家。他杰出的贡献使其成为计算机界的第一人，现在人们为了纪念这位伟大的科学家，将计算机界的最高奖定名为"图灵奖"。1912 年图灵生于英国伦敦。1931 年，图灵考入剑桥大学国王学院，1934 年取得学士学位。1935 年直接当选为国王学院的研究员，并于次年荣获英国著名的史密斯（Smith）数学奖。1936 年 9 月，图灵应邀到美国普林斯顿高等研究院学习，1938 年在普林斯顿获博士学位。1939 年秋，他应召到英国外交部通信处从事军事工作，主要是破译敌方密码。1945 年到 1948 年，他在英国国家物理实验室工作，负责自动计算引擎的研究。1951 年，由于在可计算性方面所取得的成就，图灵成为英国皇家学会会员，时年 39 岁。[1]

---

① 摘自百度百科词条"艾伦·麦席森·图灵"。

1.3.2　人工智能发展的三次浪潮

自图灵提出图灵测试之后,人工智能的发展经历了三次浪潮和两次低谷,现在正处于第三次发展热潮中,如图 1-3 所示。

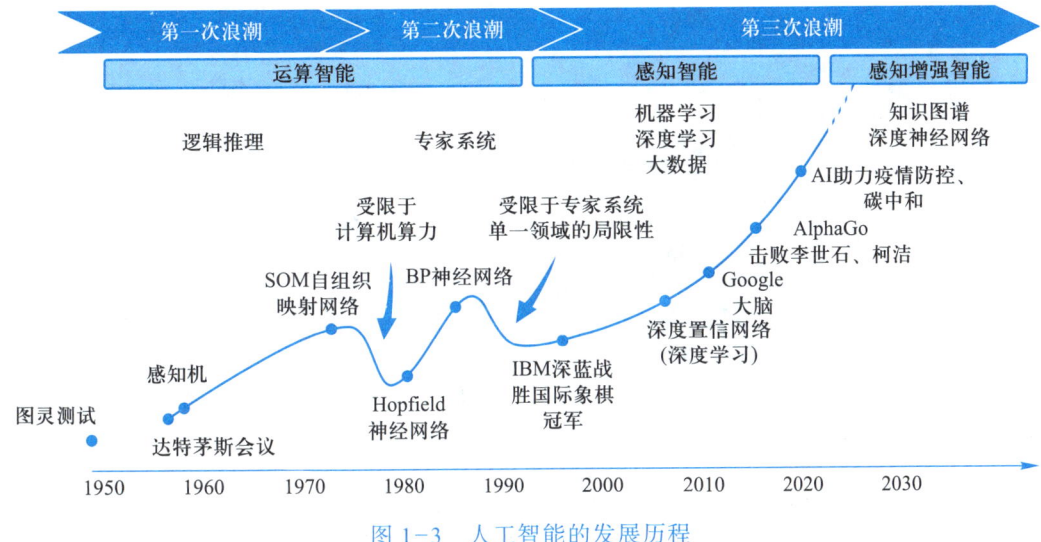

图 1-3　人工智能的发展历程

1.　第一次浪潮(1956—1976 年,20 年):人工智能赋予机器逻辑推理能力

1956 年,约翰·麦卡锡(John McCarthy)在美国达特茅斯学院(Dartmouth College)组织了一次学术会议,"人工智能"的概念被正式提出,标志着人工智能的诞生。之后,大量研究者主要基于符号主义技术研究人工智能,他们认为可以通过将人类的知识和逻辑以符号的形式输入计算机,让计算机模拟人类的推理和思考过程,从而实现人工智能。

1959 年,塞缪尔提出了机器学习的概念,写出了世界上第一个具有自学能力的跳棋程序。第一台工业机器人也在当年诞生。1964 年,第一台聊天机器人诞生。

20 世纪 70 年代中期,人工智能已经可以战胜很多业余象棋爱好者。但是由于当时的计算机算力不足,加之数学模型无法解决更复杂的问题,在推理能力上还相当"弱智",甚至无法分辨出一个动物是猫还是狗。后来,人工智能的研究和期望产生了巨大的落差,公众热情和投资削减,导致其发展跌入第一次低谷。

2.　第二次浪潮(1976—2006 年,30 年):专家系统和人工神经网络的兴起

1964 年,费根鲍姆(Edward Feigenbaum)等人在斯坦福大学研发了第一个化学专家系统 DENDRAL,帮助分析某特定物质的分子结构。1970 年,斯坦福大学又开发了医学专家系统 MYCIN,识别传染病的致病细菌。1980 年,卡内基·梅隆大学开发了一种进行计算机系统配置的专家系统 XCON。在巨大的商业价值驱动下,工业界又兴起了对人工智能的热情。

但是,专家系统只是局限于特定领域,升级和维护的成本极其昂贵,看不到前景

和利益的商业机构慢慢开始退场。1990年人工智能DARPA(美国国防高级研究计划局)项目失败,宣告人工智能第二次发展热潮退入低谷。

　　尽管如此,科学家们一直希望模拟人的大脑,造出可以思考的机器。同一时期,人工神经网络(artificial neural network,ANN)悄然兴起,模拟如图1-4所示的人体神经网络,实现人类的思考和感知能力。可是,随后十几年人们发现,由于需要的数据量太大,神经网络可以解决一些单一问题,面对复杂问题却有些力不从心。

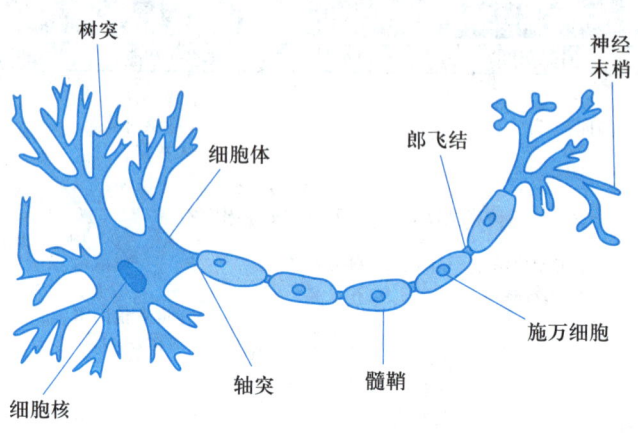

图1-4　人体神经网络

3. 第三次浪潮(2006年至今):基于互联网大数据的深度学习大行其道

　　伴随着高性能计算机、云计算、大数据、传感器的普及,以及计算成本的下降,"深度学习"随之兴起。2006年辛顿(Hinton)等人提出的深度学习技术,通过模仿人脑的"神经网络"来学习大量数据的方法,可以像人类一样辨识声音和影像,或是针对问题做出合适的判断。人工智能技术及应用有了很大的提高,深度学习算法的突破居功至伟,引领了第三次发展浪潮。

　　2016年3月,谷歌(Google)旗下DeepMind公司开发的AlphaGo以4:1战胜世界围棋冠军李世石,人工智能再次收获了空前的关注度,图1-5展现了当时的比赛现场。

　　2022年,OpenAI发布ChatGPT,在自然语言处理和人机交互方面取得重大进展。

图1-5　AlphaGo参加围棋大赛

1.3.3　人工智能的研究学派

在人工智能发展过程中,由于理论探索、技术发展、应用需求等多方面因素的差异,主要出现了符号主义、连接主义、行为主义三大学派。这三大主要学派从不同的角度和方法来研究人工智能,它们相互补充、相互促进,共同推动了人工智能技术的不断发展和进步。

1. 符号主义(symbolicism)

符号主义起源于 20 世纪 50 年代,纽厄尔(Allen Newell)、西蒙(Herbert A. Simon)等是该学派的代表人物。他们提出了"物理符号系统假设",认为物理符号系统是智能行为的充分必要条件。

符号主义认为人工智能源于数理逻辑,人类认知和思维的基本单元是符号,认知过程就是对符号的操作和运算。通过建立符号化的知识体系,运用逻辑推理规则来实现人工智能。例如,在专家系统中,将领域知识以规则和事实的形式表示为符号,系统根据输入的符号信息进行逻辑推理,得出结论和建议。

符号主义在知识表示、自然语言处理、专家系统等领域有广泛应用。如医学专家系统,可根据患者症状等输入信息,运用已建立的医学知识符号体系进行推理,给出诊断结果和治疗方案。

符号主义学派开发了许多经典的人工智能系统,如 DENDRAL 化学分子结构分析系统、MYCIN 医疗诊断专家系统等,为人工智能在特定领域的应用奠定了基础。

【科普知识】 MYCIN 系统是 20 世纪 70 年代初由美国斯坦福大学研制的早期人工智能模拟决策系统,用于帮助医生对住院的血液感染患者进行诊断和选用抗菌素类药物进行治疗。[①]

2. 连接主义(connectionism)

连接主义的思想可追溯到 20 世纪 40 年代,麦卡洛克(Warren McCulloch)和皮茨(Walter Pitts)提出了神经元模型,为连接主义奠定了基础。霍普菲尔德(John Hopfield)、鲁梅尔哈特(David Rumelhart)等是该学派的重要代表。

连接主义认为人工智能源于仿生学,特别是对人脑神经元网络的模拟。通过大量简单的神经元相互连接构成神经网络,信息在神经元之间的连接中传递和处理,网络通过学习和调整连接权重来实现对数据的模式识别、分类和预测等功能。例如,在图像识别中,卷积神经网络通过多层神经元对图像的特征进行提取和学习,从而能够准确识别不同的图像内容。

连接主义在图像识别、语音识别、自然语言处理的情感分析等诸多领域取得了巨大成功。如今的人脸识别系统、语音助手等大多基于连接主义的神经网络技术。图1-6 展示了一个用于门禁的人脸识别系统。

3. 行为主义(behaviorism)

行为主义产生于 20 世纪 80 年代,该学派的代表性人物是布鲁克斯(Rodney

---

① 摘自百度百科词条"MYCIN 系统"。

Brooks),他提出了"没有表示的智能"和"没有推理的智能"的观点。

行为主义认为人工智能源于控制论,智能是在与环境的交互作用中表现出来的,强调智能体的行为和环境的反馈作用。智能体通过感知环境,做出相应的行为反应,在不断试错和适应过程中学习和进化。例如,机器人在未知环境中通过不断地探索和尝试,根据环境反馈调整自身行为,以完成任务。

行为主义在机器人控制、智能体系统、自主导航等领域有重要应用,如无人驾驶汽车,通过感知周围环境的路况、交通信号等信息,实时调整行驶行为,实现安全自主驾驶。

图 1-6   人脸识别系统

行为主义学派开发了许多具有自适应和自学习能力的机器人系统和智能体,推动了机器人技术的发展,使机器人能够在复杂多变的环境中完成各种任务。图 1-7 所示是来自杭州宇树科技有限公司用于蛇年春晚表演的人形机器人。它们拥有 19 个关节,为了完成转手绢的动作,给每条手臂又额外增加了 3 个关节,让机器人拥有极高的灵活度和精准度,像人类一样完成手臂旋转、抛掷回收等动作。

图 1-7   人形机器人

1.4   人工智能大模型的崛起

大模型为人工智能开发者提供了一个强大的基础平台,开发者可以在大模型的基础上进行微调或二次开发,快速构建各种人工智能应用,推动行业智能化升级,激发了学术界在人工智能领域的研究热情。

1.4.1　大模型的概念与特点

1. 大模型的定义

大模型 (large language model, LLM) 是一种基于深度学习和人工智能技术,通过海量数据训练生成具有自然语言理解与生成能力的大型神经网络模型。其核心目标是通过模拟人类语言模式,实现文本、语音等多模态数据的智能交互。

2. 大模型的特点

(1) 参数规模巨大

大模型的显著特征是拥有海量参数,一般从数十亿到数万亿不等。例如,GPT-3拥有 1 750 亿个参数,而谷歌的 PaLM 2 模型参数规模也达到了数千亿。众多的参数使模型能够捕捉到数据中极为复杂的模式和关系,大大提升了模型的表达能力。

(2) 基于深度学习架构

大模型通常以深度神经网络为基础架构,如 Transformer、卷积神经网络 (CNN)等。以 Transformer 架构为例,它具有出色的长序列数据处理能力和并行计算能力,使得大模型在处理自然语言、图像等多种类型的数据时能够更高效地提取特征和学习模式。

(3) 强大的学习与泛化能力

大模型需要在海量、大规模、多样化的数据上进行训练,这些数据涵盖了各种领域和主题。通过对大量数据的学习,大模型能够获取丰富的知识和模式,例如,语言的语法规则、语义理解,以及图像中的物体特征、场景信息等。

经过充分训练的大模型能够在未见过的新数据和新任务上表现出良好的适应性和准确性,即具有很强的泛化能力。它们可以对新的问题进行推理和预测,超出了其训练数据的具体范围,展现出类似人类的举一反三的能力。

(4) 具备涌现的多样能力与功能

许多大模型在自然语言处理方面表现出色,不仅能够实现文本生成、语言翻译、问答系统、文本摘要等基础功能,还展现出了更高级别的能力。例如,ChatGPT 等模型,可以与用户进行流畅的对话,生成高质量的文本内容,帮助人们解决各种问题和获取信息,这体现了大模型在自然语言交互、意图识别及推理判断等方面的涌现能力。

在计算机视觉领域,大模型同样展现出了强大的涌现能力,能够进行图像识别、目标检测、图像生成和视频理解等复杂任务。像 DALL-E 2 等模型,可以根据文本描述生成逼真的图像,这种图像生成能力不仅为创意设计、艺术创作等领域提供了新的工具,也进一步拓展了大模型的应用范围。

此外,一些先进的大模型还具备跨模态融合的涌现能力,能够将自然语言、图像、音频等多种模态的数据进行综合处理和理解。这种能力使得大模型能够根据一段文字描述和相关的图像信息,进行更全面准确的分析和推理,为多模态人工智能应用提供了强有力的支持。这种跨模态融合的能力,不仅提升了模型的智能化水平,也为人工智能技术在更多领域的应用创造了可能。

1.4.2 大模型的发展历程

大模型的发展历程是一个充满创新与突破的过程,大致可分为以下几个关键阶段:

1. 早期阶段(2010—2017 年)

这个时期以深厚的技术基础作为支撑,主要包括基于循环神经网络(recurrent neural network,RNN)和卷积神经网络(convolutional neural network,CNN)构建的静态模型,像早期的 Word2Vec、BERT 前身等都属于这类模型。这些技术为后续模型的发展奠定了根基。

在代表性模型方面,2013 年诞生的 Word2Vec 能够通过词向量来捕捉语义关系,让计算机对词语含义的理解和表达有了新的方式 。2014 年出现的 LSTM/GRU 成功解决了长序列依赖问题,进一步拓展了模型在处理序列数据时的能力。到了 2018 年,BERT 这一预训练语言模型横空出世,它通过 MLM(masked language model,掩码语言模型)学习双向上下文,极大地提升了模型对语言的理解和处理能力,在自然语言处理领域引发了深远变革。

2. 预训练时代的爆发(2018—2020 年)

2017 年 Transformer 架构的出现以及预训练范式的兴起,成为人工智能发展的关键转折点,模型参数量实现了从百亿级到千亿级的巨大跨越,极大地提升了模型的能力和表现。

在这一技术突破的浪潮下,涌现出诸多具有里程碑意义的模型。2019 年诞生的 GPT-2,作为首个采用自回归方式进行预训练的大规模语言模型,虽然参数量为 1.5 亿,但开启了新的预训练模式探索。2018 年的 BERT 与 2020 年的 GPT-3 更是在自然语言处理(NLP)领域大放异彩,显著推动了文本分类、机器翻译等 NLP 任务的性能飞跃,让自然语言处理更加精准高效。同年,T5 模型诞生,它构建了统一文本理解与生成任务的框架,参数量达 11 亿,为文本处理任务提供了更具综合性的解决方案。

3. 通用人工智能探索(2021 年至今)

这一时期,人工智能领域的技术趋势愈发清晰,模型正朝着万亿级参数规模大步迈进,与此同时,推理能力的提升、多模态交互的探索以及通用人工智能(artificial general intelligence,AGI)路径的探寻,成为行业关注的焦点。

2022 年 11 月 30 日,美国 OpenAI 发布的 ChatGPT(chat generative pre-trained transformer),引发了全球范围内的广泛关注和讨论,它展示了大模型在自然语言交互方面的强大能力,推动了大模型在各个领域的应用探索。2023 年,GPT-4、文心一言、通义千问、星火认知大模型等众多大模型纷纷亮相,大模型的发展进入爆发期,不仅在自然语言处理领域不断拓展应用边界,还在多模态等其他领域取得了重要进展。2024 年,大模型持续进化,xAI 发布的 Grok-1 等模型进一步提升了模型的性能和功能,开源大模型也得到了快速发展,为大模型的普及和创新提供了更多可能。

【科普知识】 DeepSeek 大模型。DeepSeek,全称杭州深度求索人工智能基础技术研究有限公司,成立于 2023 年 7 月 17 日。2024 年 1 月 5 日,发布 DeepSeek

LLM(深度求索的第一个大模型)。1 月 25 日,发布 DeepSeek-Coder。3 月 11 日,发布 DeepSeek-VL。12 月 13 日,发布 DeepSeek-VL2。12 月 26 日晚,正式上线 DeepSeek-V3 首个版本并同步开源。2025 年 1 月 31 日,英伟达(NVIDIA)公司宣布 DeepSeek-R1 模型接入 NVIDIA NIM。同一时段内,亚马逊和微软也接入 DeepSeek-R1 模型。英伟达(NVIDIA)称,DeepSeek-R1 是最先进的大语言模型。[①]

1.4.3 大模型的应用与影响

1. 大模型的应用场景

大模型在自然语言处理领域表现出色,如 ChatGPT 能够与用户进行流畅对话,生成高质量文本内容,应用于智能客服、内容创作等场景。

在计算机视觉领域,大模型能够进行图像识别、目标检测、图像生成等任务,如 DALL-E 2 根据文本描述生成逼真图像,为创意设计等领域提供支持。

一些大模型还具备跨模态融合能力,能够综合处理和理解多种模态数据,为多模态人工智能应用提供更强大的支持。

2. 大模型对人工智能发展的推动作用

大模型的出现为人工智能开发者提供了强大的基础平台,降低了开发门槛,加速了人工智能应用的开发和推广。它激发了学术界在人工智能领域的研究热情,推动了相关技术的创新和发展,如模型架构优化、训练算法改进等。

大模型的应用拓展了人工智能的边界,使其在更多领域得到深入应用,促进了人工智能与其他学科的交叉融合。

3. 大模型面临的挑战与未来发展方向

大模型面临训练成本高、数据需求大、模型解释性差等挑战,需要进一步优化训练算法、提高模型效率和可解释性。

未来,大模型将与其他人工智能技术更加紧密地结合,如强化学习、迁移学习等,进一步提升人工智能系统的整体性能和智能化水平。

大模型将继续朝着更大规模、更高性能、更广泛应用的方向发展,为实现通用人工智能提供更有力的支持。

1.5 人工智能的应用领域与未来发展趋势

人工智能成为当今最火热的技术之一。从车牌识别到指纹识别,从人机对弈到刷脸支付,从语音助手再到自动驾驶,人工智能正全方位地渗透到人类社会生活中。

---

① 摘自百度百科词条 "DeepSeek"。

1.5.1　人工智能的应用领域

近年来,人工智能越来越深刻地影响人们的工作和生活。人工智能技术与传统行业深度融合,广泛应用于医疗、交通、金融、教育、工业制造等多个领域,产生了智能医疗、智能交通、智能金融、智能教育、智能制造等新型行业。提高了工作效率和质量,创造了新的职业机会,帮助企业和组织做出更明智的决策,促进跨行业合作与创新。图 1-8 展示了一个人工智能城市的应用场景,人们可以体验智能化生活,享受智能化服务。下面介绍几种典型的 AI+ 领域。

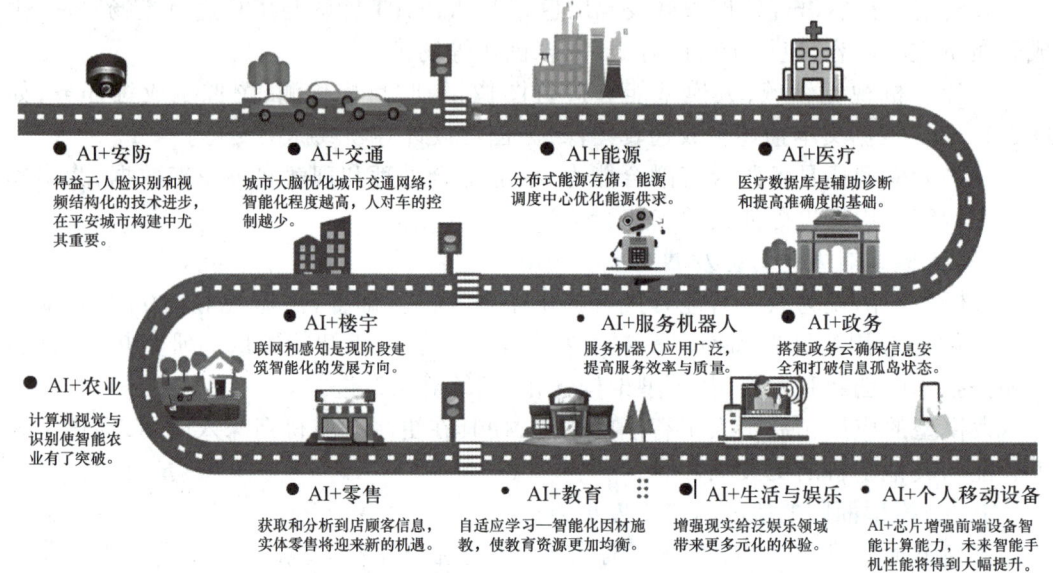

图 1-8　人工智能城市的应用场景

1.　AI+ 交通

AI+ 交通可以实现自动驾驶技术。人工智能是自动驾驶技术的核心,通过传感器感知车辆周围的环境,利用机器学习算法进行数据处理和决策,实现车辆的自动导航、避障、跟车等功能,提高交通安全性和出行效率。

AI+ 交通可以优化交通流量。基于人工智能的交通流量预测模型,可以根据历史数据和实时数据,预测交通流量的变化趋势,为交通管理部门提供决策支持,实现信号灯的智能控制、道路资源的合理分配等,缓解交通拥堵。

AI+ 交通可以实现智能物流。在物流配送中,人工智能可以优化配送路线、预测货物需求、进行库存管理等。例如,通过分析订单数据和交通信息,为快递员规划最佳的配送路线,提高配送效率,降低物流成本。

2.　AI+ 医疗

AI+ 医疗可以实现疾病诊断。通过分析医学影像(如 X 光、CT、MRI 等),人工智能算法能够识别出病变特征,辅助医生进行疾病的早期诊断,提高诊断的准确性和效率。例如,一些人工智能系统可以检测出肺部的结节、乳腺的肿瘤等。

AI+ 医疗还可以加速药物研发。利用人工智能技术可以对大量的化学物质进行筛选和模拟,预测药物分子与靶点的结合能力,加速药物研发的进程,降低研发成本。同时,还可以通过分析海量的生物医学数据,挖掘新的药物靶点和治疗方案。

AI+ 医疗可以开发医疗机器人。手术机器人是人工智能在医疗领域的重要应用之一,它可以在医生的操作下,更加精准地进行手术操作,减少手术创伤和并发症。此外,还有康复机器人、护理机器人等,能够帮助患者进行康复训练和生活护理。

3. AI+ 教育

AI+ 教育可以实现个性化学习。人工智能可以根据学生的学习进度、知识掌握情况、学习风格等因素,为每个学生提供个性化的学习方案和学习内容。例如,智能教育系统可以根据学生的答题情况,自动推送针对性的练习题和辅导资料。

AI+ 教育可以实现智能辅导。智能辅导系统能够模拟教师的教学过程,为学生提供实时的答疑解惑和学习指导。通过自然语言处理技术,学生可以与智能辅导系统进行对话,获取个性化的学习帮助。

AI+ 教育可以实现教育评估。利用人工智能技术可以对学生的学习成果进行更全面、客观地评估。例如,通过分析学生的作业、考试数据,评估学生的知识掌握程度和能力水平,为教师提供教学反馈,帮助教师调整教学策略。

4. AI+ 农业

AI+ 农业可以实现精准种植。利用卫星图像、无人机遥感和地面传感器等获取农田的土壤信息、作物生长状况等数据,人工智能系统通过分析这些数据,为农民提供精准的施肥、灌溉、病虫害防治等决策建议,提高作物产量和质量。

AI+ 农业可以实现精准畜牧养殖。在畜牧养殖中,人工智能可以通过安装在动物身上的传感器和摄像头,实时监测动物的健康状况、生长数据、行为模式等,及时发现动物的疾病和异常情况,实现精准养殖和科学管理。

AI+ 农业可以检测农产品质量。在农产品加工和流通环节,人工智能视觉检测系统可以对水果、蔬菜、肉类等农产品进行质量检测,快速准确地识别出外观缺陷、病虫害损伤等问题,保证农产品的质量安全。

5. AI+ 工业制造

AI+ 工业制造可以实现质量检测。在生产线上,人工智能视觉检测系统可以快速、准确地检测出产品的外观缺陷和质量问题,提高产品质量检测的效率和准确性,降低人工检测的成本和误差。

AI+ 工业制造可以优化生产流程。基于人工智能的生产调度模型可以根据订单需求、设备状态、原材料供应等因素,优化生产流程和生产计划,提高生产效率,降低生产成本。

AI+ 工业制造可以实现设备故障预测与维护。通过对设备运行数据的实时监测和分析,人工智能算法可以预测设备可能出现的故障,提前进行维护和保养,减少设备停机时间,提高设备的可靠性和使用寿命。

6. AI+ 家居

AI+ 家居可以控制家庭设备。通过语音助手或手机应用程序,人工智能可以实现对灯光、窗帘、空调、电视等家电设备的智能控制。例如,用户可以直接说"打开客厅灯""把空调温度调到 26 度"等指令,系统自动执行相应操作。

AI+家居能够实现安全监控。智能摄像头结合人工智能算法,能够实时监测家中的人员活动和异常情况,进行人脸识别、行为分析等,一旦发现可疑行为,会立即向用户手机发送警报信息。智能门锁也可以通过人脸识别、指纹识别等技术,确保只有授权人员能够进入家门。

AI+家居还可以监测与调节家庭环境。传感器收集室内的温度、湿度、空气质量等数据,人工智能系统根据这些数据自动调节空调、加湿器、空气净化器等设备的运行状态,为用户创造舒适健康的居住环境。

7. AI+娱乐

AI+娱乐可以推荐娱乐内容。视频平台、音乐平台等根据用户的观看历史、收藏偏好、搜索记录等数据,为用户精准推荐个性化的影视、音乐、文章等内容,使用户更容易发现自己感兴趣的娱乐内容。

AI+娱乐可以优化游戏开发与体验。在游戏开发中,人工智能用于创建智能的游戏角色,使其具有更逼真的行为和反应,提升游戏的趣味性和挑战性。同时,虚拟现实(VR)和增强现实(AR)游戏也借助人工智能技术,为玩家提供更加沉浸式的游戏体验。

AI+娱乐还可以辅助创意工作者并提供灵感。人工智能可以辅助音乐创作、绘画创作等。例如,一些人工智能音乐创作软件能够根据用户输入的风格、节奏等要求,生成旋律和和弦;人工智能绘画工具可以根据用户的描述生成相应的图像作品,为创意工作者提供灵感和辅助。

8. AI+金融

AI+金融可以实现风险评估与信用评级。人工智能可以收集和分析大量的客户数据,包括财务状况、消费行为、信用记录等,利用机器学习算法建立风险评估模型和信用评级模型,更准确地评估客户的信用风险和违约概率,为金融机构的信贷决策提供依据。

AI+金融可以辅助投资决策。基于人工智能的量化投资模型可以分析海量的金融市场数据,挖掘市场趋势和投资机会,为投资者提供投资决策建议。同时,还可以利用机器学习算法进行股票价格预测、资产组合优化等。

AI+金融还可以检测金融欺诈。通过分析交易数据和用户行为数据,人工智能系统可以识别出异常交易和欺诈行为模式,及时发现金融欺诈风险,保护金融机构和客户的资金安全。

1.5.2　人工智能的未来发展趋势

未来,人工智能在技术上会持续深化,模型不断优化创新,多模态融合更加成熟,应用领域持续拓展,深度融入各行业,助力智能机器人、智慧城市建设;同时,绿色 AI 与国际合作也会成为重要发展方向。

人工智能深刻地改变着人们的生产生活方式和思维模式,影响着人类社会的发展。那么人类会不会被机器代替呢? 从目前的情况和可预见的未来来看,人类不太可能被人工智能完全代替。从现实发展来看,人工智能更多的是作为人类的工具和助手,与人类形成协作关系。图1-9展示了机器人在宾馆、医院等场所为人们提供帮助和指导。

1. 人工智能技术的深化与创新

（1）模型优化与效率提升:一方面,大规模预训练模型将继续发展,规模定律持续发挥作用,模型参数和训练数据量不断增加,以提升人机交互、推理及完成多样化任务的能力。另一方面,研究将更注重模型的效率和可扩展性,开发更高效的训练算法和架构,降低计算资源消耗和训练成本,如通过量化、剪枝等技术优化模型。

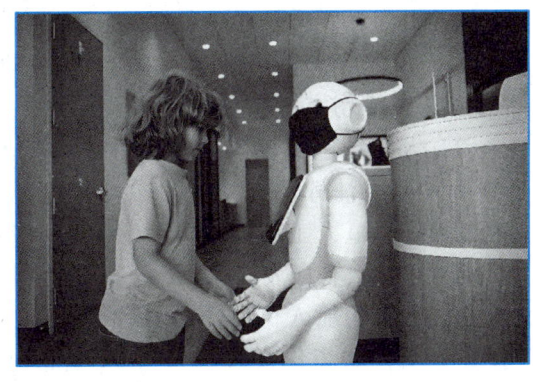

图1-9　人工智能的发展趋势

（2）多模态融合深入:多模态大模型会进一步成熟,能够更自然、高效地处理和融合文本、图像、音频、视频、传感器数据等多种模态信息,实现更精准的感知、理解和生成。这将使人工智能在智能驾驶、智能家居、医疗诊断、虚拟现实等领域的应用更加真实和强大,例如,智能驾驶系统可以更全面地感知路况和周边环境。

（3）具身智能发展:具身智能将成为重要方向,智能体不仅具备强大的认知能力,还能在物理世界中灵活、高效地行动和交互。具身小脑模型等技术的进步,将使机器人能够完成更复杂、精细和实时性要求高的任务,如在工业生产、物流配送、医疗手术等场景中实现精准操作。

（4）人工智能与量子计算融合:量子计算的发展将为人工智能带来新的突破,利用量子计算的量子叠加、纠缠等特性,可极大地加速机器学习算法、优化复杂模型,处理传统计算难以应对的大规模数据和复杂问题,推动人工智能在药物研发、金融风险预测、气候模拟等领域取得重大进展。

2. 人工智能应用拓展与深化

（1）各行业智能化升级加速:在医疗领域,人工智能将辅助医生进行更精准的诊断、制定个性化治疗方案、药物研发等,提高医疗质量和效率;在教育领域,实现个性化学习辅导、智能教学管理、虚拟学习环境等,提升教育效果和公平性;在金融领域,用于风险评估、投资决策、反欺诈等,保障金融稳定和安全;在交通领域,优化交通流量管理、自动驾驶技术发展、智能物流配送等,提高交通效率和安全性。

（2）解决全球性挑战的关键工具:人工智能将在应对气候变化、资源短缺、粮食安全等全球性问题中发挥重要作用。例如,通过分析气候数据模拟气候变化趋势,为制定应对策略提供支持;优化能源分配和利用,推动可再生能源发展;利用农业大数据和智能模型提高农业生产效率和粮食产量。

（3）创造新的应用场景和业态:生成式人工智能技术如文生视频、文生图等将不断发展和普及,为创意产业、娱乐产业、广告营销等带来全新的创作和运营模式。世界模拟器技术将创造出更多沉浸式、高仿真的数字场景,应用于教育、娱乐、培训等领域,并可为机器人训练等提供大规模标准化数据集。

3．人工智能的伦理与监管完善

（1）"负责任"的人工智能发展：人工智能的开发和应用将更加注重伦理道德、公平性、透明度和隐私保护。企业和开发者将遵循严格的伦理准则，设计公平无偏见的算法，确保人工智能系统的决策和行为符合人类的价值观和社会利益，避免对特定群体造成歧视或伤害。

（2）人工智能立法与监管强化：全球范围内，针对人工智能的立法和监管将不断完善和加强。法律法规将涵盖数据使用、算法透明度、隐私保护、安全保障、责任界定等方面，以规范人工智能的开发、部署和应用，保障公众权益和社会安全，促进人工智能产业的健康、有序发展。

4．人工智能人机协作与融合

（1）增强型工作模式普及：人工智能将不再是简单地替代人类工作，而是与人类形成更加紧密的协作关系。人类专注于发挥创造力、情感理解、人际交往等独特优势，而人工智能则负责处理烦琐、重复、数据密集型的任务，通过人机协同提升工作效率和质量，创造更多的价值和创新成果。

（2）人机融合深度发展：脑机接口等技术的进步将推动人机融合向更深层次发展，实现人类与机器之间更直接、高效的信息交互和协同。这不仅有助于提升人类的认知和行动能力，还将为人工智能的发展提供更丰富的人类智能数据和启发，促进人工智能技术的不断进化。

（3）智能体的自主与进化：具有自主性、适应性和交互能力的智能体将得到更广泛的研究和应用。这些智能体能够在不同环境中自主学习、持续进化和做出决策，更好地应对复杂多变的任务和场景，成为实现通用人工智能的重要一步。但同时，也需要建立相应的机制和规范来对其进行管理和监督，确保其行为符合社会的法律法规。

本 章 小 结

本章主要讲解了智能和人工智能的概念及发展历程，详细介绍了人工智能大模型的发展历程；了解了人工智能的应用领域以及对社会和伦理的影响。学习完本章，读者应能从宏观上了解人工智能的概念及未来的发展趋势。

参考答案

习　　题

一、单选题

1．以下对智能的定义中，表述最准确的是（　　）。

　　A．智能就是能够快速计算复杂数学问题的能力

    B. 智能是指生物体或机器所具有的能够感知环境、获取知识、运用知识解决问题以及进行学习和适应的综合能力

    C. 智能仅仅是人类所特有的,能够进行逻辑思考和语言表达的能力

    D. 智能就是机器人能够按照预设程序完成各种任务的能力

2. 以下关于智能体(agent)的说法中,正确的是(　　　)。

    A. 智能体是一种只能被动接收信息的软件程序

    B. 智能体必须具备人类一样的情感和意识才能称为智能体

    C. 智能体是指能够自主地感知环境、进行决策并采取行动以实现特定目标的实体或程序

    D. 智能体只能存在于虚拟的数字世界中,无法在现实物理世界发挥作用

3. 一般认为,智能的组成要素不包括(　　　)。

    A. 感知能力　　　　　　　　　　　B. 运动能力

    C. 学习能力　　　　　　　　　　　D. 记忆与思维能力

4. 在智能系统中,通过各种传感器收集环境数据的能力属于智能的(　　　)要素。

    A. 推理　　　　　B. 感知　　　　　C. 学习　　　　　D. 决策

5. 智能系统根据已有的知识和收集到的信息得出新结论的过程,主要体现了智能的(　　　)要素。

    A. 记忆　　　　　B. 语言　　　　　C. 推理　　　　　D. 学习

6. 智能系统能够从大量数据中发现规律并提升自身性能,这主要依赖于智能的(　　　)要素。

    A. 决策　　　　　B. 学习　　　　　C. 感知　　　　　D. 语言

7. 智能系统在多个行动方案中选择最优方案来实现目标,这一过程属于智能的(　　　)要素。

    A. 推理　　　　　B. 记忆　　　　　C. 决策　　　　　D. 学习

8. 以下智能要素中,负责存储和管理信息、知识和经验的是(　　　)。

    A. 感知　　　　　B. 决策　　　　　C. 记忆　　　　　D. 推理

9. 智能语音助手能够理解人类语言并做出回应,这主要体现了智能的(　　　)要素。

    A. 感知、语言　　　B. 学习、决策　　　C. 推理、记忆　　　D. 语言、学习

10. 人工智能的英文缩写是(　　　)。

    A. AI　　　　　　B. AR　　　　　　C. VR　　　　　　D. ML

11. AI 是(　　　)的英文缩写。

    A. Automatic Intelligence　　　　　B. Artificial Intelligence

    C. Automatic Information　　　　　D. Artificial Information

12. 以下对人工智能的定义理解最准确的是(　　　)。

    A. 人工智能就是让计算机像人类一样思考

    B. 人工智能是研究、开发用于模拟、延伸和扩展人的智能的理论、方法、技术及应用系统的一门新的技术科学

C. 人工智能就是机器人能够完成人类的所有工作

D. 人工智能是一种让机器具有情感的技术

13. 人工智能的目的是让机器能够（　　　）。

A. 具有完全的智能

B. 和人脑一样考虑问题

C. 完全代替人

D. 模拟、延伸和扩展人的智能

14. 人工智能试图让计算机具备像人类一样的（　　　）能力。

A. 计算　　　　　　B. 思考和学习　　　　C. 存储　　　　　　D. 打印

15. 弱人工智能是指（　　　）。

A. 低于人类智力水平的人工智能

B. 和人类智力水平旗鼓相当的人工智能

C. 超出人类智力水平的人工智能

D. 远超人类智力水平的人工智能

16. 超人工智能最显著的特征是（　　　）。

A. 能够模拟人类的思维方式

B. 智能水平远远超越人类的所有能力

C. 可以和人类进行自然流畅的交流

D. 主要用于工业生产领域

17. 以下人工智能形式中，最有可能具备自我意识和创造力的是（　　　）。

A. 弱人工智能

B. 强人工智能

C. 超人工智能

D. 以上都有可能

18. 以下场景中，目前最有可能是弱人工智能应用的是（　　　）。

A. 自动驾驶汽车

B. 能进行复杂科学研究的智能系统

C. 具有自主意识的机器人

D. 能根据环境自主进化的智能体

19. 强人工智能与弱人工智能的根本区别在于（　　　）。

A. 计算能力的强弱

B. 是否能与人类进行交互

C. 能否实现通用智能

D. 应用领域的宽窄

20. 图灵测试是由科学家（　　　）提出的。

A. 冯·诺依曼

B. 艾伦·图灵

C. 克劳德·香农

D. 马文·明斯基

21. 图灵测试主要用于测试（　　　）。

A. 计算机的运算速度

B. 计算机的存储容量

C. 机器是否具有智能

D. 计算机网络的性能

22. 在图灵测试中，通常有几个参与者？（　　　）。

A. 1 个　　　　　　B. 2 个　　　　　　C. 3 个　　　　　　D. 4 个

23. 以下关于图灵测试的说法中，正确的是（　　　）。

A. 只要机器能在图灵测试中骗过所有测试者，就一定具有真正的智能

B. 图灵测试是判断机器智能的唯一标准

C. 图灵测试主要通过让机器进行复杂的数学运算来判断其智能

D. 图灵测试存在一定的局限性，通过测试不意味着机器就具有完全的人类

　　　　智能

24. 人工智能的诞生地被认为是(　　　　)。
　　　A. 达特茅斯学院　　　　　　　　　　B. 斯坦福大学
　　　C. 麻省理工学院　　　　　　　　　　D. 剑桥大学

25. 人工智能发展的第一次浪潮主要是基于(　　　　)技术的发展。
　　　A. 神经网络　　　　B. 符号主义　　　　C. 深度学习　　　　D. 强化学习

26. 在人工智能第二次浪潮中,(　　　　)技术的重要突破推动了人工智能的发展。
　　　A. 专家系统　　　　　　　　　　　　B. 遗传算法
　　　C. 支持向量机　　　　　　　　　　　D. 卷积神经网络

27. 人工智能第三次浪潮的主要驱动力是(　　　　)。
　　　A. 数据量的爆发式增长和计算能力的大幅提升
　　　B. 计算机硬件成本的降低
　　　C. 互联网的普及
　　　D. 人工智能理论的重大突破

28. 以下关于人工智能三次浪潮的说法中,错误的是(　　　　)。
　　　A. 每次浪潮都伴随着技术的重大突破和应用的拓展
　　　B. 三次浪潮的发展都一帆风顺,没有遇到过挫折
　　　C. 第三次浪潮中人工智能在图像识别、语音识别等领域取得了巨大成功
　　　D. 第一次浪潮为后续人工智能的发展奠定了理论基础

29. 下面不属于人工智能的三大主要学派的是(　　　　)。
　　　A. 符号主义　　　　B. 连接主义　　　　C. 自发主义　　　　D. 行为主义

30. 符号主义学派认为人工智能的核心是(　　　　)。
　　　A. 神经元网络　　　　　　　　　　　B. 符号表示和逻辑推理
　　　C. 感知和行动　　　　　　　　　　　D. 强化学习

31. 连接主义学派的主要理论基础是(　　　　)。
　　　A. 形式逻辑　　　　B. 控制论　　　　C. 神经网络　　　　D. 进化理论

32. 行为主义学派认为人工智能应该通过(　　　　)来实现。
　　　A. 建立符号化的知识体系　　　　　　B. 构建大规模的神经网络
　　　C. 智能体与环境的交互　　　　　　　D. 逻辑演绎和推理

33. 以下方法中,属于符号主义学派的研究方法的是(　　　　)。
　　　A. 遗传算法　　　　　　　　　　　　B. 专家系统
　　　C. 卷积神经网络　　　　　　　　　　D. 强化学习算法

34. 连接主义学派在(　　　　)领域取得了显著成果。
　　　A. 知识表示与推理　　　　　　　　　B. 自然语言处理中的句法分析
　　　C. 图像识别　　　　　　　　　　　　D. 机器人控制

35. 下列关于人工智能三大主要学派的说法中,正确的是(　　　　)。
　　　A. 符号主义学派完全不考虑神经网络技术
　　　B. 行为主义学派只关注智能体的内部结构
　　　C. 连接主义学派不擅长处理序列数据

    D. 三大学派在不同的应用场景下都有各自的优势

36. 大模型通常是指具有(　　)的人工智能模型。

    A. 少量参数　　　　B. 大量参数　　　　C. 单一结构　　　　D. 简单算法

37. 以下不是大模型的特点的是(　　)。

    A. 强大的泛化能力　　　　　　　　　B. 高度依赖特定领域数据

    C. 可以处理多种模态数据　　　　　　D. 具有涌现能力

38. 大模型在训练过程中需要(　　)来保证训练的稳定性和效果。

    A. 少量的计算资源　　　　　　　　　B. 大规模的数据集

    C. 简单的优化算法　　　　　　　　　D. 固定的超参数设置

39. 下列关于大模型的说法中,错误的是(　　)。

    A. 大模型可以通过微调适应不同的任务

    B. 大模型的训练成本较低

    C. 大模型的可解释性是当前研究的一个挑战

    D. 大模型推动了人工智能在多个领域的发展

40. 大模型能够处理多种模态数据,以下不属于常见模态的是(　　)。

    A. 文本　　　　　　B. 温度　　　　　　C. 图像　　　　　　D. 语音

41. 大模型发展的早期阶段(2010—2017 年)的主要特点是(　　)。

    A. 模型已经能够像人类一样理解各种复杂问题

    B. 开始出现一些基础的模型架构探索和技术积累

    C. 大模型已经广泛应用在生活的方方面面

    D. 模型可以直接生成非常逼真的图像和视频

42. 大模型发展的早期阶段,科学家们主要在努力解决的问题是(　　)。

    A. 如何让模型能和人类进行流畅的对话

    B. 如何让模型能处理海量的数据

    C. 如何搭建模型的基本架构,让它能学习一些简单的模式

    D. 如何让模型具有自我意识

43. 2018—2020 年大模型进入预训练时代的爆发期,以下选项中是这个时期的标志性成果的是(　　)。

    A. 模型只能识别简单的数字和字母

    B. 出现了能让机器理解和生成自然语言的强大预训练语言模型

    C. 大模型开始用于控制简单的机器人动作

    D. 大模型可以准确预测股票市场的所有走势

44. 在预训练时代爆发阶段,大模型的一个重要突破是(　　)。

    A. 可以自己决定要学习什么知识

    B. 通过大规模预训练能学习到很多通用的知识

    C. 能够完全替代人类进行所有的工作

    D. 不再需要数据来进行训练

45. 2021 年至今大模型进入通用人工智能探索阶段,以下最能体现这一阶段的特点的现象是(　　)。

A. 大模型只能在单一的任务上表现良好

B. 大模型开始尝试在多个领域模拟人类的智能行为

C. 大模型的训练数据量开始减少

D. 大模型变得越来越难被人们理解和使用

46. 2021 年至今的通用人工智能探索阶段,大模型面临的主要挑战是(　　)。

A. 如何让模型运行得更快

B. 如何让模型学会玩更多的游戏

C. 如何进一步提高模型在多领域的泛化能力和与真实世界的交互能力

D. 如何降低模型的成本

47. 当消费者 A 购买了《机器学习》的图书后,购物平台可能会优先推荐该消费者购买的图书是(　　)。

A.《人工智能》　　B.《三国演义》　　C.《英汉词典》　　D.《论语》

48. 下面不属于人工智能应用的是(　　)。

A. 博弈　　　　　　　　　　　　B. 智能机器人

C. 自动驾驶汽车　　　　　　　　D. 数字货币

49. 目前较少使用人工智能技术的领域是(　　)。

A. 医疗诊断　　　B. 艺术创作　　　C. 农业种植　　　D. 太空探索

50. 人工智能在金融领域的应用不包括(　　)。

A. 风险评估　　　　　　　　　　B. 客户服务聊天机器人

C. 股票市场完全预测　　　　　　D. 反欺诈检测

51. 人工智能在教育领域的应用是(　　)。

A. 个性化学习推荐　　　　　　　B. 自动批改试卷

C. 完全替代教师授课　　　　　　D. 智能辅导系统

52. 在交通领域,人工智能(　　)。

A. 仅用于交通流量监测

B. 自动驾驶、交通流量优化、智能导航等多个方面

C. 只能帮助规划城市交通线路

D. 主要用于制作交通宣传视频

53. 人工智能在制造业中的主要应用有(　　)。

A. 产品外观设计

B. 仅用于生产设备的故障报警

C. 生产流程优化、质量检测、机器人控制等

D. 负责企业的财务审计

54. 属于人工智能在智能家居领域的典型应用有(　　)。

A. 让家具自己移动位置　　　　　B. 实现家电的远程控制和智能联动

C. 为家庭提供安全保卫人员　　　D. 自动生成家庭装修设计图

55. 在人工智能未来发展趋势中,被认为是重要的发展方向之一的是(　　)。

A. 越来越集中在少数几个大型科技公司手中,不会有新的创新主体出现

B. 与其他技术如物联网、区块链等深度融合

C. 只专注于提高模型的准确率,不考虑其他方面

D. 逐渐脱离对数据的依赖,完全依靠算法创新

56. 人工智能未来可能对就业产生的影响是( )。

A. 只会导致大量工作岗位消失,不会创造新的岗位

B. 所有重复性、规律性的工作都会立刻被人工智能完全取代

C. 会创造一些新的就业岗位,如人工智能伦理专家、人工智能训练师等

D. 人工智能对就业的影响可以忽略不计

57. 人工智能在未来医疗领域的发展趋势不包括( )。

A. 能够完全取代医生进行疾病诊断和治疗

B. 与医疗物联网设备结合,实现远程医疗和健康监测

C. 通过大数据分析进行疾病预测和预防

D. 辅助医生进行手术,提高手术精度

58. 从人工智能未来发展的安全性角度来看,以下选项中属于重要的发展趋势的是( )。

A. 不需要考虑人工智能的安全性问题,因为它本身不会带来风险

B. 只需要关注人工智能在技术层面的安全性,不需要考虑伦理道德问题

C. 建立完善的人工智能安全评估体系和伦理规范

D. 让人工智能系统完全自主发展,不需要人为干预其安全性

59. 人工智能未来在教育领域可能的发展方向是( )。

A. 让学生完全通过人工智能系统自学,不再需要教师指导

B. 提供更加个性化、自适应的学习体验

C. 只注重知识的传授,不关注学生的兴趣和能力培养

D. 使教育资源更加集中,加剧教育不公平

60. 以下关于人工智能未来发展与社会关系的说法,正确的是( )。

A. 人工智能的发展一定会导致社会秩序混乱

B. 人工智能将推动社会生产力的极大提高,促进经济发展

C. 人工智能不会对社会文化产生任何影响

D. 人工智能在未来会使社会阶层固化更加严重,无法改变

二、简答题

1. 简述人工智能的概念。
2. 简述人工智能的发展历程。
3. 简述人类智能和人工智能之间的区别与联系。
4. 列举三个国内外人工智能大模型。
5. 简述人工智能的应用领域。
6. 简述人工智能的未来发展趋势。

第 2 章　二进制与信息编码

教学课件

易有太极,是生两仪,两仪生四象,四象生八卦。

——《周易·系辞上》①

【导读】

4 万年前,人类有了数的概念。4 000 年前左右,古印度人采用了十进制计数法。300 多年前,德国数学家莱布尼茨提出了二进制的设计思想。 二进制只有 0 和 1,状态种类少、方便、稳定性好、可靠性高,并且容易使用电子技术来实现。当今计算机的体系结构均采用二进制。

在计算机中,二进制数可以像十进制数一样进行运算,数据进入计算机都必须进行编码的转换,也就是二进制编码。任何信息,包括数字、文字、图形、图像、动画、视频等都必须采用二进制形式进行表示、存储和处理。

【教学要求】

知识点	教学要求		
	了解	理解	掌握
2.1　计数方法的演变	✓		
2.2　数制			✓
2.3　不同数制之间的转换			✓
2.4　信息			✓
2.5　数值数据的编码和运算			✓
2.6　非数值数据的编码		✓	

---

①　此句最先出自孔子的《周易·系辞上》第十一章。"易"指《周易》所阐释的宇宙规律,"太极"是万物未分化前的混沌本源,象征宇宙初始的统一状态。"两仪"即阴阳,是太极分化出的两种对立统一的基本属性(如天地、明暗、刚柔等),代表万物矛盾运动的根源。"四象"是阴阳二气相互作用的四种形态,可理解为四季(春、夏、秋、冬)、方位(东、南、西、北)或阴阳程度的不同阶段(如"太阳"为阳之极,"太阴"为阴之极)。"八卦"由四象进一步演化而来,以三条阴阳爻("—"为阳爻,"--"为阴爻)的组合构成,分别象征天、地、雷、风、水、火、山、泽八种自然现象,是古人对世界万物的抽象概括。此句以哲学化的语言勾勒了宇宙从"混沌一源"到"万物分化"的生成逻辑,体现了我国古代"以简驭繁"的思维方式。

2.1　计数方法的演变

"数"早期是古代的计数,现在表示数量的概念。"数"究竟产生于何时,由于其年代久远,我们已经无从考证。不过可以肯定的一点是"数"的概念和计数方法在文字记载之前就已经发展起来了。

2.1.1　原始时代计数

早在旧石器时代晚期,原始人就已经有了"数"的概念。这个概念的起源是与当时的生活紧密联系在一起的。古人白天一起狩猎、采集野果,晚上住在洞穴里共同享用劳动所得。随着劳动内容的丰富,人类的语言也不断发展,终于超过了其他动物的语言,其中一个主要的标志就是人类的语言包含了算术的色彩。一开始有了"有与无"的概念,后来又发展为"多与少"的概念。如猎捕了多少头野兽、采集了多少野果等,这些都是"数"。有了"数"的概念后,就有利于食物的分配和交换。那时候只有"数",却没有"数字"。常用的计数方法有:石头计数、结绳计数、划记计数等,如图2-1所示。

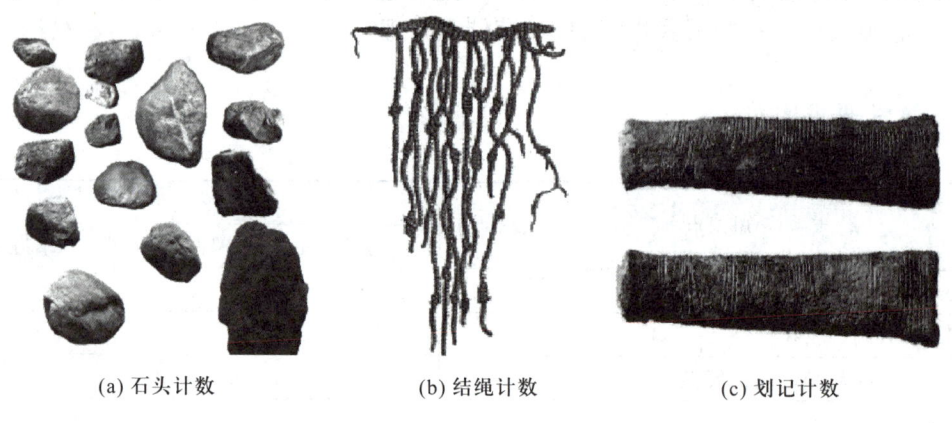

(a) 石头计数　　　　　(b) 结绳计数　　　　　(c) 划记计数

图 2-1　原始时代人类的计数方法

2.1.2　十进制与二进制

随着社会的不断进步,人类使用到的数也越来越大,"划记"计数法在处理"大数"时就显得尤为不方便。为了解决这个问题,聪明的祖先想了很多办法,先发展到了"用不同的符号表示不同的数量"计数,后来就有了进制的概念。从古至今出现了很多种不同的计数进制,有十进制、二进制、八进制、十六进制、十二进制、六十进制等。人类常用的是十进制,计算机使用的是二进制。

1．十进制计数

人类计数大多采用了十进制,可能跟人类有十根手指有关。当十只手指记不下时就会找其他记号标记一个"十",接着从 1 开始再次用手指记录,以此循环。

历史上著名的计数"符号"之一是前古埃及发明的一组"象形文字",每个"象形文字"代表一个数值。通过把一组"象形文字"代表的数值组合起来,就能得到想要的数,如图 2-2 所示。

我国关于十进制最早最可靠的记录是在殷墟出土的甲骨文上,如图 2-3 所示。甲骨文时代已有完整的十进位数码,并有百、千、万等进位用数,对数码的使用除天文历法之外,已覆盖到社会的各个方面,对数概念的使用已经成熟。

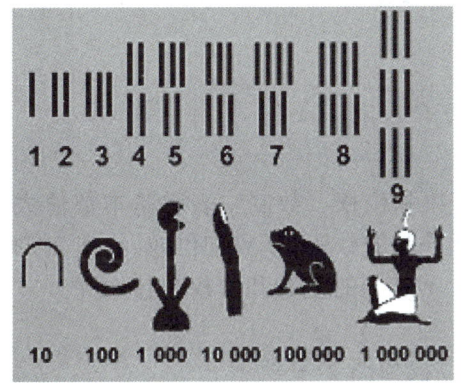

图 2-2　古埃及用来计数的"象形文字"

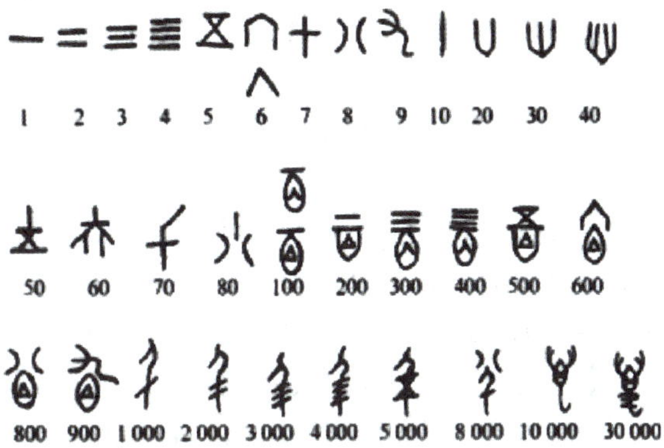

图 2-3　甲骨文十进制图

阿拉伯数字由 0,1,2,…,9 共 10 个符号组成,是由印度科学家巴格达发明,但后来却由阿拉伯人传入欧洲,因此被称为阿拉伯数字,如图 2-4 所示。其笔画简单,书写方便,很快在各个国家流行起来,成为世界各国通用的数字。

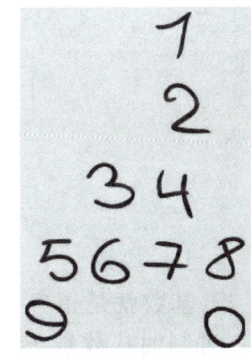

图 2-4　阿拉伯数字

2．二进制计数

在人类文明发展过程中,计数方法并不是就只有十进制一种,在很多文明体系中出现各种各样的进制,有些继续在人类文明发展中得到应用,如二进制在计算机发展中的应用。

二进制是由德国数学家、哲学家莱布尼茨于 1679 年发明。二进制只有 0、1 两个数字,状态种类少,非常方便,很容易在电路上实现,稳定性好,可靠性高,抗干扰能力强,如图 2-5 所示,

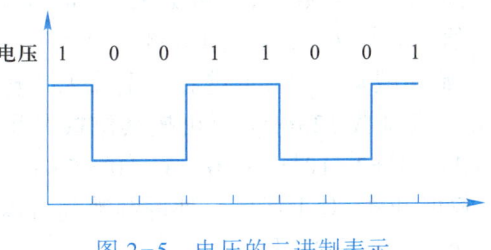

图 2-5　电压的二进制表示

可以用低电平和高电平来表示 0 和 1 两种状态。"计算机之父"冯·诺依曼便提出在计算机中使用二进制这一思想,从而使计算机的速度得以提高,并在现代计算机技术的发展中发挥了举足轻重的作用。

2.2   数   制

数制也称为"计数制",是指使用固定的数字符号和统一规则进行计数的方法。按照进位方式计数的数制称为进位计数制。进位计数制引进了"位置值"的概念,也就是通过数字的位置来确定其代表的数值。

2.2.1   数码、基数和位权

任何一种数制都包含三个基本要素:数码、基数和位权。数制中表示基本数值大小的不同数字符号被称为数码。图 2-6 展示了十进制的数码、基数和位权,十进制的基数是 10,10 个数码分别是 0,1,…,9。任何一个 r 进制的基数和位权是什么呢?

【例 2-1】   十进制数的数码、基数和位权。

【解析】   十进制数 1234.56 的数码、基数和位权如图 2-6 所示。

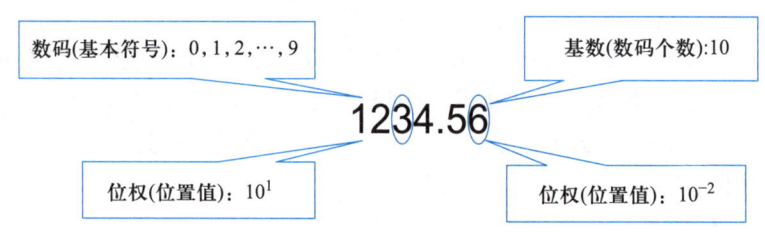

图 2-6   十进制数的数码、基数和位权

1. 基数

基数就是指各种进位计数制中允许选用的基本数码的个数,十进制的基数是 10,二进制的基数是 2,……,r 进制的基数就是 r。一个 r 进制的数码是 0,1,…,$r-1$。

2. 位权

位权表示数码在不同位置上的数值,是基数的幂,即以基数为底,数码所在位置的序号为指数的整数次幂(以小数点为界,整数部分从右往左幂从 0 开始递增,小数部分从左往右幂从 -1 开始递减)。例如,十进制数整数 123 从低位到高位的位权分别是 10^0,10^1 和 10^2。那么十进制数 1234.56 就可按其位权展开表示为多项式:

$$1234.56=1\times10^3+2\times10^2+3\times10^1+4\times10^0+5\times10^{-1}+6\times10^{-2}$$

这种多项式称为位权展开式,对于任何一种进制数都可以写成其权值展开式的多项式之和。对于任意一个 r 进制数 N 可表示为:

$$N=a_{n-1}\times r^{n-1}+a_{n-2}\times r^{n-2}+\cdots+a_0\times r^0+a_{-1}\times r^{-1}+\cdots+a_{-m}\times r^{-m}$$

$$=\sum_{i=-m}^{n-1}a_i\times r^i \tag{2-1}$$

2.2.2　常用的进位计数制

在式(2-1)中，r 可以取任意自然数。人们在生活和工作中常用的计数系统是十进制，而人们在数字化表示的信息世界使用的计数系统是二进制、八进制和十六进制，分别用字母 B、O 和 H 表示。比如，71O、71(O) 或 (71)$_8$ 表示八进制 71，A1H、A1 (H) 或 (A1)$_{16}$ 表示十六进制 A1。表 2-1 总结了常用的几种进位计数制的进位规则、数码、基数和位权。

表 2-1　常用的几种进位计数制

进位制	二进制	八进制	十进制	十六进制
规则	逢二进一	逢八进一	逢十进一	逢十六进一
基数	$r=2$	$r=8$	$r=10$	$r=16$
数码	0,1	0,1,2,$\cdots$,7	0,1,2,$\cdots$,9	0,1,2,$\cdots$,9,A,B,$\cdots$,F
权	2^i	8^i	10^i	16^i
表示	B(binary)	O(octal)	D(decimal)	H(hexadecimal)

我们都知道现代计算机使用二进制，但是为了方便书写和表示，通常使用八进制和十六进制来代替二进制。可以将 3 位二进制数表示为 1 位八进制数，或者将 4 位二进制数表示为 1 位十六进制数。

2.3　不同数制之间的转换

计算机内部采用二进制编码，而计算机作为工具是要为人类提供服务的。为了方便人类的理解和使用，数据需要转换成十进制。八进制与十六进制是二进制的简短表达，也涉及数制之间转换的问题。本节主要讲解这四种进制之间如何方便地实现相互转换。

2.3.1　r 进制与十进制之间的转换

1. r 进制数转换成十进制数

原理：把任意 r 进制数按照式(2-1)写成位权展开式后，即各个位上的数码乘以各自的位权，再按十进制的运算规则运算，就可以得到该 r 进制数对应的十进制数。

【例 2-2】　分别将二、八、十六进制数利用式(2-1)转换为十进制数。

【解析】 $101.11(B)=2^2+2^0+2^{-1}+2^{-2}=5.75$

$71(O)=7\times8^1+1\times8^0=57$

$101A(H)=1\times16^3+1\times16^1+10\times16^0=4122$

2. 十进制数转换为 r 进制数

十进制数的整数部分和小数部分在转换时需作不同的计算,分别求值后再组合。

(1) 整数部分采用"除基取余法",除以基数,逆序取余数,直至商为 0。

证明:式(2-1)包含整数部分和小数部分,现在把这两部分分别进行计算,得到式(2-2)。

$$N=N_{整数}+N_{小数}=(a_{n-1}\times r^{n-1}+a_{n-2}\times r^{n-2}+\cdots+a_0\times r^0)+(a_{-1}\times r^{-1}+\cdots+a_{-m}\times r^{-m}) \quad (2-2)$$

对于整数部分有:

$$N_{整数}=a_{n-1}\times r^{n-1}+a_{n-2}\times r^{n-2}+\cdots+a_0\times r^0$$
$$=r(a_{n-1}\times r^{n-2}+a_{n-2}\times r^{n-3}+\cdots a_1\times r^0)+a_0 \quad (等号右侧提取公因数\ r) \quad (2-3)$$

根据式(2-3),可以得知 $N_{整数}$ 除以基数的商是 $(a_{n-1}\times r^{n-2}+a_{n-2}\times r^{n-3}+\cdots+a_1\times r^0)$,余数是 a_0,再用此时得到的商继续除以基数取余就会得到 a_1,依此类推,就可以得到各个位上的数码,直至商为 0。

【例 2-3】 将十进制数 100 转换为八进制数和十六进制数。

【解析】 转换过程如图 2-7 所示。

注意:余数要从低到高依次记录,于是得到 $(100)_{10}=(144)_8=(64)_{16}$。

(2) 小数部分采用"乘基取整法",连续乘以基数,依次截取整数部分。小数转换不一定能算尽,达到误差要求时,可进行四舍五入。

证明:根据式(2-2)得到小数部分:

$$N_{小数}=a_{-1}\times r^{-1}+\cdots+a_{-m}\times r^{-m}$$
$$N_{小数}\times r=a_{-1}+a_{-2}\times r^{-1}+\cdots+a_{-m}\times r^{-m+1} \quad (等号两边都乘以基数\ r) \quad (2-4)$$

根据式(2-4),可以得知当乘以基数后就会得到整数 a_{-1},依此类推,连续的乘以基数就会得到 a_{-2},$a_{-3}\cdots$,如果不能算尽,则可以按照要求保留到第几位小数。

```
         转八进制            转十六进制
      8 | 100            16 | 100
      8 | 12      4      16 | 6       4
      8 | 1       4         | 0       6
        | 0       1
```

图 2-7 十进制数转换成八进制数和十六进制数的过程举例

【例 2-4】 将 $(173.8125)_{10}$ 转换为二进制数。转换过程如图 2-8 所示。

【解析】 整数部分:　　　　小数部分:

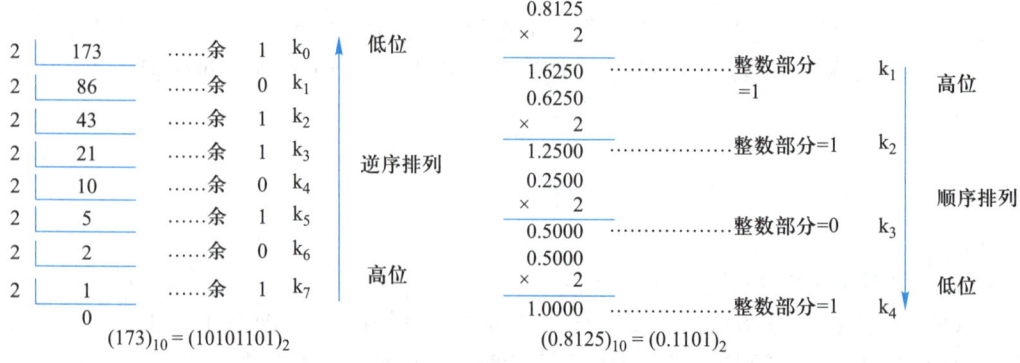

$(173)_{10}=(10101101)_2$　　　　$(0.8125)_{10}=(0.1101)_2$

图 2-8 十进制数转换成二进制数的过程举例

所以,可以得:$(173.8125)_{10}=(10101101.1101)_2$

2.3.2 二进制与八进制、十六进制的相互转换

1. 八进制、十六进制转换为二进制

八进制每位数码的取值范围为 0~7,和 3 位二进制数表示的范围一一对应,如表 2-2 所示,所以转换的规则为:1 位八进制数转换为 3 位的二进制数。

十六进制每位数码的取值范围为 0~15,和 4 位二进制数表示的范围一一对应,如表 2-2 所示,所以转换的规则为:1 位十六进制数转换为 4 位的二进制数。

表 2-2　八进制和二进制的对应关系、十六进制和二进制的对应关系

八进制	对应二进制	十六进制	对应二进制	十六进制	对应二进制
0	000	0	0000	8	1000
1	001	1	0001	9	1001
2	010	2	0010	A	1010
3	011	3	0011	B	1011
4	100	4	0100	C	1100
5	101	5	0101	D	1101
6	110	6	0110	E	1110
7	111	7	0111	F	1111

【例 2-5】　将八进制数 144 和十六进制数 64 转换为二进制数。

【解析】　$144(O)=\underset{1}{\underline{001}}\,\underset{4}{\underline{100}}\,\underset{4}{\underline{100}}(B)$

$64(H)=\underset{6}{\underline{0110}}\,\underset{4}{\underline{0100}}(B)$

2. 二进制转换为八进制、十六进制

二进制转换为八进制的规则:整数部分从右向左按三位进行分组,不足三位的高位补 0,每一组转换为一位八进制数;小数部分从左向右按三位进行分组,不足三位的低位补 0,每一组转换为一位八进制数。

二进制转换为十六进制的规则:整数部分从右向左按四位进行分组,不足四位的高位补 0,每一组转换为一位十六进制数;小数部分从左向右按四位进行分组,不足四位的低位补 0,每一组转换为一位十六进制数。

【例 2-6】　将二进制数转换为八进制数和十六进制数。

【解析】　$\underset{1}{\underline{\textbf{00}1}}\,\underset{5}{\underline{101}}\,\underset{5}{\underline{101}}\,\underset{6.}{\underline{110.}}\,\underset{6}{\underline{110}}\,\underset{5}{\underline{101}}(B)=1556.65(O)$

$\underset{3}{\underline{\textbf{00}11}}\,\underset{6}{\underline{0110}}\,\underset{E.}{\underline{1110.}}\,\underset{D}{\underline{1101}}\,\underset{4}{\underline{0100}}(B)=36E.D4(H)$

2.4　信　　息

信息犹如空气和水一样普遍存在于人类社会,人们时时刻刻都在与信息打交道,听到、看到或感受到各种信息。从远古到当今的文明社会,信息一直在发挥着重大作用,是人类生存和社会发展的基本资源。

2.4.1　信息的概念和特点

信息(information)是一个抽象的概念。一般来说,信息是在自然界、人类社会和人类思维活动中普遍存在的一切物质和事物的属性,反映物质及其运动属性及特征的原始事实。21 世纪,人类从工业社会全面进入了信息社会,信息成为比物质和能源更重要的资源,其特征是社会信息化、设备数字化、通信网络化。以计算机技术(computer)、通信技术(communication)、控制技术(control)的 3C 技术为核心的现代信息技术推动着人类社会飞速发展,以开发和利用信息资源为目的的经济活动成为国民经济活动的主要内容。

信息不同于其他概念,有其独特的性质。信息具有共享性、独立性、多样性、本质性、普遍性和无限性。

1. 共享性

信息的每一次传递,都会产生一个副本,不用担心消失和损耗。例如,你有一条信息,我有一条信息,交流后每人就会拥有两条信息。这体现了物质与信息的本质差别。

2. 独立性

信息可以脱离它所反映的事物而被保存和传播。例如,我们可以在书中学习祖先深刻的思想精髓,可以从资料中看到火星的地貌、木星的光环等。所以信息可以与它反映的事物分离而独立存在。

3. 多样性

信息的保存、表现与传播必须有一定的载体,载体的形式可以是多样的,信息的形式可用其载体形式表征。

4. 本质性

信息反映事物的运动、状态、规律和变化,从而体现事物的内在规律和本质内涵。信息的获取、传播与保存更有利于人们认识和掌握客观事物的规律。

5. 普遍性

信息世界包含了所有事物,我们整个社会都离不开信息,这体现了信息的普遍性。

6. 无限性

信息是可以无限增长的资源。随着社会和科技的进步,能被人类所感知的信息越来越多,信息是无穷无尽的。

2.4.2　信息的二进制表示

对于计算机来说,输入和处理的对象是数据。人类社会的信息能否用数据表示呢? 答案是肯定的。大部分信息可以表示为数据,而且是以二进制形式表示的。

信息与数据之间存在着固有的联系:数据是反映客观事物属性的记录,是信息的载体;而信息是数据的内涵,是对数据语义的解释。数据表示信息,信息只有通过数据的形式表示出来才能被人们理解和接收。从计算机的角度看,可以被计算机接收并能够被计算机处理的符号都称为数据。

这里的数据是一个广义的概念,包含数值型数据和非数值型数据。一般来说,数值型数据指数字在计算机中的表示,如整数、小数、有理数等,而非数值型数据指非数字化的信息在计算机中的表示,如文字、声音、图像等。人类社会中的信息大部分为非数值型数据,例如,信息"酸、甜、苦、辣"便是非数值型数据。

比特来自英文单词 bit,是二进制位的缩略写法。比特代表了一个二进制位,只有两种可能"1"或"0",它可以用来表示事物的某一状态,如开或关、真或假、黑或白等。数据和信息在计算机内部都是用若干个比特来表示的。

比特数和信息单元数有什么数量关系呢? 一个比特可以表示 1 和 0 两个信息单元,即 1 个比特可以表示两种不同的情况;2 个比特就可以表示"00、01、10、11" 4 个信息单元;3 个比特就可以表示"000、001、010、011、100、101、110、111" 8 个信息单元。以此类推,n 个比特就可以表示 2^n 个信息单元,即 n 个比特所能表示的信息单元数为 n 个 0 和 1 的全排列数。

反之,如果知道信息单元数 m,就可以求得需要的最小比特数,即最小比特数为大于等于 $\log_2 m$ 的最小整数,这是在非数值型数据编码阶段常用到的步骤。例如,使用二进制表示"酸、甜、苦、辣"4 种信息,那么至少需要 $\log_2 4=2$ 个比特,可以用"00、01、10、11"分别表示"酸、甜、苦、辣";但是,使用二进制表示"酸、甜、苦、辣、咸"5 种信息,因为 $2<\log_2 5<3$,所以需要至少 3 个比特。

2.4.3　二进制数据单位

在计算机中通常使用三个数据单位:位、字节和字。位是最小的存储单位,英文名称是 bit,常用小写 b 或 bit 表示。字节是用 8 位二进制数作为表示字符和数字的基本单元,英文名称是 Byte,通常用大写 B 表示。字是计算机和信息处理系统中,在存储、传送或操作时,作为一个单元的一组字符或一组二进制位,英文名称是 Word。

1 B(字节)=8 b(位)

1 KB(千字节)=2^{10} B(字节)

1 MB(兆字节)=2^{10} KB=2^{20} B(字节)

1 GB(吉字节)=2^{10} MB=2^{20} KB=2^{30} B(字节)

1 TB(太字节)= 2^{10} GB=2^{40} B(字节)

1 PB（拍字节）$= 2^{10}$ TB $= 2^{50}$ B（字节）
1 EB（艾字节）$= 2^{10}$ PB $= 2^{60}$ B（字节）
1 ZB（泽字节）$= 2^{10}$ EB $= 2^{70}$ B（字节）
1 YB（尧字节）$= 2^{10}$ ZB $= 2^{80}$ B（字节）
1 BB（布字节）$= 2^{10}$ YB $= 2^{90}$ B（字节）
1 NB（诺字节）$= 2^{10}$ BB $= 2^{100}$ B（字节）
1 DB（刀字节）$= 2^{10}$ NB $= 2^{110}$ B（字节）

2.5　数值数据的编码和运算

计算机中的数值数据基本分为两类：整数和浮点数（实数）。无论是哪种类型，在计算机中都是以二进制形式存储的，那么正负数和浮点数在计算机中如何表示？这就要对数值数据进行编码，编码后要实现数值的运算。计算机既可以完成算术运算，也可以进行逻辑运算，那么它们是如何实现的？有哪些运算规则呢？

2.5.1　数值数据的编码

1. 整数在计算机中的表示

为了表示正负数，在计算机中通常把一个数的最高位定义为符号位，用"0"表示正，"1"表示负，其余位仍表示数值，分别称为符号位和数值位。这种把符号数值化的数称为机器数。为了简单起见，本章以整数为例并且假定字长为 8 位。图 2-9 所示的机器数共 8 位，有 1 位符号位和 7 位数值位。

对于有符号数，要是能把符号位和数值位等同起来，让它们一起参与运算，不再加以区分，同时实现加法和减法运算，计算就变得简单了。例如，4-5 等价于（+4）+（-5），直接进行加法运算。但是，有时符号位参与运算会产生错误的结果，见例 2-8。为了解决此类问题，引入了原码、反码和补码。

【例 2-7】　整数 -5 在计算机中如何表示。

【解析】　假设整数在计算机中用 1 个字节 8 位二进制表示，则 -5 可表示为如图 2-9 所示的形式。

（1）原码

原码是一种计算机中对数字的二进制定点表示方法。原码表示法在数值前面增加了一位符号位（即最高位为符号位）：正数该位为 0，负数该位为 1（数值0 有两种表示：+0 和 -0），其余位表示数值的大小。例 2-7 中表示的就是原码。

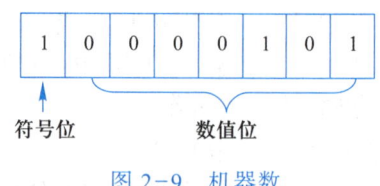

图 2-9　机器数

[+0000000]_原 = 00000000　　　　[-0000000]_原 = 10000000
[+0000011]_原 = 00000011　　　　[-0000011]_原 = 10000011

$$[+1111111]_原 = 01111111 \qquad\qquad [-1111111]_原 = 11111111$$

原码正数的取值范围是 0 0000000~0 1111111,对应的十进制为 +0~+127。原码负数的取值范围是 1 0000000~1 1111111,对应的十进制为 -0~-127,它们在数轴上的表示如图 2-10 所示。在数学上,+0 和 -0 是同一个数,对应的原码 00000000 和 10000000 表示了同一个数。因此,8 位原码表示的十进制数个数是 128+128-1=255。

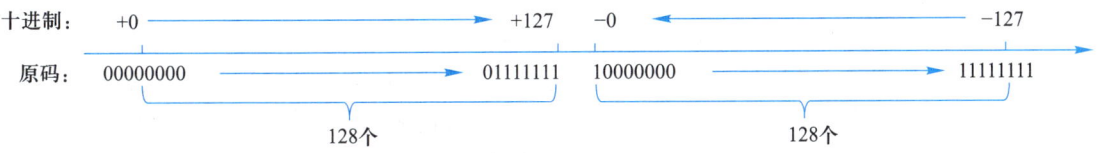

图 2-10　8 位二进制整数的原码与其对应的十进制整数在数轴上的表示
（数轴方向按原码的大小方向确定）

参与加法运算时,如果是负数的原码,就会出现错误,如例 2-8(下文介绍)使用原码计算(+4)+(-5)得到了 -9 的结果。原因是什么呢? 数值位将 4 与 5 进行了加法运算,取得 9 的运算结果,符号位相加得 1,最终的运算结果变成了 -9。在数学上,不同符号的两数相加取绝对值较大的数的符号,并用绝对值较大的减去绝对值较小的。因此,原码的运算规则和数学的运算规则是不一致的,这促使人们去寻找更好的编码方法。

（2）反码

正数的反码和原码相同。对于负的反码,符号位为 1,数值位每位取反,即 0 变为 1,1 变为 0。反码在数轴上的表示如图 2-11 所示,可以看出,反码与原码的表示范围相同,+0 和 -0 对应的反码是 00000000 和 11111111。8 位反码表示的十进制数个数也是 128+128-1=255。

$$[+0000000]_反 = 00000000 \qquad [-0000000]_反 = 11111111$$
$$[+0000011]_反 = 00000011 \qquad [-0000011]_反 = 11111100$$
$$[+1111111]_反 = 01111111 \qquad [-1111111]_反 = 10000000$$

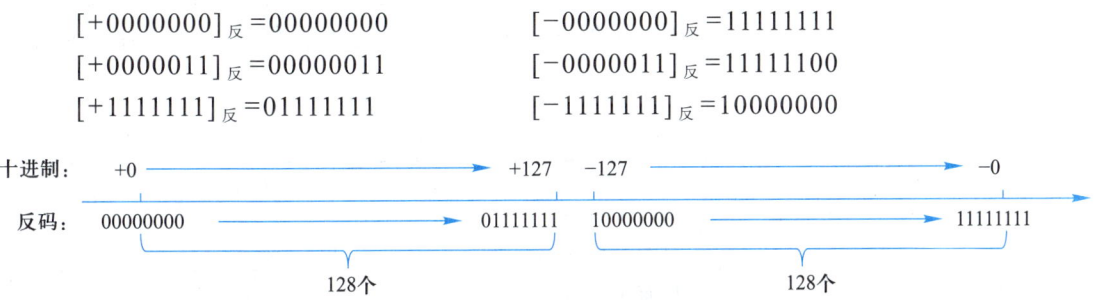

图 2-11　8 位二进制整数的反码与其对应的十进制整数在数轴上的表示
（数轴方向按反码的大小方向确定）

负数的反码是将原码中除符号位以外的所有位(数值位)取反。例如,例 2-8 使用原码计算(+4)+(-5)时,-5 的反码是将原码中除符号位之外的 0 变成 1,0 变成 1。反码通过对负数数值位取反,使符号位参与运算时可等价于数学中的减法。例如,计算(+4)+(-5)时,-5 的反码数值为 11111010,与 +4 的原码 00000100 相加后,结果的反码为 11111110,转换为原码即 -1,符合数学逻辑。

在反码表示中,"0" 这个数字在计算机中的编码就不是唯一的。对于计算机而言,存在逻辑矛盾,因为每个数字在计算机中应具有唯一编码。

（3）补码

正数的补码和原码相同；对于负数的补码，符号位为 1，数值位按位取反，末位加 1，即为反码加 1。

[+0000000]$_{补}$=00000000	[−0000000]$_{补}$=00000000
[+0000011]$_{补}$=00000011	[−0000011]$_{补}$=11111101
[+1111111]$_{补}$=01111111	[−1111111]$_{补}$=10000001

补码解决了 +0 和 −0 编码不唯一的问题。+0 的编码为 {00000000}，8 位二进制表示的正数范围仍然是：+0 ~+127。负数的补码为反码 +1 实现了负数整体向后"挪动 1 位"，如图 2-12 所示，−0 的反码 {11111111}+1 后变为 {1 00000000}，超过了 8 位，去掉最高位后，变为 {00000000}，这样就与 +0 的补码相同了。而 {11111111} 就不表示 −0，而表示 −1；{11111110} 表示 −2；{11111101} 表示 −3；以此类推，最小的编码 {10000000} 就是 −128。8 位补码表示的负数范围从：−127~−0 变成：−128~−1。因此，8 位补码表示的十进制数个数也是 128+128=256，成功解决了所有的问题。

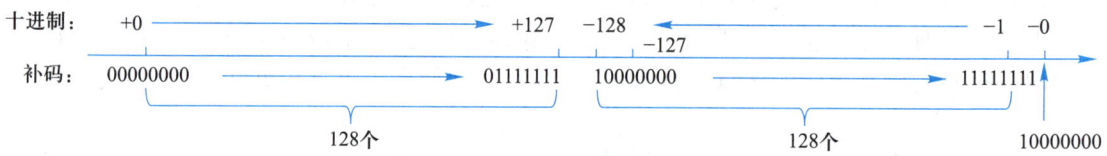

图 2-12　8 位二进制整数的补码与其对应的十进制整数在数轴的表示
（数轴方向按补码的大小方向确定）

原码、反码和补码之间的关系如表 2-3 所示。由三种编码可知，在计算机内部，补码可以正确、方便地进行二进制的加法运算，也就是说数值数据的二进制编码是补码。

表 2-3　原码、反码和补码的关系

对比项	正数	负数
原码	高位为 0	高位为 1
反码	与原码一致	高位为 1，其余位求反
补码	与原码一致	反码 +1

【例 2-8】　分析计算机用三种编码方式运算 4−5，即按照（+4）+（−5）运算的原因与演变过程。

【解析】　① 原码参与加法运算。

```
    00000100        ……+4 的原码
  + 10000101        ……−5 的原码
  ──────────
    10001001        ……−9 的原码
```

我们发现，如果使用原码进行运算，符号位参与运算会导致结果错误。

② 反码参与加法运算。

```
  00000100          ……+4 的反码
+ 11111010          ……-5 的反码
  11111110          ……-1 的反码
```

如果使用反码进行运算,符号位参与运算的结果是正确的,所以得到(-5)+4=-1。但是,如果计算 3-3,结果就会出现 -0 的情况。

```
  00000011          ……+3 的反码
+ 11111100          ……-3 的反码
  11111111          ……-0 的反码
```

③ 补码参与加法运算。

```
  00000100          ……+4 的补码
+ 11111011          ……-5 的补码
  11111111          ……-1 的补码
```

如果使用补码进行运算,符号位参与运算的结果是正确的,所以得到(-5)+4=-1。如果计算 3-3,结果等于 0。

```
  00000011          ……+3 的补码
+ 11111101          ……-3 的补码
  00000000          ……+0 的补码
```

2. 浮点数在计算机中的表示

整数在计算机中的表示,解决了符号问题和计算问题,接下来就要考虑浮点数(实数)的表示和存储。在计算机中小数点是不占位置的,根据小数所在的位置分为三种形式:定点整数、定点小数和两者结合成的浮点数。

(1)定点整数

定点整数指小数点隐含固定在机器数的最右边,定点整数是纯整数,如图 2-13 所示。

(2)定点小数

定点小数约定小数点位置在符号位、有效数值部分之间,定点小数是纯小数,即所有数绝对值小于 1,如图 2-14 所示。

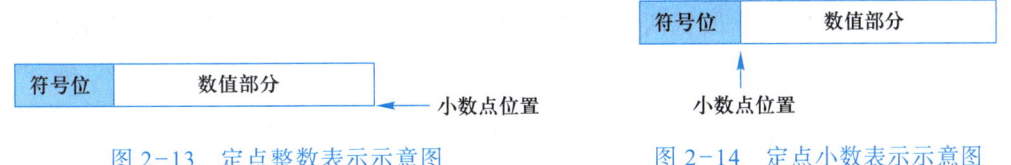

图 2-13　定点整数表示示意图　　　　　图 2-14　定点小数表示示意图

(3)浮点数

为了能表示特大或特小的数,采用"浮点数"或"指数形式"来表示。浮点数由阶码和尾数两部分组成:阶码用定点整数来表示,阶码所占的位数确定了数的范围;尾数用定点小数表示,尾数所占的位数确定了数的精度,如图 2-15 所示。由此可见,浮点数是定点整数和定点小数的结合。

阶符	阶码部分	数符	尾数部分

图 2-15   浮点数表示示意图

最常见的有两种类型的浮点数:单精度浮点数(float)和双精度浮点数(double)。

单精度浮点数占 4 个字节 32 位,阶码部分占 7 位,尾数部分占 23 位,阶符和数符各占 1 位。

双精度浮点数占 8 个字节 64 位,阶码部分占 10 位,尾数部分占 52 位,阶符和数符各占 1 位。双精度浮点数使得表示数的精度和范围更大。

【例 2-9】   26.0 作为单精度浮点数在计算机中的表示。

【解析】 $26.0=(11010.0)_2=+0.1101×2^{+5}$

单精度浮点数的阶码为 7 位,十进制值为 5,对应二进制值为 0000101;尾数 23 位,二进制值为 1101,需要在后面补 19 个 0;阶符和数符都是正,皆为 0,如图 2-16 所示。

1位	7位	1位	23位
0	0000101	0	11010000000000000000000
阶符	阶码	数符	尾数

图 2-16   单精度浮点数的存储示例

2.5.2   算术运算

二进制的算术运算与十进制数的算术运算一样,也包括加、减、乘和除四则运算,但运算更为简单。

二进制的加减法运算是将加数转换为补码,按照二进制的"逢二进一"的规则进行运算,如 2.5.1 所述,详见例 2-8,在此不再赘述。

在计算机内部,二进制的乘除法可以通过加减法和移位来实现,这样可以使得计算机的运算器结构更加简单,稳定性也更好。例如,一个非符号数 00001000,如果左移两位,则左侧最高的两位去掉,右侧补两个 0,变为 00100000,整个数变为原来的 2^2 倍;如果右移两位则右侧最低两位去掉,左侧补两个 0,变为 00000010,整个数变为原来的 2^{-2}。这就是乘除法的原理。

2.5.3   逻辑运算

逻辑运算又称为布尔运算。英国数学家乔治·布尔(George Boole)用数学方法研究逻辑问题,成功地建立了逻辑代数(布尔代数)。他用等式表示判断,把推理看作等式的变换,从而形成完整的逻辑运算体系。

二进制数 1 与 0 在逻辑上可以表示真与假、是与非、有与无等,这种具有逻辑性的量称为逻辑量。逻辑量之间的运算称为逻辑运算,逻辑运算是以二进制为基础的。

逻辑运算主要有逻辑与、逻辑或和逻辑非等 3 种基本运算。

1. 逻辑与

逻辑与关系通常用"×""·"或"∧"表示,只有当两个逻辑量的值都为真时,结果才为真,其他情况结果都为假。其真值表如表 2-4 所示。

2. 逻辑或

逻辑或关系通常用"+"或"∨"表示,只有当两个逻辑量的值都为假时,结果才为假,其他情况结果都为真。其真值表如表 2-5 所示。

3. 逻辑非

逻辑非关系通常用"¬"表示,结果与逻辑量的值相反。其真值表如表 2-6 所示。

表 2-4　逻辑与的真值表

A	B	F=A∧B
0	0	0
0	1	0
1	0	0
1	1	1

表 2-5　逻辑或的真值表

A	B	F=A∨B
0	0	0
0	1	1
1	0	1
1	1	1

表 2-6　逻辑非的真值表

A	F=¬A
0	1
1	0

【例 2-10】　某个整数 N,范围条件是:大于 5 并且小于 10,写出逻辑表达式。

【解析】　两个范围条件分别用 A 和 B 来表示,则逻辑表达式为 A∧B。即若 $(N>5) \wedge (N<10)$ 结果为真,那么此时的 N 就是满足条件的值。

2.6　非数值数据的编码

由于计算机中的数据都是以二进制的形式存储和处理的,因此除了数值类型的数据是二进制编码外,其他的非数值数据也必须采用二进制编码,这样计算机才能识别和处理。非数值数据包括英文字符、汉字字符、图形、声音、视频等。

2.6.1　英文字符与常用符号的编码——ASCII 码

在计算机中,数值数据用二进制表示,但是人们使用计算机所涉及的各种字符无法直接在计算机中表示和存储,因此同样用一系列的 0 和 1 串来表示字符,这就是字符编码。字符编码的方法很简单,首先确定需要编码的字符总数,然后将每一个字符按照顺序确定编号,编号值的大小无意义,仅作为识别和使用这些字符的依据。字符的多少决定了实际编码的位数。

对于西文字符编码最常用的就是 ASCII 字符编码(American standard code for information interchange,美国信息交换标准代码)。西文字符中有 34 个非图形字符,94 个图形字符,总共有 128 个字符,因此至少需要 7 个比特来表示,常用字符的

ASCII 码值如表 2-7 所示。

表 2-7　常用字符及其 ASCII 码值表

ASCII 码	字符	ASCII 码	字符	ASCII 码	字符	ASCII 码	字符
27	ESC	32	SPACE	33	!	34	"
35	#	36	$	37	%	38	&
39	'	40	(	41	)	42	*
43	+	44	'	45	–	46	.
47	/	48	0	49	1	50	2
51	3	52	4	53	5	54	6
55	7	56	8	57	9	58	:
59	;	60	<	61	=	62	>
63	?	64	@	65	A	66	B
67	C	68	D	69	E	70	F
71	G	72	H	73	I	74	J
75	K	76	L	77	M	78	N
79	O	80	P	81	Q	82	R
83	S	84	T	85	U	86	V
87	W	88	X	89	Y	90	Z
91	[	92	\	93	]	94	^
95	_	96	`	97	a	98	b
99	c	100	d	101	e	102	f
103	g	104	h	105	i	106	j
107	k	108	l	109	m	110	n
111	o	112	p	113	q	114	r
115	s	116	t	117	u	118	v
119	w	120	x	121	y	122	z
123	{	124	|	125	}	126	~

　　这些字符中,0~9、A~Z、a~z 都是顺序排列的,且小写字母比大写字母的码值大 32,即 'a' 的码值比 'A' 的码值大 32。这种规律有利于大小字母之间的编码转换。

　　计算机内部存储与操作通常以字节为单位,即 8 个二进制位为单位。因此,一个字符在计算机内实际占用一个字节,最高位一般为 0,在需要奇偶检验时,这一位可用于存放奇偶校验的值,此时这一位又称为校验位。

　　【例 2-11】　常用字符的编码值。

　　【解析】　有些常用字符的二进制、十进制、十六进制编码如表 2-8 所示。

表 2-8　常用字符二进制、十进制、十六进制编码

字符	对应的二进制	对应的十进制	对应的十六进制
空格	0100000	32	20H
0	0110000	48	30H
A	1000001	65	41H
a	1100001	97	61H

2.6.2　汉字字符编码

在计算机中处理汉字要比西文字符编码复杂,需要解决以下几个问题:

① 键盘上无汉字,不能直接通过键盘输入,需要输入码来对应。

② 不同的输入码输入后要按照统一的标准来编码。为了和 ASCII 码区分,在计算机内的存储需要机内码来表示,便于存储和处理。

③ 汉字量大,字形复杂,需要用字库来存储。

计算机在处理汉字时,汉字的输入、存储、处理和输出过程中所采用的汉字编码不同,之间要进行相互转换,过程如图 2-17 所示。

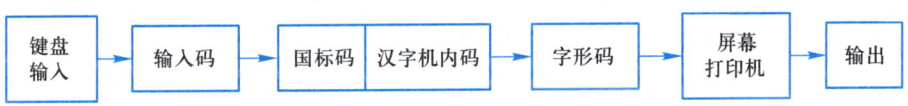

图 2-17　汉字信息处理系统的过程

1. 汉字输入码

汉字输入码也称为汉字外码,是为了将汉字输入到计算机而设计的代码。目前常用的输入码主要分为以下两种:

音码类:以汉语拼音为基础的编码方案,如全拼、智能 ABC 等。

形码类:根据汉字的字形进行的编码,如五笔字型法、表形码等。

不论采用哪种输入法,都是操作者向计算机输入汉字的途径,而在计算机内部都是以汉字机内码表示。

2. 国标码

国标码是指 1980 年我国制定的用于不同的具有汉字处理功能的计算机系统间交换汉字信息时使用的编码,代号为 GB/T 2312—1980。目前国标码收录了 6 763 个汉字,其中,一级汉字(最常用)3 755 个,二级汉字 3 008 个,另外还包括 682 个西文字符、图符。例如,"巧"字的代码是 39H 41H。

国标码中的每个汉字用两个字节来表示,每个字节的编码取值范围从 33~126(与 ASCII 编码中可打印字符的取值范围一致,共 94 个)。组成了一个 94×94 的矩阵,每一行称为一个"区",有 94 区;每一列称为一个"位",有 94 位,可以表示的不同字符数为 94×94=8 836 个,称为区位码。为了与 ASCII 编码对应,每个区、位分别加 32(20H),就构成了国标码。例如,"中"的区位码为 3630H,国标码为 5650H。

3. 汉字机内码

汉字机内码是指汉字被计算机系统内部处理和存储而使用的编码。因为汉字处理系统要保证中西文的兼容，当系统中同时存在ASCII码和汉字国标码时，将会产生二义性。例如，有两个字节的值为30H和21H，它既可表示汉字“啊”的国标码，又可表示西文“0”和“!”的ASCII码。为此，汉字机内码应对国标码加以适当的处理和变换。

汉字机内码是在国标码的基础上，每个字节的最高位由“0”变为“1”，即每个字节加80H。图2-18所示为汉字“中”的国标码和机内码。

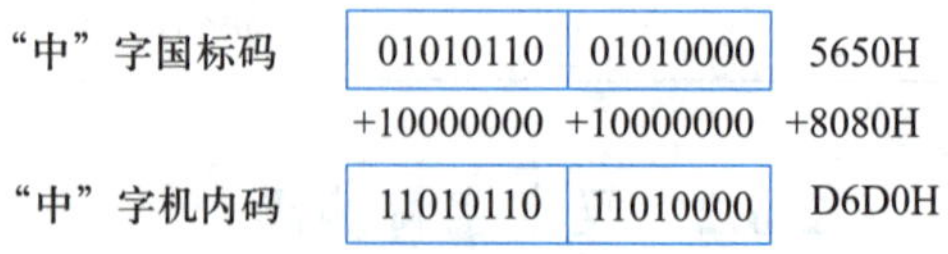
“中”字国标码
01010110
01010000
5650H
+10000000 +10000000 +8080H
“中”字机内码
11010110
11010000
D6D0H

图2-18　汉字“中”的国标码和机内码

4. 汉字字形码

汉字字形码又称汉字字模，用于汉字在显示屏或打印机上输出汉字。汉字字形码通常有两种表示方式：点阵法和矢量法。

矢量汉字字库存储的是描述汉字字形的轮廓特征，当要输出汉字时，通过计算机处理，根据汉字字形描述生成所需大小和形状的汉字点阵。矢量化字形描述与最终文字显示的大小、分辨率无关，因此可以产生高质量的汉字输出。Windows中使用的TrueType技术就是汉字的矢量表示方式。有关矢量图的概念将在2.6.3节中介绍。

用点阵表示字形时，汉字字形码指的是这个汉字字形点阵的代码。根据输出汉字的要求不同，点阵的多少也不同。简易型汉字为16×16点阵，提高型汉字为24×24点阵、32×32点阵、48×48点阵等。点阵规模越大，字形越清晰美观，但所占存储空间也越大。以16×16点阵为例，每个汉字就要占用16×16/8=32个字节，字模点阵只能用来构成“字库”而不能用于机内存储。字库中存储了每个汉字的点阵代码，当显示输出时才检索字库，输出字模点阵以呈现字形。图2-19显示了“大”字的16×16字形点阵及编码。

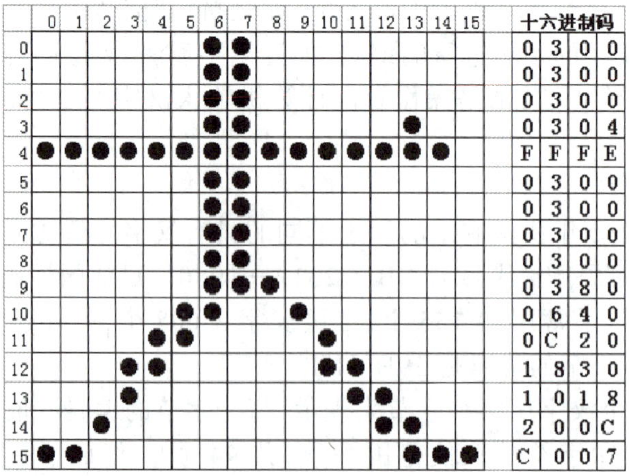
十六进制码
0 3 0 0
0 3 0 0
0 3 0 0
0 3 0 4
F F F E
0 3 0 0
0 3 0 0
0 3 0 0
0 3 0 0
0 3 8 0
0 6 4 0
0 C 2 0
1 8 3 0
1 0 1 8
2 0 0 C
C 0 0 7

图2-19　字形点阵及编码

5. Unicode 字符集编码

随着互联网的发展,为满足跨语言、跨平台文本转换和处理的要求,并兼容 ASCII,由多语言软件制造商组成的统一码联盟制定了多语言的统一编码——Unicode。Unicode 编码使用 16 位的编码空间,也就是每个字符占用两个字节,最多可表示 2^{16}(65 536)个字符,基本可以满足各国语言的使用。

Unicode 兼容 ASCII 码。原 ASCII 能表示的字符,其 Unicode 码是在原 ASCII 码前补 8 个 0。例如,"A"的 ASCII 码是 01000001,而它的 Unicode 码是 00000000 01000001。

【伦理角】 Unicode 的字符收录过程可能忽视小众语言或少数族裔的文字系统。

【案例】 直到 2018 年,加拿大原住民语言"因纽特语"的文字系统(Canadian Aboriginal Syllabics)才被 Unicode 完全支持,此前其用户长期面临技术障碍。

【讨论】 思考数字时代权力与资源的分配问题。讨论以下问题:
- 如何在技术标准化与文化多样性之间找到平衡?
- 如何保证少数群体在数字时代的语言传承权利,避免数字殖民主义?

2.6.3 图形和图像编码

1. 图形和图像的概念

图形和图像都是多媒体系统中的可视元素,是两种既有联系又有区别的概念。

图形是矢量图,它是根据几何特性来绘制的。图形的元素是一些点、直线、弧线等。矢量图常用于框架结构的图形处理,应用非常广泛,如计算机辅助设计(CAD)系统中常用矢量图来描述十分复杂的几何图形,适用于直线以及其他可以用角度、坐标和距离来表示的图。图形任意放大或者缩小后依旧清晰。

图像是位图,它所包含的信息是用像素来度量的。就像细胞是组成人体的最小单元一样,像素是组成一幅图像的最小单元。对图像的描述与分辨率和色彩的颜色种数有关,分辨率与色彩位数越高,占用存储空间就越大,图像越清晰。

图 2-20 显示了原始矢量图和位图分别放大后的差别。矢量图形和位图图像可以转换,要将矢量图形转换为位图图像,只要在保存图形时,将其保存格式设置为位图图像即可;但反之会较为困难,需要借助其他软件来实现。

放大后　矢量图　　　放大后　位图

图 2-20　矢量图和位图放大后的差别

图形是计算机绘图软件生成的矢量图形,矢量图形文件存储的是描述生成图形的指令,因此不必对图形中的每一点进行数字化处理。图像是一种模拟信号。图像的数字化是将一幅真实的图像转变为计算机能够接收的数字形式,主要分采样、量化与编码三个步骤。

2. 图像的采样

采样就是将二维空间上连续的图像转换为离散点的过程,采样的实质就是用多少个像素点来描述这一幅图像,称为图像的分辨率,用"列数 × 行数"来表示,分辨率越高,图像越清晰,存储量也越大。

图 2-21 就是采样前后的图像,原图被划分成了 50 行 ×32 列,那么这幅图中的像素点总数为 50×32 个。

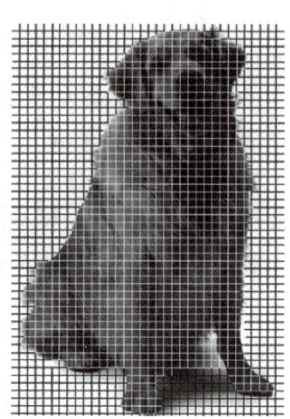

图 2-21　原图以及图像采样示意图

数码相机是一种常用的采样设备,是将图像资料输入计算机的输入设备之一。像素也是衡量数码相机最重要的指标。像素指的是数码相机的分辨率。例如,分辨率为 1 600×1 200 的相机,像素数为 1 600×1 200=1 920 000≈2 000 000,就是 200 万像素。

3. 图像的量化

图像的量化是在图像离散化后,将表示图像色彩浓淡的连续变化值离散化为整数值的过程。量化时所确定的整数值取值个数称为量化级数,表示量化的色彩值所需的二进制位数称为量化字长。一般可用 8 位、16 位、24 位、32 位等来表示图像的颜色,24 位可以表示 2^{24} 种不同的颜色,称为真彩色。

在多媒体计算机中,图像的色彩值称为图像的颜色深度,计算机中常用的表示色彩的方式有以下几种:

① 黑白图:图像的颜色深度为 1,则用 1 个二进制位 1 和 0 来表示纯白和纯黑两种颜色。

② 灰度图:图像的颜色深度为 8,则用 8 个二进制位来表示白到黑的 256 种不同的颜色。

③ 真彩色图:图像的颜色深度为 24,由红绿蓝三基色通过不同强度的混合而成,每种颜色强度分为 256 级(值为 0~255),每种颜色占 1 个字节,共 3 个字节,就构成了 2^{24}=16 777 216 种颜色的真彩色图像。

图 2-22 所示的图像采用的颜色深度为 4,即白到黑的颜色分成了 2^4=16 种。每一个像素点的颜色就是这 16 种颜色中的一种。

4. 图像的编码和压缩技术

将采样和量化后的数字数据转换成用二进制数码 0 和 1 表示的形式,如图 2-22 所示。图像的分辨率和像素位的颜色深度决定了图像数据大小,计算公式为:

列数 × 行数 × 颜色深度 /8= 图像字节数

因此,存储图 2-22 的图像需要 32×50×4/8=800 个字节。

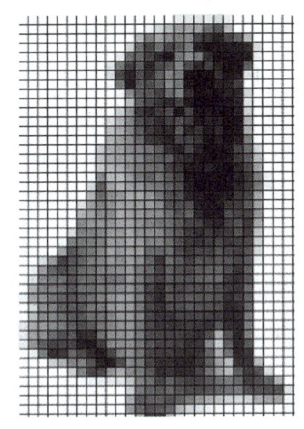 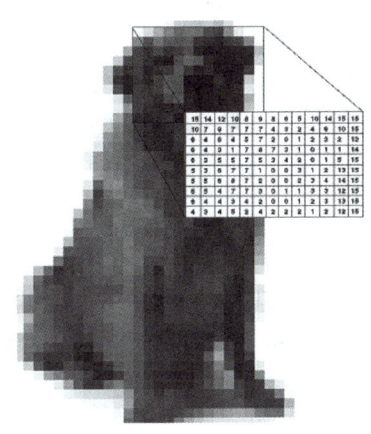

图 2-22　图像的量化和编码

【例 2-12】　要存储一个分辨率为 1 024×512 的 24 位真彩色图像,需要多大的存储空间?

【解析】　这幅图像共有 1 024×512 个像素点,像素点的颜色为真彩色,那么每个像素点需要 24 位来表示,再除以 8 得到的单位是字节。即:

1 024×512×24/8＝1 536 KB＝1.5 MB

由上可知,数字化后得到的图像数据量十分巨大,一般采用编码技术来压缩其信息量,将其存储为文件实现图像的存储与传输。在一定意义上讲,编码压缩技术是实现图像传输与存储的关键。有些压缩技术可以完全恢复原始数据而不引起任何失真,称为无损压缩;而有些压缩技术允许压缩过程中损失一定的信息,称为有损压缩。为了使图像压缩标准化,20 世纪 90 年代后,国际电信联盟(International Telecommunication Union,ITU)、国际标准化组织(International Organization for Standardization,ISO)和国际电工委员会(International Electrotechnical Commission,IEC)已经制定并继续制定一系列静止和活动图像编码的国际标准,已批准的标准主要有 JPEG(joint photographic experts group,联合图像专家组)标准、MPEG(motion picture experts group,活动图像专家组)标准、H.261 等。

不同的编码压缩技术产生了不同的图形图像文件格式,以下介绍几种常用的图形图像文件格式。

（1）BMP 格式

BMP(bitmap,位图)是与硬件设备无关的图像文件格式,曾经被广泛使用。它使用位图存储格式,除了可选的图像深度之外,不采用任何压缩方式。因此,BMP 文件占用大量空间。BMP 文件的图像深度为 1 bit、4 bit、8 bit 和 24 bit。

（2）GIF 格式

GIF（graphics interchange format，图形交换格式）是美国在线服务商 CompuServe 在 1987 年开发的图像文件格式。GIF 格式的特点是压缩比高、磁盘空间占用较少，但最多支持 256 色，是 Internet 上的重要文件格式之一。

（3）JPEG 格式

JPEG 是 JPEG 标准的产物，该标准由国际标准化组织（ISO）制定，是面向连续色调静止图像的一种压缩标准。JPEG 格式是最常用的图像文件格式，后缀名为 .jpg 或 .jpeg。JPEG 可以用有损压缩方式去除冗余的图像数据，用较少的磁盘空间得到较好的图像品质。JPEG 格式压缩的主要是高频信息，对色彩的信息保留较好，适合应用于互联网；它可减少图像的传输时间，支持 24 位真彩色；也普遍应用于需要连续色调的图像中。

（4）PNG 格式

PNG（portable network graphics，可移植的网络图像）是流式图像文件。主要优点是压缩比高，并且是无损压缩，适合在网络中传输，缺点是不支持动画功能。

2.6.4 声音编码

空气中分子震动产生的波传到人们的耳朵，引起耳膜震动，这就是人们所听到的声音。由物理学可知，复杂的声波由许多具有不同振幅和频率的正弦波组成。声波在时间上和幅度上都是连续变化的模拟信号，可用模拟波形来表示，如图 2-23 所示。

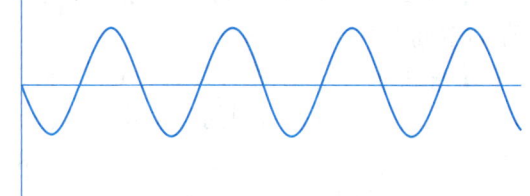

图 2-23　声音的波形

波形相对基线的最大位移称为振幅 A，反映音量；波形中两个相邻的波峰（或波谷）之间的距离称为振动周期 T，周期的倒数是 $1/T$ 即为频率 f，以赫兹（Hz）为单位。周期和频率反映了声音的音调。正常人所能听到的声音频率范围为 20 Hz~20 kHz。

计算机对声音处理是要将模拟信号转换为数字信号，这一转换过程称为模拟音频的数字化过程。数字化过程包含声音的采样、量化和编码三个步骤。

采样和量化的过程可由模数（analog-to-digital，AD）转换器实现；若将数字声音输出，必须通过数模（digital-to-analog，DA）转换器将数字信号转换成原始的模拟信号。

1. 声音的采样

声音采样是每隔一定时间间隔在声音波形上取一个幅度值，把时间上的连续信号变成时间上的离散信号。该时间间隔称为采样周期，其倒数为采样频率。

采样频率即每秒钟的采样次数。如 44.1 kHz 表示将 1 s 的声音用 44 100 个采样点数据表示，采样频率越高，数字化音频的质量越高，数据量越大。采样定理说明了采样频率与信号频谱之间的关系，是连续信号离散化的基本依据。采样定理规定：

采样频率高于输入的声音信号中最高频率的两倍就可以从采样中恢复原始波形。因此,在实际采样中,通常采用 44.1 kHz 作为高质量声音的采样标准。图 2-24 所示的这一段声音波形选择了 10 个采样点。

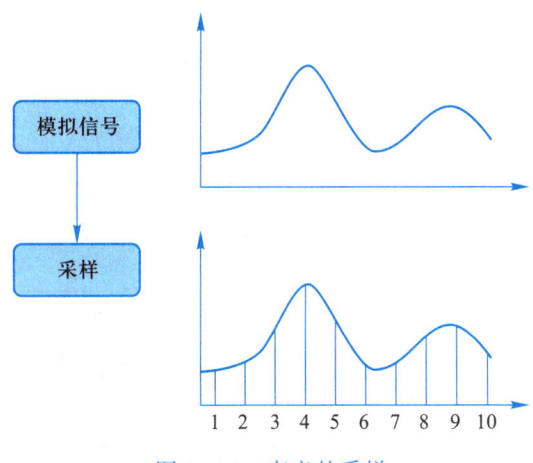

图 2-24　声音的采样

2. 声音的量化

声音量化是将每个采样点得到的幅度值以数字存储。量化位数即采样精度表示存放采样点振幅值的二进制位数,它决定了模拟信号数字化后的动态范围。通常量化位数有 8 位、16 位和 32 位等,分别表示 2^8、2^{16} 和 2^{32} 个等级。

在相同的采样频率下,量化位数越大,则采样精度越高,声音的质量就越好,当然存储量越大。图 2-25 采用的量化位数为 3 位。

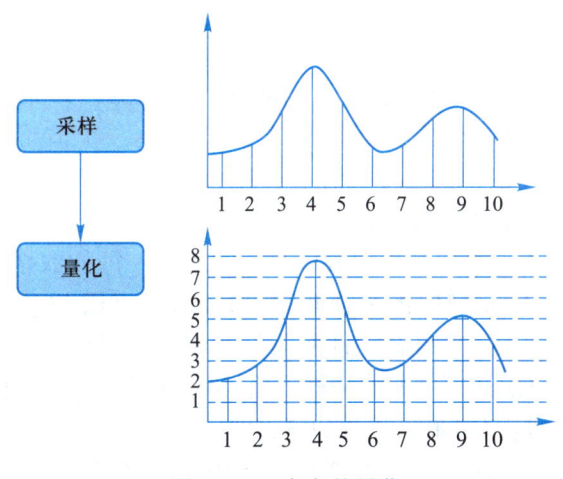

图 2-25　声音的量化

3. 声音的编码

声音编码是将采样和量化后的数字数据以一定的格式记录下来。编码的方式很多,通常采用的编码方式是脉冲编码调制(pulse code modulation,PCM),其优点是抗干扰能力强、失真小、传输稳定,但编码后的数据量较大。脉冲编码调制是最常用、最简单的波形编码。它是一种直接、简单地把语音经抽样、A/D 转换得到的数字均匀量化后进行编码的方法，是其他编码算法的基础。图 2-26 就是声音的编码过程，最终转换为二进制数字信号。

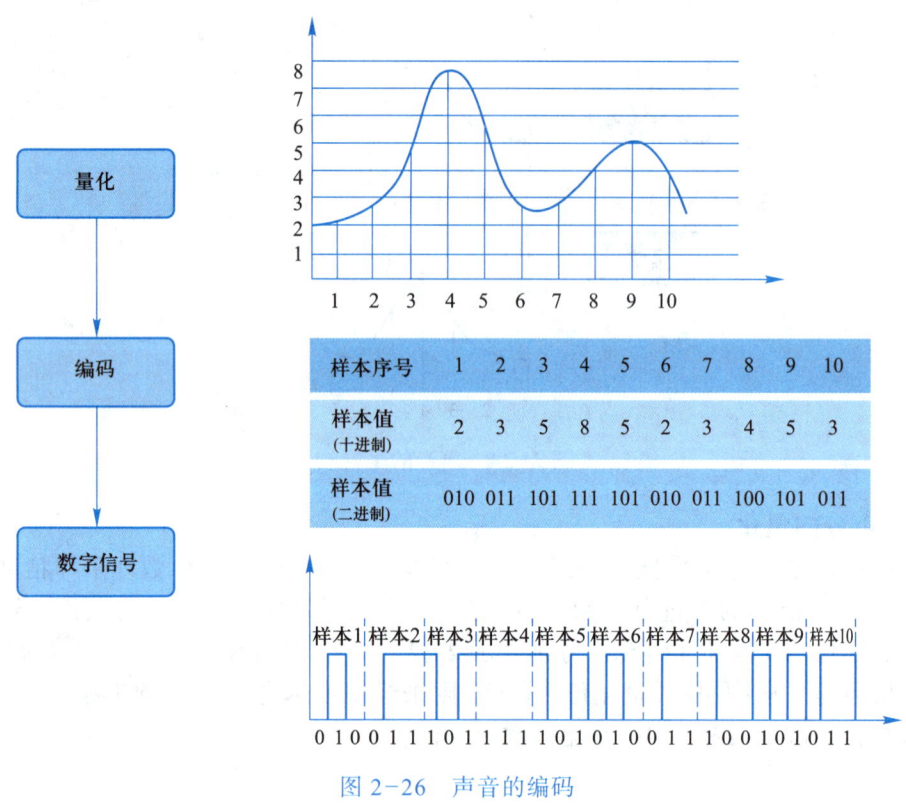

图 2-26 声音的编码

数字音频的质量由三个指标组成：采样频率、量化位数（即采样精度）和声道数。

声道数指声音通道的个数。单声道只记录和产生一个波形；双声道产生两个波形，即立体声，存储空间是单声道的两倍。

记录每秒钟存储声音容量的公式为：

采样频率（Hz）× 采样精度（bit）÷8× 声道数 = 每秒数据量（字节数）

【例 2-13】   用 44.10 kHz 的采样频率，每个采样点用 16 位的精度存储，则录制 1s 的立体声（双声道）节目，其声音文件所需的存储空间是多大。

【解析】   44.10 kHz 表示 1 s 的采样点有 44 100 个，每个采样点为 16 位，除以 8 换算成字节单位，因为是双声道所以乘以 2。即：

$$44\ 100 \times 16 \div 8 \times 2 = 176\ 400\ \text{B} \approx 172.3\ \text{KB}$$

注意：1 kHz=1 000 Hz，而 1 KB=1 024 B。

为了便于复制、存储以及传输，数字化的声音信号被存储为不同的数字音频文件。国际电信联盟（ITU）、国际标准化组织（ISO）和国际电工委员会（IEC）提出了针对不同应用目的的多个系列的音视频压缩编码国际标准，其中最具代表性的两大系列是：ITU-T 推出的 H.26x 系列视频编码标准，包括 H.261、H.262、H.263、H.263+、

H.263++ 和 H.264，主要应用于实时视频通信领域，如会议电视、可视电话等；ISO/IEC 推出的 MPEG 系列音视频压缩编码标准，包括 MPEG-1、MPEG-2 和 MPEG-4 等，主要应用于音视频存储、数字音视频广播、互联网或无线网上的流媒体等。

　　不同的数字音频文件格式遵循了不同的数字音视频编码标准，常用的数字音频文件格式有以下几种：

　　（1）WAV 格式

　　WAV（waveform audio file format，波形音频文件格式）格式是微软公司专门为 Windows 开发的一种标准数字音频文件，也称为波形文件，可直接存储声音波形，能记录各种单声道或立体声的声音信息，并能保证声音不失真。但 WAV 文件有一个缺点，就是它所占用的磁盘空间太大，每分钟的音乐大约需要 12 MB 磁盘空间。

　　（2）MIDI 格式

　　MIDI（musical instrument digital interface，乐器数字接口）格式是 20 世纪 80 年代初为解决电声乐器之间的通信问题而提出的文件格式。MIDI 是编曲界最广泛的音乐标准格式，可称为"计算机能理解的乐谱"。它用音符的数字控制信号来记录音乐。其文件尺寸通常比声音文件小，一首完整的 MIDI 音乐只有几十千字节（KB）大，并且能包含数十条音乐轨道。它以音质好、容量小而广泛使用。在多媒体应用中，WAV 文件一般用于存放解说词，MIDI 文件用于存放背景音乐。

　　（3）MP3 格式

　　MP3（moving picture experts group，audio layer Ⅲ，活动图像专家组，音频层Ⅲ）格式是采用 MPEG 音频压缩标准进行压缩的文件。MPEG 音频压缩技术将音乐以 1∶10 甚至 1∶12 的压缩率压缩成容量较小的文件，而对于大多数用户来说压缩后的音质与最初的不压缩音频相比没有明显的下降。

　　（4）RA 格式

　　RA（Real Audio，实时音频）格式是一种流媒体音频格式，可以在网络上实时传送和播放的音乐文件。RA 文件压缩比例高，可以根据网络带宽的不同而改变声音质量，适合在网络传输速度较低的互联网上使用。

　　（5）WMA 格式

　　WMA（windows media audio，windows 媒体音频）是微软公司推出的与 MP3 格式齐名的音频格式。使用此编码格式的文件通常以 WMA 作为扩展名。WMA 格式在压缩比和音质方面都超过了 MP3 格式，更是远胜于 RA 格式，即使在较低的采样频率下也能提供较好的音质。

本 章 小 结

　　本章主要介绍了常用的几种数制，数制之间的转换、二进制数的运算，以及数值类型数据的编码和非数值数据的编码等。学习完本章，读者应能理解进位制的思想以及信息的二进制表示，理解数字、文字、声音、图像等信息的二进制编码原理。

参考答案

习　　题

一、单选题

1. 计算机中所有的信息的存储都采用（　　　）。
   A. 二进制　　　　　B. 八进制　　　　　C. 十进制　　　　　D. 十六进制

2. 在计算机中,组成一个字节的二进制位数是（　　　）。
   A. 1　　　　　　　B. 2　　　　　　　C. 4　　　　　　　D. 8

3. 1GB 的准确值是（　　　）。
   A. 1 024×1 024 B　　　　　　　　　B. 1 024 KB
   C. 1 024 MB　　　　　　　　　　　D. 1 000×1 000 KB

4. 十进制数 60 转换为无符号二进制整数是（　　　）。
   A. 0111100　　　B. 0111010　　　C. 0111000　　　D. 0110110

5. 在一个非零无符号二进制整数之后添加一个 0,则此数的值为原数的（　　　）。
   A. 4 倍　　　　　B. 2 倍　　　　　C. 1/2　　　　　D. 1/4

6. 若删除一个非零无符号二进制偶整数后的 2 个 0,则此数的值为原数的
（　　　）。
   A. 4 倍　　　　　B. 2 倍　　　　　C. 1/2　　　　　D. 1/4

7. 一个字长为 8 位的无符号二进制整数能表示的十进制数值范围是（　　　）。
   A. 0~256　　　　B. 0~255　　　　C. 1~256　　　　D. 1~255

8. 下列各进制的整数中,值最大的是（　　　）。
   A. 十进制数 11　　　　　　　　　B. 八进制数 11
   C. 十六进制数 11　　　　　　　　D. 二进制数 11

9. 下列各种进制的数中,最小的数是（　　　）。
   A. (101001)B　　B. (52)O　　　　C. (2B)H　　　　D. (44)D

10. 十进制整数 100 转换为二进制数是（　　　）。
    A. 1100100　　　B. 1101000　　　C. 1100010　　　D. 1110100

11. 二进制数 00111101 转换为十进制数为（　　　）。
    A. 57　　　　　B. 59　　　　　C. 61　　　　　D. 63

12. 与十进制数 4625 等值的十六进制数为（　　　）。
    A. (1211)H　　　B. (1121)H　　　C. (1122)H　　　D. (1221)H

13. 二进制数 1010.101 对应的十进制数是（　　　）。
    A. 11.33　　　　B. 10.625　　　C. 12.755　　　D. 16.75

14. 十六进制数 1A2 对应的十进制数是（　　　）。
    A. 418　　　　　B. 308　　　　　C. 208　　　　　D. 578

15. 与十六进制数 26CE 等值的二进制数是（　　　）。

    A. 011100110110010   B. 0010011011011110

    C. 10011011001110   D. 1100111000100110

16. 十进制数 0.6531 转换为二进制数为（　　　）。

    A. 0.100101   B. 0.100001

    C. 0.101001   D. 0.011001

17. 在微机中，西文字符所采用的编码是（　　　）。

    A. EBCDIC 码   B. ASCII 码

    C. 国标码   D. BCD 码

18. 一般认为，信息（information）是（　　　）。

    A. 数据

    B. 人们关心的事情的消息

    C. 反映物质及其运动属性及特征的原始事实

    D. 记录下来的可鉴别的符号

19. 目前，被人们称为 3C 的技术是指（　　　）。

    A. 通信技术、计算机技术和控制技术

    B. 微电子技术、通信技术和计算机技术

    C. 微电子技术、光电子技术和计算机技术

    D. 信息基础技术、信息系统技术和信息应用技术

20. ASCII 码其实就是（　　　）。

    A. 美国标准信息交换码   B. 国际标准信息交换码

    C. 欧洲标准信息交换码   D. 以上都不是

21. 下列关于 ASCII 编码的叙述中，正确的是（　　　）。

    A. 一个字符的标准 ASCII 码占一个字节，其最高二进制位总为 1

    B. 所有大写英文字母的 ASCII 码值都小于小写英文字母 a 的 ASCII 码值

    C. 所有大写英文字母的 ASCII 码值都大于小写英文字母 a 的 ASCII 码值

    D. 标准 ASCII 码表有 256 个不同的字符编码

22. 对于 ASCII 码在机器中的表示，下列说法中正确的是（　　　）。

    A. 使用 8 位二进制代码，最右边一位是 0

    B. 使用 8 位二进制代码，最右边一位是 1

    C. 使用 8 位二进制代码，最左边一位是 0

    D. 使用 8 位二进制代码，最左边一位是 1

23. 在 ASCII 码表中，根据码值由小到大的排列顺序是（　　　）。

    A. 空格字符、数字字符、大写英文字母、小写英文字母

    B. 数字字符、空格字符、大写英文字母、小写英文字母

    C. 空格字符、数字字符、小写英文字母、大写英文字母

    D. 数字字符、大写英文字母、小写英文字母、空格字符

24. 已知英文字母 m 的 ASCII 码值是 109，英文字母 j 的 ASCII 码值是（　　　）。

    A. 111   B. 105   C. 106   D. 112

25. 在标准 ASCII 码表中，已知英文字母 K 的十六进制码值是 4B，则二进制

ASCII 码 1001000 对应的字符是（　　　）。

    A. G   B. H   C. I   D. J

26. 一张分辨率为 1 920×1 080 BMP 真彩色图像,所需存储空间是（　　　）。

    A. 1.98 MB   B. 2.96 MB   C. 5.93 MB   D. 7.91 MB

27. 在拼音输入法中,输入拼音 zhengchang,其编码属于（　　　）。

    A. 内码   B. 地址码   C. 外码   D. 字形码

28. 五笔型输入法是（　　　）。

    A. 音码   B. 字形码   C. 混合码   D. 音形码

29. 办公软件中的字体在操作系统中有对应的字体文件,字体文件中存放的汉字编码是（　　　）。

    A. 内码   B. 地址码   C. 外码   D. 字形码

30. 在存储一个汉字内码的两个字节中,每个字节的最高位是（　　　）。

    A. 1 和 1   B. 1 和 0   C. 0 和 1   D. 0 和 0

31. 某汉字的机内码是 B0A1H,它的国标码是（　　　）。

    A. 3121H   B. 3021H   C. 2131H   D. 2130H

32. 某汉字的国标码是 3132H,它的机内码是（　　　）。

    A. B1B2H   B. 5152H   C. 8182H   D. 9192H

33. 汉字的国标码与其内码存在的关系:汉字的内码 = 汉字的国标码 +（　　　）。

    A. 1010H   B. 8081H   C. 8080H   D. 8180H

34. 存储一个国标码需要（　　　）个字节。

    A. 1   B. 2   C. 3   D. 4

35. 在 24×24 点阵字库中,每个汉字的字模信息存储需要（　　　）个字节。

    A. 24   B. 48   C. 72   D. 12

36. 中国国家标准汉字信息交换编码是（　　　）。

    A. GB 2312—1980   B. GBK

    C. UCS   D. BIG-5

37. 在声音的数字化过程中,采样时间、采样频率、量化位数和声道数都相同的情况下,所占存储空间最大的声音文件格式是（　　　）。

    A. MIDI 电子乐器数字接口文件   B. MPEG 音频文件

    C. RealAudio 音频文件   D. WAV 波形文件

38. 一般来说,要求声音的质量越高,则（　　　）。

    A. 量化级数越高和采样频率越高   B. 量化级数越低和采样频率越低

    C. 量化级数越高和采样频率越低   D. 量化级数越低和采样频率越高

39. 若对音频信号以 10 kHz 采样率、16 位量化精度进行数字化,则每分钟的双声道数字化声音信号产生的数据量约为（　　　）。

    A. 1.2 MB   B. 1.6 MB   C. 2.4 MB   D. 4.8 MB

40. WAV 波形文件与 MIDI 文件相比,下述叙述中不正确的是（　　　）。

    A. WAV 波形文件比 MIDI 文件音乐质量高

    B. 存储同样的音乐文件,WAV 波形文件比 MIDI 文件存储量大

　　C. 在多媒体使用中, 一般背景音乐用 MIDI 文件、解说用 WAV 文件

　　D. 在多媒体使用中, 一般背景音乐用 WAV 文件、解说用 MIDI 文件

41. 下列说法中, 不正确的是（　　　）。

　　A. 图像都是由一些排成行列的像素组成的, 通常称为位图或点阵图

　　B. 图形是用计算机绘制的画面, 也称矢量图

　　C. 图像的数据量较大, 所以彩色图（如照片等）不可以转换为图像数据

　　D. 图形文件中只记录生成图的算法和图上的某些特征点, 数据量较小

42. 音频与视频信息在计算机内是以（　　　）表示的。

　　A. 模拟信息　　　　　　　　　　　　B. 模拟信息或数字信息

　　C. 数字信息　　　　　　　　　　　　D. 某种转换公式

43. 某 800 万像素的数码相机, 拍摄照片的最高分辨率大约是（　　　）。

　　A. 3 200×2 400　　　　　　　　　　B. 2 048×1 600

　　C. 1 600×1 200　　　　　　　　　　D. 1 024×768

44. JPEG 是一个用于数字信号压缩的国际标准, 其压缩对象是（　　　）。

　　A. 文本　　　　　　　　　　　　　　B. 音频信号

　　C. 静态图像　　　　　　　　　　　　D. 视频信号

45. 数字媒体已经广泛使用, 属于视频文件格式的是（　　　）。

　　A. MP3 格式　　　　　　　　　　　　B. PNG 格式

　　C. RM 格式　　　　　　　　　　　　D. WAV 格式

46. 小明的手机还剩余 6 GB 存储空间, 如果每个视频文件为 280 MB, 他可以下载到手机中的视频文件数量为（　　　）。

　　A. 15　　　　　　B. 21　　　　　　C. 32　　　　　　D. 60

二、简答题

1. 计算机使用二进制的主要原因是什么?

2. 在计算机科学中, 将十进制和二进制进行相互转换的原因是什么?

3. 在计算机科学中, 八进制和十六进制存在的原因是什么?

4. 人类社会中的信息在计算机中如何表示?

5. 计算机中的数据如何分类?

6. 数值型数据（整数和浮点数）在计算机中如何表示?

7. 非数值型数据（字符、图形图像和声音）在计算机中如何表示?

第3章　计算与计算机系统

教学课件

> 参伍以变,错综其数,通其变,遂成天下之文。
>
> ——《周易·系辞上》①

【导读】

在人类文明的历史长河中,计算工具的发明把人从繁重的计算工作中解放出来,而电子计算机是人类追求超算能力的产物。1945 年,数学家冯·诺依曼提出"存储程序和程序控制"思想,奠定了当今计算机的体系结构。

一个完整的计算机系统是由计算机硬件系统(简称硬件)和计算机软件系统(简称软件)组成。软件是计算机系统的灵魂,硬件是软件建立和依托的基础,两者相互结合才能构成完整的、高性能的计算机系统。

计算机的发展为人工智能进步提供强大支撑,算力成为科技创新的基石。云计算与边缘计算成为智能时代的关键算力,它们的协同发展正在推动算力资源从"中心化"向"分布式"演进,成为人工智能落地的关键基础设施。

【教学要求】

知识点	教学要求		
	了解	理解	掌握
3.1　计算工具	✓		
3.2　计算机模型			✓
3.3　计算机硬件系统			✓
3.4　计算机软件系统			✓
3.5　计算机的发展与应用		✓	
*3.6　云计算与边缘计算		✓	

---

① 此句最早见于《周易·系辞上》第十章。"参伍"是指三辰五星的天文观测体系,"参"(三)与"伍"(五)代表数字的组合,引申为综合比较、交互验证。"错综"则是揲蓍成卦过程中对筮数的排列组合操作。此句含义是:通过综合考量各种变化因素,将数据交错排列、相互印证,掌握其变化规律,最终成就世间万物的条理与秩序,体现了我国古代朴素的系统思维与辩证观,通过观察"数"(数据)的变化,探寻宇宙万物的规律,强调从"变"中求"通",以动态视角理解世界。

3.1　计 算 工 具

人类的祖先用毛茸茸的双手数着捡到的野果子,让家人按需分到食物,这是最初的计算。在人类文明的历史长河中,人类发明了很多种计算工具,由手动式计算发展到机械式计算乃至现在的电子计算,实现了越来越复杂的运算,运算速度越来越快,把人从繁重的计算工作中解放了出来。计算机是人类追求超算能力的产物。

3.1.1　手动计算工具

人类最初用手指进行计算。人有两只手,十个手指头,所以,自然而然地习惯采用十进制计数法并进行运算。

1. 算筹

算筹于春秋时期出现。在算筹计数法中,以纵横两种排列方式来表示单位数目,其中1~5均分别以纵横方式排列相应数目的算筹来表示,6~9则以上方的算筹再加下方相应的算筹来表示。表示多位数时,个位用纵式,十位用横式,百位用纵式,千位用横式,以此类推,遇零则置空,如图3-1所示。算筹可进行加减乘除、开方及其他的代数计算。算筹在中国数学史上占有非常重要的地位,在长达两千年的时间里算筹一直是我国主要的计算工具,直到元明时代才逐渐被算盘所代替。著名的圆周率就是祖冲之用15年时间利用算筹这种计算工具计算出来的,并精确到了小数点后7位。

2. 算盘

算盘是中国人发明的一种“计算工具”,算盘最早可能萌芽于汉代,定型于南北朝。它利用进位制计数,通过拨动算珠进行运算:上珠每珠当五,下珠每珠当一,每一档代表一个数位,如图3-2所示。

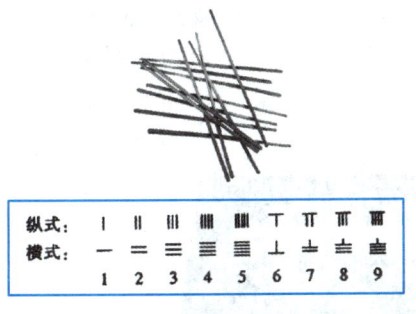

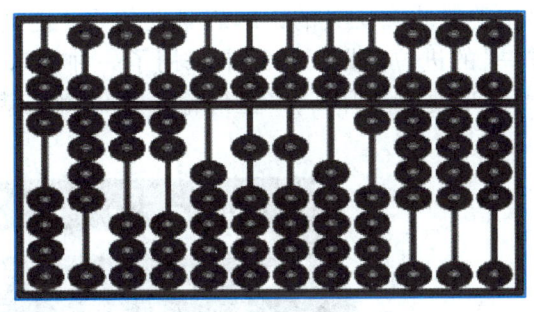

图 3-1　算筹及其数的表示形式　　　　　图 3-2　计算工具之算盘

打算盘必须记住一套口诀,口诀相当于算盘的“软件”。五珠算盘的下4珠每个代表1,上1珠代表5,从左到右依次为,千分位、百分位、十分位……大拇指往上拨,食指往下拨,依据法则进行运算。利用计算口诀,算盘可以快速实现加、减、乘、除四种运算。

3. 计算尺

1621年,英国数学家威廉·奥特雷德(William Oughtred)发明了圆形计算尺,也称为对数计算尺。对数计算尺在两个圆盘的边缘标注对数刻度,然后让它们相对转动,就可以基于对数原理用加减运算来实现乘除运算。17世纪中期,对数计算尺改进为尺座和在尺座内部移动的滑尺。18世纪末,以发明蒸汽机闻名于世的瓦特在尺座上多了一个滑标,用来"存储"计算的中间结果,这种滑标长期被后人所沿用。对数计算尺不仅能进行加、减、乘、除、乘方、开方运算,甚至可以计算三角函数、指数函数和对数函数。直到20世纪60年代,对数计算尺仍然是工程师们必不可少的随身携带的"计算机",是工程师身份的一种象征,如图3-3所示。

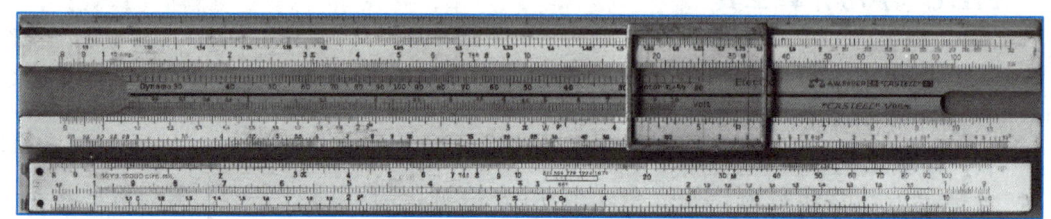

图3-3　计算尺

3.1.2　机械计算工具

手工计算虽然很方便,但计算效率低,计算范围有限,更复杂的运算问题尚未被解决。人类开始寻求利用杠杆、齿轮等机械部件实现更复杂的运算,从而提升运算效率。

1. 机械计算机

第一台真正的计算机是著名科学家帕斯卡(B. Pascal)发明的机械计算机,如图3-4所示。帕斯卡的计算机是一种由系列齿轮组成的装置,外形像一个长方盒子,需要用类似儿童玩具的钥匙旋紧发条后才能转动,只能够做加法和减法,解决了"逢十进一"的进位问题。帕斯卡采用了一种小爪子式的棘轮装置。当定位齿轮朝9转动时,棘爪便逐渐升高;一旦齿轮转到0,棘爪就"咔嚓"一声跌落下来,推动十位数的齿

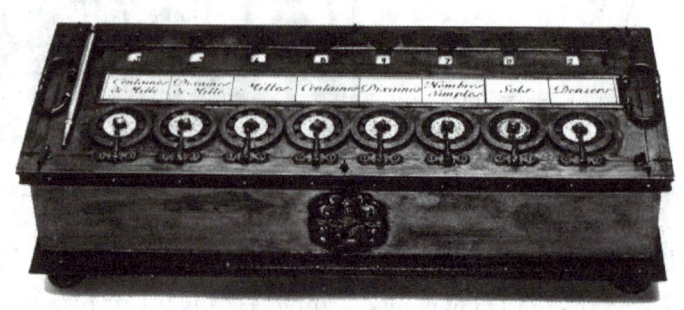

图3-4　帕斯卡加法器

轮前进一挡。帕斯卡发明成功后,一连制作了 50 台这种被人称为"帕斯卡加法器"的计算机,至今至少还有 5 台保存完好。

【科普知识】　帕斯卡是法国数学家、物理学家、哲学家、散文家。帕斯卡于 1623 年生于法国奥弗涅地区多姆山省的克莱蒙,从小体质虚弱,三岁丧母,由担任税务官的父亲拉扯长大成人。1642 年,年仅 19 岁的帕斯卡发明了人类有史以来第一台机械计算机,帮助父亲统计税款。1662 年帕斯卡英年早逝,年仅 39 岁。他留给了世人一句至理名言:"人好比是脆弱的芦苇,但是他又是有思想的芦苇。"1971 年发明的一种程序设计语言——PASCAL 语言,就是为了纪念这位先驱,使帕斯卡的英名长留在计算机时代里。[①]

在 1674 年德国数学家、被《不列颠百科全书》称为"西方文明最伟大的人物之一"的莱布尼茨(G. Leibnitz)制造出了一台更完美的机械计算机。莱布尼茨发明的新型计算机约有 1 米长,内部安装了一系列齿轮机构,除了体积较大之外,基本原理继承于帕斯卡。不过,莱布尼茨技高一筹,他为计算机增添了一种名叫"步进轮"的装置。步进轮是一个有 9 个齿的长圆柱体,9 个齿依次分布于圆柱表面;旁边另有一个小齿轮可以沿着轴向移动,以便逐次与步进轮啮合。每当小齿轮转动一圈,步进轮可根据它与小齿轮啮合的齿数,分别转动 1/10 圈、2/10 圈……,直到 9/10 圈,这样一来,它就能够连续重复地做加法,而连续重复进行加法运算就是现代计算机做乘除运算采用的办法。莱布尼茨的计算机可以实现加、减、乘、除四则运算,也给后来风靡一时的手摇计算机铺平了道路,如图 3-5 所示。不久,莱布尼茨又为计算机提出了"二进制"的设计思路。

图 3-5　莱布尼茨乘法机

2. 分析机

英国数学家查尔斯·巴贝奇(Charles Babbage)最早提出建造强大计算机器的想法。1823 年,巴贝奇在政府的支持下,启动了设计一台容量为 20 位数的计算机的项目。他于 1834 年提出了分析机(现代电子计算机的前身)的原理。在这项设计中,他曾设想根据存储数据的穿孔卡上的指令进行任何数学运算的可能性,并设想了现代计算机所具有的大多数其他特性,但因 1842 年政府拒绝进一步支持他的工作,巴贝奇的计算器未能完成。1855 年,英国斯德哥尔摩的舒茨公司按他的设计于 1855 年制造了一台计算器。巴贝奇提出的计算机直到电子时代(二十世纪四五十年代)才研制

　　[①]　摘自百度百科词条"帕斯卡"和《计算机史话》(黄俊民、顾浩、等编著)。

成功。巴贝奇的分析机体现了现代电子计算机的结构和设计思想,被称为现代通用计算机的雏形。

【科普知识】　查尔斯·巴贝奇是一名英国发明家,科学管理的先驱者。1791年出生于一个富有的银行家的家庭,后来继承了相当丰厚的遗产,但他把金钱都用于了科学研究。巴贝奇的第一个目标是制作一台"差分机",那年他刚满20岁。他从法国

图 3-6　差分机

人杰卡德发明的提花织布机上获得了灵感,差分机设计闪烁出了程序控制的灵光——它能够按照设计者的旨意,自动处理不同函数的计算过程。1822年,巴贝奇小试锋芒,初战告捷,第一台差分机研制成功,如图3-6所示。但是,这一"小试"也耗去了整整10年。这是因为当时的工业技术水平极差,从设计绘图到零件加工,都得自己亲自动手。在他孤军奋战下造出的这台机器,运算精度达到了6位小数,当即就演算出好几种函数表。以后实际运用证明,这种机器非常适合于编制航海和天文方面的数学用表。巴贝奇的下一个目标是建造

第二台运算精度为20位的大型差分机。然而,第二台差分机在剑桥的"阴沟"里面翻了船,1842年政府拒绝进一步支持他的工作。第二台差分机大约有25 000个零件,主要零件的误差不得超过每英寸千分之一,即使用现在的加工设备和技术,要想造出这种高精度的机械也绝非易事。后来,巴贝奇苦苦支撑了第三个10年,终于感到自己再也无力回天。差分机终于没能造出来,巴贝奇失败了。巴贝奇的失败是因为他看得太远,差分机的设想超出了他们所处时代至少一个世纪!然而,他留给了计算机界后辈们一份极其珍贵的精神遗产,包括30种不同的设计方案,近2 100张组装图和50 000张零件图……,更包括那种在逆境中自强不息,为追求理想奋不顾身的拼搏![1]

3. 穿孔制表机

1884年,霍列瑞斯(H. Hollerith)制作完成了第一台制表机,如图3-7所示。机器上装备着一个计数器,当穿孔纸带被牵引移动时,一旦有孔的地方通过鼓形转轮表面,计数器电路就被接通,完成一次累加统计。当年,他把机器运到巴尔的摩人口登记办公室去进行实验,尽管存在着许多问题,机器统计的先进性还是受到人们的欢迎。经过多次改进,制表机实现了机器自动统计数据。赫曼·霍列瑞斯对计算机未来做出了许多正确的预见,并让他成为数据处理之父。

【科普知识】　霍列瑞斯是美国统计专家、发明家,

图 3-7　穿孔制表机

---

① 摘自百度百科词条"查尔斯·巴贝奇"。

"数据处理之父"。1860 年,霍列瑞斯诞生于纽约州北部一个德国侨民家庭。他从小喜爱数学,一般人看来枯燥乏味的数字,他却有浓厚的兴趣。早年毕业于美国哥伦比亚大学矿业学院,学的是采矿专业。大学毕业后来到人口调查局,从事的第一份工作就是人口普查。他曾与同事们一起,深入到许多家庭,填表征集资料,深知每个数据都来之不易;他也曾终日埋在数据堆里,用手摇计算机"摇"得满头大汗,一天下来,也处理不完几张表格的数据。人口普查需要处理大量数据,如年龄、性别等用调查表采集的项目,并且还要统计出每个社区有多少儿童和老人,有多少男性公民和女性公民等。这些数据是否可以由机器自动完成统计? 采矿工程师霍列瑞斯想到了纺织工程师杰卡德 80 年前发明的穿孔纸带。杰卡德提花机用穿孔纸带上的小孔,主要用来控制提花操作的步骤,即编写程序,霍列瑞斯则进一步设想要用它来存储和统计数据,发明了一种自动制表的机器。[①]

3.1.3　电子计算工具

1867 年,运用法拉第发现的电磁感应现象及原理,德国人西门子发明了发电机,从此,电力成为工业发展的主要动力。使用电力电子器件对电能进行变换和控制的技术发展起来,科学家们寻求运用电子技术研制超强计算工具。

1.　微分分析器

1930 年,美国科学家研制出第一台样机,后又采用电子元件来取代某些机械零件制得第二台微分分析器,在第二次世界大战中,被用来制作弹道射击表。微分分析器是第一台被用来求解微分方程的机械式计算机,是电子计算机的先驱,如图 3-8 所示。

图 3-8　微分分析器

2.　阿塔纳索夫 ABC 计算机

1939 年,约翰·阿塔纳索夫(John Atanasoff)设计并研制数字电子计算机的样机"ABC 机",如图 3-9 所示,其设计方案启发了 ENIAC 开发小组的莫克利,并直接影响到 ENIAC 的诞生。ABC 计算机采用二进制进行运算,并采用电子技术来实现控制和运算,同时采用了把计算功能和存储功能相分离的结构。

【科普知识】　关于"谁是世界上第一台真正意义上的电子数字计算机之父"的争论及其专利诉讼历程,读者可在 Internet 搜索"Atanasoff-Berry Computer"即可得知历史的真相。比较客观的结论是:世界上第一台通用电子数字计算机是由阿塔纳索夫设计并由莫克利(J. Mauchly)和艾克特(J. P. Eckert)完全研制成功的。[②]

---

① 摘自百度百科词条"穿孔制表机"。
② 摘自百度百科词条"阿塔纳索夫-贝瑞计算机"。

图 3-9　阿塔纳索夫及其 ABC 计算机

3. 艾肯的 MARK-I

1944 年,美国科学家艾肯在 IBM 的支持下,研制成功机电式计算机 MARK-I,
如图 3-10 所示。MARK-I 是最早的通用型
自动机电式计算机之一,取消了齿轮传动装
置,以穿孔纸带传送指令。其外壳用钢和玻璃
制成,长 15 m,高 2.4 m,重 31.5 t,包含 15 万
个元件和 800 千米电线,每分钟可进行 200 次
运算。

4. ENIAC

举世公认的第一台电子计算机,是美国宾
夕法尼亚大学于 1946 年研制成功的"电子数
值积分计算机"(ENIAC),如图 3-11 所示。

图 3-10　MARK-I

ENIAC 长 30.48 m,宽 6 m,高 2.4 m,占地面积约 170 m²,含 30 个操作台,重达 30 t,
耗电量 150 kW,造价 48 万美元。它包含了 17 468 根真空管(电子管)、7 200 根晶体
二极管、1 500 个中转器、70 000 个电阻器、10 000 个电容器、1 500 个继电器、6 000
多个开关,计算速度为每秒 5 000 次加法或 400 次乘法,是使用继电器运转的机电式
计算机的 1 000 倍、手工计算的 20 万倍。

图 3-11　ENIAC

人类第二台通用电子计算机是 EDVAC（离散变量自动电子计算机）。1944—1945 年间，匈牙利裔美籍科学家冯·诺依曼（John von Neumann）在第一台现代计算机 ENIAC 尚未问世时就注意到其弱点，发表了关于 EDVAC 的报告草案，奠定了现代计算机体系结构和工作原理基础。迄今为止的计算机都采用这种思想，称为冯·诺依曼计算机。冯·诺依曼是 20 世纪最重要的数学家之一，在现代计算机、博弈论、核武器和生化武器等诸多领域内有杰出建树的最伟大的科学全才之一，被后人称为"计算机之父"和"博弈论之父"。

第一台商用电子计算机 UNIVAC 由 ENIAC 的主要设计者莫克利和艾克特设计。它不仅能进行科学计算，还能进行数据处理。1951 年，由雷明顿兰德公司（现 Unisys）首次作为商品出售。

【科普知识】 研制电子计算机的想法产生于第二次世界大战进行期间。当时激战正酣，各国的武器装备还很差，占主要地位的战略武器就是飞机和大炮，因此研制和开发新型大炮和导弹就显得十分必要和迫切。为此，美国陆军军械部在马里兰州的阿伯丁设立了"弹道研究实验室"。

美国军方要求实验室每天为陆军炮弹部队提供 6 张射表，以便对导弹的研制进行技术鉴定。按当时的计算工具，即使雇用 200 多名计算员加班加点工作，也需要 2 个多月的时间才能算完一张射表。为了改变这种不利的状况，当时任职宾夕法尼亚大学莫尔电机工程学院的莫克利（John Mauchly）于 1942 年提出了试制第一台电子计算机的初始设想——"高速电子管计算装置的使用"，期望用电子管代替继电器以提高机器的计算速度。

美国军方得知这一设想后，成立了一个以莫克利、艾克特为首的研制小组开始研制工作。1946 年，第一台电子计算机 ENIAC 研制成功。冯·诺依曼和它的研制小组提出了全新的通用电子计算机方案，并研制出第二台电子计算机 EDVAC。

从孩提时代起，冯·诺依曼就显示出数学和记忆方面的天赋。六岁时他便能心算八位数除法，八岁时掌握微积分，在十岁时他花费了数月读完了一部 48 卷的世界史，并可以对当前发生的事件和历史上某个事件做出对比，并讨论两者的军事理论和政治策略，十二岁就读懂领会了波莱尔的大作《函数论》的要义。[①]

3.2　计算机模型

20 世纪，图灵机模型以及冯·诺依曼体系结构的提出，为现代计算机的诞生奠定了基础，具有非常重要的意义。

---

① 摘自百度百科词条"冯·诺依曼"和《计算机史话》（黄俊民、顾浩，等）。

3.2.1　图灵机

1936年,艾伦·麦席森·图灵(Alan Mathison Turing)向伦敦权威的数学杂志投了一篇论文,题为"论数字计算在决断难题中的应用"。在这篇开创性的论文中,图灵给"可计算性"下了一个严格的数学定义,并提出著名的"图灵机"(Turing Machine)的设想。"图灵机"不是一种具体的机器,而是一种思想模型,可制造一种十分简单但运算能力极强的计算装置,用来计算所有能想象得到的可计算函数。"图灵机"与"冯·诺依曼机"齐名,被永远载入计算机的发展史中,图灵被称为"计算机科学之父"。

图灵机被公认为现代计算机的原型。图灵机可以读入一系列的0和1,这些数字代表了解决某一问题所需要的步骤,按此步骤执行,就可以解决某一特定的问题。这种概念在当时是具有革命性意义的,因为即使在20世纪50年代,大部分的计算机还只能解决某一特定问题,不是通用的,而图灵机从理论上却是通用机。

在图灵看来,图灵机只需保留一些最简单的指令。复杂的工作只用把它分解为这几个最简单的操作就可以实现了。他相信有一个算法可以解决大部分问题,而困难的部分则是如何确定最简指令集。另一个难点是如何将复杂问题拆解为这些简单指令。

1. 图灵机的组成

如图3-12所示,图灵机从逻辑结构上由以下四个部分组成。

一个无限长的纸带(存储带):带子由一个个连续的存储格子组成,每个格子可以存储一个数字或符号。

一个读写头:读写头可以在纸带上左右移动,并可以读、修改存储格上的数字或符号。

内部状态存储器:该存储器可以记录图灵机的当前状态,并且有一种特殊状态为停机状态。

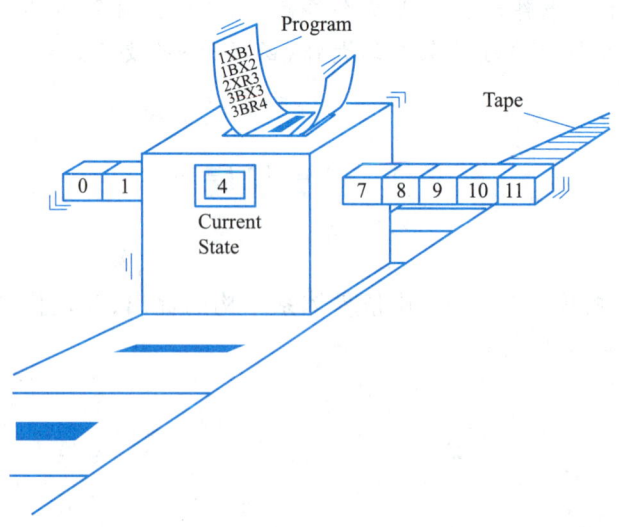

图3-12　图灵机的组成

控制程序指令:指令可以根据当前状态以及当前读写头所指的格子上的符号来确定读写头下一步的动作(左移还是右移),并改变状态存储器的值,使机器进入一个新的状态或保持状态不变。控制指令和内部状态存储器共同构成了控制器。

2. 图灵机模型

图灵机的基本思想是用机器来模拟人们用纸笔进行数学运算的过程,将其运算过程看作下列两种简单的动作:在纸上写上或擦除某个符号;将注意力从纸的一个位置移动到另一个位置。

【例 3-1】 用图灵机计算 5+6 两个数相加的运算过程。

【解析】 首先,对纸带进行初始化操作,假设 5+6 的表示如下所示,以 1 的个数表示数值,用 0 隔开加数和被加数。

1	1	1	1	1	0	1	1	1	1	1	1	b	b	b	b

然后,设置如下所示的控制指令,并设置控制器的初始状态为 00,将读写头的初始位置设置在第一个 1 的位置,这样准备工作便就绪了。表中 b 表示空格,R 表示右移一格,L 表示左移一格,E 表示出错,S 表示停机。

00,b→00,bR	00,1→01,1R	01,0→10,1R	01,1→01,1R
10,b→11,bL	10,1→10,1R	11,b→E	11,1→00,bS

在执行阶段,读写头首先读出纸带上当前方格的信息,并根据控制器当前的状态找到相应的控制指令;然后根据该控制指令修改当前方格的内容,改变控制器的状态以及完成读写头的移动。例如,当控制器处于状态 00 且读到符号 1 时,通过查表可知运行 00,1→01,1R 这条指令,该指令运行完后,控制器的状态被修改为 01,当前小方格的内容被修改为 1,然后读写头右移一格。那么 5+6 的运算过程如表 3-1 所示,蓝色字体为读写头当前位置。

表 3-1 5+6 加法图灵机运算步骤

步数	当前状态	纸带信息	步数	当前状态	纸带信息
1	00	111110111111bbbb	9	10	111111111111bbbb
2	01	111110111111bbbb	10	10	111111111111bbbb
3	01	111110111111bbbb	11	10	111111111111bbbb
4	01	111110111111bbbb	12	10	111111111111bbbb
5	01	111110111111bbbb	13	10	111111111111bbbb
6	01	111110111111bbbb	14	11	111111111111bbbb
7	10	111111111111bbbb	15	00	111111111111bbbbb
8	10	111111111111bbbb		停机	

从上述例 3-1 的工作步骤可以看出图灵机的模型是"输入集合、输出集合、内部状态、固定的程序指令",如图 3-13 所示。

通过这个简单的加法例子,我们可以提炼出任何数学运算的本质特征:

① 在每一步中,只需要关注少数符号。

② 每一步采取的行动,仅仅取决于当前的运算符号、计算人当前的记忆状态。

运算行为过程中的人,是完全可以由机器取代的。这就是图灵最初给出的自动运算机器(图灵机)的抽象逻辑归纳,也是用来证明判定问题不存在算法的方法。如果一个问题无法用图灵机来完成,那么可以说,没有任何算法程序可以解决这个问题。也就是说,凡是能用算法方法解决的问题,也一定能用图灵机解决。

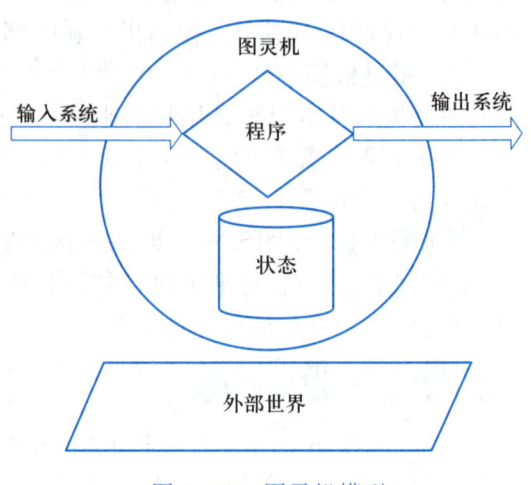

图 3-13　图灵机模型

3.2.2　冯·诺依曼机

1. 冯·诺依曼机的体系结构

1945 年,数学家约翰·冯·诺依曼(John von Neumann)在研制 EDVAC 计算机时,提出把程序和数据一同存储起来,让计算机自动地执行程序,即冯·诺依曼机的工作原理是"存储程序和程序控制"思想。但是,冯·诺依曼自己承认,他的想法来自图灵。冯·诺依曼机思想确定了冯·诺依曼机的基本结构及特点,可归结如下:

① 计算机由运算器、控制器、存储器、输入设备和输出设备五大部件组成。

运算器模拟人脑的运算功能,是计算机中进行数据加工的部件,主要功能是执行数值运算和逻辑运算。控制器模拟人脑的控制功能,是计算机的指挥中枢,用于控制计算机各个部件协同工作。存储器模拟人脑的记忆功能,主要用来存储程序和数据。控制器和运算器共同组成了中央处理器(central processing unit,CPU),相当于人的大脑,现在的 CPU 还包含了高速存储器,具备记忆功能。输入设备模拟人的信息接收功能,是接收用户输入的程序和数据的设备。输出设备模拟人的信息输出功能,将计算机处理的结果以用户可以接受的形式输出给用户。

② 程序和数据以同等地位存储于存储器,并可按地址进行访问。

程序在计算机中被转换为多条指令,它同数据都要存储于存储器中,便于控制器控制程序的自动执行。与 CPU 进行数据交换的存储器称为内存,包含了较大的存储空间,必须将其划分为若干存储单元,并将其按位置编号,即为地址。如宾馆需要将房间编号一样,地址是存储器对其存储单元的编号。

③ 指令和数据均用二进制进行表示。

电子计算机由电子元器件组成,由电力驱动。电子元器件具有两种稳定状态,如电压的高和低,电流的导通和截止,开关部件的开和关等,正好使用二进制的两个数码 0 和 1 表示,具有易实现、可靠性强的特点。二进制数同样可以实现算术运算,而且运算简单、通用性强。此外,二进制数 0、1 数码与逻辑量"假""真"相吻合,便于表示和实现逻辑运算。因此,计算机只能识别二进制数,所有的指令和数据都需要转换为二进制。

④ 指令由操作码和地址码组成,操作码指出了要进行什么样的操作,地址码指出了操作数在存储器中的位置。

指令是能够被计算机识别并执行的二进制编码,又称为机器指令。指令是被计算机直接执行的命令,表示一个简单的功能,多条指令才能实现更为复杂的功能。一条指令由操作码和地址码两部分组成,如图 3-14 所示。操作码告诉 CPU 应该执行什么操作,如读、写、加、减、乘、除等。而地址码告诉 CPU 操作数的存储地址,地址码可以有多个组成,由操作数的个数决定。

操作码OP	地址码A

图 3-14 指令格式

指令系统是指计算机所能执行的全部指令的集合,也称为指令集。它描述了计算机内全部的控制信息和"逻辑判断"能力。不同计算机的指令系统包含的指令种类和数目也不同。指令系统是表征一台计算机性能的重要因素,它的格式与功能不仅直接影响到机器的硬件结构,而且也直接影响到系统软件,影响到机器的适用范围。

⑤ 指令在存储器内按顺序存放。通常,指令是顺序执行的,在特定条件下,可根据运算结果或设定条件改变执行顺序。

程序最终被转换为包含多个指令的序列,通常这些指令在内存中是按顺序存放,并按顺序执行。但是,指令可以根据设计的条件改变运算次序,便于完成不同的运算任务。

⑥ 以运算器为中心,输入、输出设备与存储器之间的数据传送均通过运算器完成。

根据这六大特点,早期的冯·诺依曼机以运算器为中心。但是,随着人们对计算机要求的不断提高和一些先进的计算机硬件技术的突破,计算机对数据处理要求变得非常高,而运算器不能满足需求。现在的计算机体系结构以存储器为中心,如图 3-15 所示,实现了输入、输出设备与存储器之间直接进行信息交换,而不是直接与运算器进行信息交换。

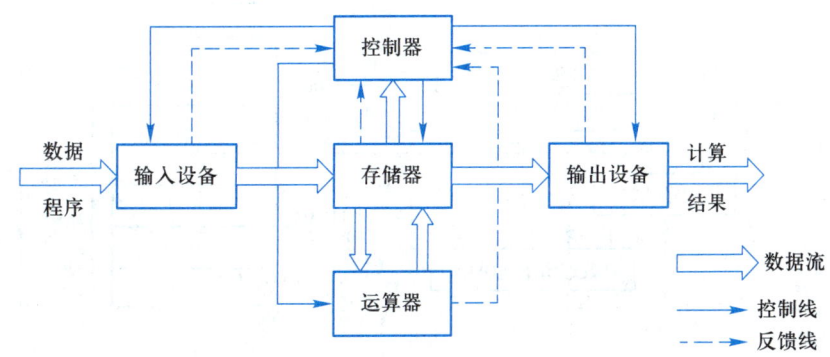

图 3-15 以存储器为中心的计算机体系结构

2.冯·诺依曼机的工作过程

计算机工作的基本原理就是程序自动执行的过程。

首先,程序和数据由输入设备转换为计算机可以识别的二进制形式存入内存中,程序与数据分别被存入内存的指令区和数据区。然后,由控制器依次从内存中按顺序提取每一条指令,将其分析并控制运算器执行该指令,直至完成该程序的全部指令。

【例 3-2】　分析计算 5+6 在冯·诺依曼机中的执行过程。

【解析】　在使用计算机计算 5+6 的问题中,5 和 6 两个数据存放在内存的数据区域。在图 3-16 中,假定 5 被存储在地址 1100H 处,6 被存储在地址 1103H 处。加法运算需要多条指令完成,这些指令存放在存储器的指令区域。

假设指令字长为 24 位,其中操作码为 8 位,地址码为 16 位,5+6 的运算程序可转换为两条指令(十六进制表示),表 3-2 展示了每条指令的存储地址与其功能。

表 3-2　例 3-2 加法运算的指令集

指令地址	指令(操作码 + 地址码)	作用
1000H	**01** 1100H	将地址 1100H 处的数据 5 取至运算器中
1003H	**03** 1103H	加上地址 1103H 处数据 6,结果保存在运算器中

每条指令在主机上的解释以及执行过程可分为 3 个步骤:

① 取指令。由控制器从内存的程序区取出指令暂存。CPU 要想把指令从内存中取出来,需要取得指令在内存单元的地址,这个地址是由程序计数器(PC)提供的,如图 3-16 所示假设该程序的起始地址为 1000H,则程序计数器(PC)选中 1000H 这个

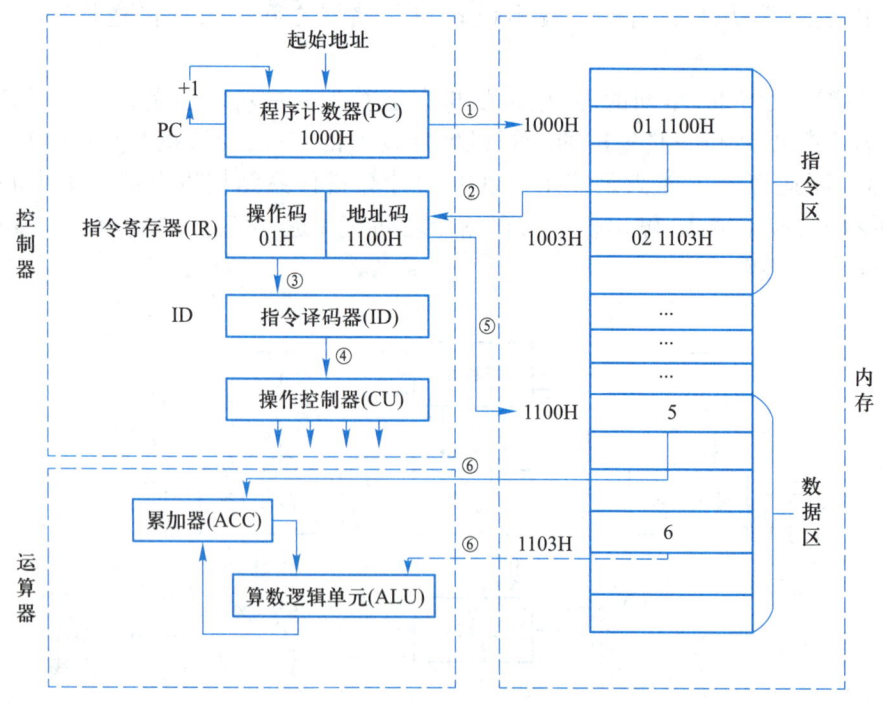

图 3-16　指令在主机上的解释过程

内存单元,在读操作的作用下,将指令 01 1100H 取出来之后送至指令寄存器 IR。这个过程如图 3-16 中①②两步所示。

② 分析指令。控制器对暂存指令的操作码送至指令译码器(ID)和操作控制器中进行译码分析,并产生在执行阶段所需要的控制信号,在该例中第一条指令的操作码为 01H(十六进制表示形式,对应的二进制为 00000001),如图 3-16 中③④两步所示。

③ 执行指令。由控制器通过控制线路完成一系列控制信息,控制包括运算器在内的各个部件完成指令要求的操作。在该例中,第一条指令执行阶段要做的操作是把数据 5 从 1100H 内存单元中取出送至运算器的累加器(ACC)中,如图 3-16 中实线⑤⑥两步所示。

对于任何一条指令的解释过程而言,它们在取指阶段和分析阶段的操作都是相同的,而在执行阶段,不同的指令做的操作是不一样的。比如,该例中的第二条指令,它的取指的过程依然对应了图 3-16 中的①②两步,分析指令对应了图 3-16 中的③④两步,执行指令对应图 3-16 中的虚线标识的⑤⑥步。

3.3　计算机硬件系统

计算机硬件系统是构成计算机系统的电子电路和电子元件等物理设备的总称。硬件是构成计算机的物质基础,是计算机系统的核心。

按照冯·诺依曼的设计思想,计算机的硬件系统包括运算器、控制器、存储器、输入设备和输出设备五大部件。其中,运算器与控制器又合称为中央处理器(CPU),CPU 和存储器中的内存通常称为主机(host),输出设备和输入设备以及存储器中的外存统称为 I/O 设备,因为它们位于主机的外部,所以也称为外部设备,简称外设。因此,计算机的硬件系统可分为主机和外设两部分,如图 3-17 所示。

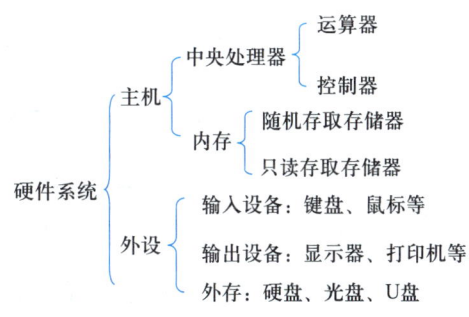

图 3-17　计算机硬件系统的层次结构

3.3.1　中央处理器

在微机中,通常把运算器和控制器集成在一个芯片上,称为 CPU 芯片,中文名称是中央处理器。CPU 芯片是微型计算机硬件的核心,可以说 CPU 是一块大规模的集成电路,可以完成指令的解释与执行。

运算器是对数据进行加工处理的部件,其基本功能是进行算术运算(加、减、乘、除)和逻辑运算(与、或、非、异或、比较)。运算器基本结构主要包括算术逻辑单元(arithmetic and logic unit,ALU)和各种寄存器。ALU 实现运算功能。寄存器对输入的数据和运算的中间结果进行保存,包括了 ACC(累加器)、X(操作数寄存器)以及

MQ(乘商寄存器)。

控制器是计算机的指挥中枢,用于控制计算机各个部件协同工作。控制器的基本功能就是解释指令,即从取指令到分析指令再到执行指令的全过程,同时保证指令的有序执行。控制器主要包括指令寄存器(IR)、指令译码器(ID)、程序计数器(PC)和操作控制器(控制单元CU)等部件。指令寄存器用于暂存当前要执行的指令;指令译码器(ID)用于识别指令和分析指令;程序计数器用于存放要执行的指令的地址,其具有自动加1(1为泛指,具体加多少由指令字长决定)的功能,每完成一条指令的取指后可以自动指向下一条指令的地址;操作控制器产生各种操作命令。

3.3.2　存储器

随着计算机硬件技术的发展,存储器在系统中的重要性越来越凸显。由于超大规模集成电路的制作技术,使CPU的速度变得惊人的高,而存储器存取数据的速度与它很难适配,这使计算机系统的运行速度在很大程度上受到存储器速度的制约。因此,存储器的地位就更为显要。可见,从某种意义而言,存储器的性能已成为计算机系统的核心。

1. 存储器体系结构

目前,计算机通常采用多级存储器体系结构。其原因是我们希望存储器的速度要尽可能的快,容量要尽可能的大,而价位要尽可能的低。在这个多级存储体系中有两个非常重要的存储层次,缓存(cache)和内存层次以及内存和外存层次,如图 3-18所示。

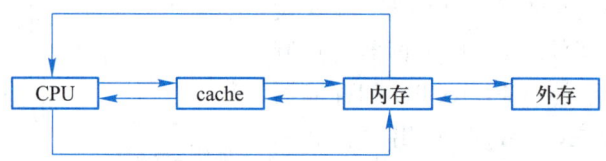

图 3-18　存储系统中的层次结构

缓存和内存这个层次是为了解决 CPU 与主存的速度不匹配问题而提出的。在现代的计算机中CPU的速度是非常快的(运行一次的时间通常 <1 ns),而内存完成一次存取操作需要的时间通常在 10 ns 左右,因此两者的速度差异是非常大的。为了解决这个问题,现代的计算机在 CPU 和内存之间增加了一级高速度、小容量的存储器 cache,来缓冲两者之间的速度差异,所以 cache 又称为缓冲存储器(简称缓存)。cache 中存储的内容是内存中经常被访问的程序和数据的副本。

内存和外存这个层次结构是为解决主存容量不够的问题而提出的。对于我们常用的微型计算机而言,内存的容量是若干吉字节(GB),这对于我们存储大容量的信息而言是远远不够的,为了解决其容量不足的问题,现代计算机中都配有了大容量的磁盘,外存可以永久保存暂时未用到的程序和数据文件。

(1) 内存

内存储器简称内存或主存。内存的核心是一个存储体,由若干个存储单元构成。

通常,一个存储单元存放 1 个字节(byte)。每个存储单元一般由 8 个存储元件构成,每个存储元件可以保存 1 位二进制数。每个存储单元都编有存储地址,例如,一个 64 KB 的内存的地址为:$0 \sim 2^{16}-1$。在计算机中,地址也采用二进制数表示,为了书写方便,内存地址通常采用十六进制表示。

内存储器直接和 CPU 交换信息。当我们把指令或数据写入指定的存储单元时,首先要给出该存储单元的地址,然后通过写命令将内容写入到指定的内存单元;读出时也是类似的过程,先给地址,然后是命令,在地址和命令发出后,内存单元将准备好的信息送至外设或 CPU。

按照存取方式分类的话,内存储器(主存)由只读存储器(ROM)和随机存取存储器(RAM)两部分组成。只读存储器(ROM)中存储的内容只能供反复读出,而不能重新写入。因此在 ROM 中存放的是固定不变的程序与数据,其优点是切断机器电源后,ROM 中的信息仍然保留不会改变。随机存取存储器(RAM)中的内容既允许存入,也允许取出,使用方便灵活,其缺点是切断机器电源时 RAM 中的信息会丢失,一般用来存储用户数据及用户程序。

(2)外存

外存储器也称为辅助存储器,简称外存或辅存。外存储器是内存的后援存储器,用来存放当前暂时不用的程序和数据,它不能与 CPU 直接交换信息,但可以永久保存信息。

外存储器主要是指磁盘、磁带等大容量存储体。磁盘存储器又可分为硬磁盘、软磁盘和光盘。

2. 存储介质

存储介质是指存储数据的载体,存储介质是指能寄存"0""1"两种代码并能区别两种状态的物质或元器件。按照物理材料的不同,可以将存储介质分为四大类,分别为光学存储介质、半导体存储介质、磁性存储介质和其他存储介质。

(1)光学存储介质

光学存储介质主要指光盘,包括 CD 和 DVD 等。当激光照射到光盘上时,光盘上的凹凸不平的微观小坑产生不同的反射,通过技术处理将其转化为 0、1 的数字信号,从而实现数字化存储。光盘配套的光驱可以读取或写入数据。只能读取的光盘为只读型光盘,可读可写的光盘为可刻录型光盘。

光盘的优点是存储容量大,保存时间长,不易损坏,保存方便,价格便宜。缺点是对播放设备要求较高,携带不方便,不密封,容易沾染灰尘和划伤,除了可擦写盘外,不能重复使用。

(2)磁性存储介质

磁性存储介质是指存储材料采用磁性材料。磁性材料具有磁化和失磁两种状态,对应二进制的 1 和 0。磁表面存储器是利用涂覆在载体表面的磁性材料具有两种不同的磁化状态来表示二进制信息的"0"和"1",实现数字化存储。将磁性材料均匀地涂覆在圆形的铝合金或塑料的载体上就成为磁盘。以"磁头 + 电动机"的方式可以在磁盘上读取或写入数据。

磁表面存储器的优点为存储容量大、单位成本低、记录介质可以重复使用、记录信息可以长期保存而不丢失,甚至可以脱机存档、非破坏性读出,读出时不需要再生信息,主要用于辅助存储器。

（3）半导体存储介质

半导体存储介质是一种以半导体电路为基础的存储设备,通过保持电平存储数据的。电路中用高电平表示 1,低电平表示 0。半导体存储介质主要包括易失性半导体介质(DRAM、SRAM)、非易失性半导体介质(FLASH、EEPROM、EPOM 等)和新型介质(3D XPoint、MRAM、RRAM、PCM)。目前,半导体存储介质的主要发展方向是 FLASH、3D XPoint、MRAM、RRAM 等,其中 FLASH 兼具了 ROM 和 RAM 的双重特点,即保持了 ROM 可以永久保存信息以及 RAM 的随机存取的特点,因此应用比较广泛。以 FLASH 为存储介质的存储器称为闪存,我们常用的 U 盘采用的就是FLASH 存储介质。

半导体存储器优点是体积小、存储速度快、存储密度高、与逻辑电路接口容易,主要用作高速缓冲存储器、主存储器、只读存储器、堆栈存储器等。

（4）其他存储介质

随着科学技术的快速发展,出现了更先进的存储介质,如生物 DNA 存储技术等。

3.3.3　输入设备

输入设备是将信息输入计算机的外部设备,它将人们熟悉的信息形式转换成计算机能够接收并识别的信息形式。输入信息由数字、字母、符号、文字、图形、图像、声音等多种形式;进入计算机后,只有一种形式,就是二进制数据。一般输入设备用于原始数据或程序的输入。在微机系统中,最常用的输入设备是键盘、鼠标、扫描仪、光笔、数字化绘图板、条形码读入器、IC 卡读入器、数字化仪、触摸屏、手写板及模数(AD)转换器等。模数(AD)转换器,简称 ADC,是把连续的模拟信号转变为离散的数字信号的器件。

3.3.4　输出设备

输出设备是将计算机运算结果转换成人或其他设备能接收和识别的信息形式的设备。常用的输出设备有打印机,显示器、绘图仪以及数模(DA)转换器等都为输出设备。数模(DA)转换器,简称 DAC,是把离散的数字信号转变成连续的模拟信号的器件。

3.4　计算机软件系统

一台只有硬件没有软件的计算机称为裸机,只能识别由 0 和 1 组成的机器代码,很难直接使用。一个完整的计算机系统除了硬件之外还需要软件。

软件由具有各类特殊功能的程序组成,并存储于计算机的硬件系统中。硬件是软件建立和依托的基础,没有硬件的软件就是一个"幽灵";软件是计算机系统的灵魂,没有软件的计算机就是一台"僵尸"。硬件和软件相互依存,两者融合构成了现在的计算机系统。

计算机软件是计算机程序、程序运行所需要的数据与相应文档的总称。因此,程序是软件的核心组成部分,通常存储在存储器中。虽然我们可以看到存储程序的存储介质,但是程序是无形的,看不到摸不着。一台计算机中全部程序的集合统称为这台计算机的软件系统。

计算机软件按功能通常分为系统软件和应用软件,如图 3-19 所示。系统软件是用来控制计算机的运行,管理计算机的各种资源的一类软件;应用软件是开发者为解决某种应用问题而编写的一类软件。

软件系统
- 系统软件:操作系统、语言处理、实用程序等
- 应用软件:文字处理类、电子表格类、图形图像类、网络通信类、简报软件类、统计软件类

图 3-19　计算机软件系统的层次结构

3.4.1　系统软件

1. 操作系统

操作系统(operating system,OS)是计算机系统中最核心、最重要、最基础的系统软件。它直接运行在裸机上,是对计算机硬件系统的第一次扩展,在操作系统的支持下,计算机才能运行其他软件。操作系统是硬件与软件的接口,也是用户和计算机的接口,如图 3-20 所示。常见的操作系统包括 Windows、UNIX、Linux 等。

一般来说,引入操作系统有以下两个目的:

① 将计算机变成一台虚拟机,为用户构建一个方便、有效、友好的使用环境,使用户无须了解底层的硬件及各种软件细节就能使用计算机。

图 3-20　操作系统的地位

② 更加合理地管理和使用各种软硬件资源,提高系统的效率。

操作系统具有处理器管理、存储管理、文件管理、设备管理和进程管理等五大功能,分别管理 CPU、存储器、输入输出设备等硬件资源。

① 处理器管理:主要控制和管理 CPU 的工作。

② 存储管理:主要进行内存的分配和管理。

③ 设备管理:主要管理基本的输入输出设备。

④ 文件管理:负责对计算机文件的组织、存储、操作和保护等。

⑤ 进程管理：也称为作业管理，是指对计算机所进行的操作进行管理。

操作系统的类型非常多样，不同机器安装的操作系统可从简单到复杂，可从移动电话的嵌入式系统（如 Android、OS、HarmonyOS）、个人计算机的单用户操作系统（如 Windows）、服务器的网络操作系统（如 Windows Server）到超级计算机的大型操作系统（如 Linux）。

按照与用户对话的界面分类可以分为命令行界面操作系统（如 MS-DOS、Linux）和图形用户界面操作系统（如 Windows、Android）。

按照系统功能分类，操作系统可分为批处理系统、分时系统和实时系统等 3 种基本类型。分时操作系统是一种使计算机轮流为多个用户服务的操作系统（如 UNIX）。批处理操作系统是对一批作业进行处理，按一定的组合和次序自动执行的系统管理软件，现在已经不多见了。实时操作系统中的"实时"即"立即"的意思，是一种时间性强、响应速度快的操作系统，分为实时控制系统（如飞机自动导航系统）和实时信息处理系统（如机票订购系统）。

2. 语言处理程序

计算机硬件只能识别由 0 和 1 组成的机器代码。因此，人使用计算机完成工作任务，必须让计算机执行这种机器代码。也就是说，计算机语言是二进制语言，也称为机器语言，而人类沟通所使用的语言称为自然语言。如同英国人和中国人交流需要翻译一样，人和计算机的交流也需要一个翻译，语言处理程序便是一种翻译程序。

我们可以直接使用自然语言（如英语、汉语）直接书写程序吗？到目前为止，答案是否定的。原因是自然语言经过了长期的发展，有太多不适用作编程语言的地方，其中最明显的是二义性，如不同音量和语气，以及说话上下文，就会使一段话表现不同的含义。然而，计算机只是一个按部就班执行任务和程序的机器，如果我们给出的命令存在多种意思，它是无法理解的，所以我们需要特殊的编程语言来告诉计算机我们的真实意图。

编写程序采用某种特定的语言称为程序设计语言或者编程语言，是人和计算机交流的工具，是书写计算机程序的工具，如汇编语言、C、Python 等。

语言处理程序是一类系统软件的总称，其主要作用是将程序设计语言编写的程序翻译成某种机器语言程序，使程序可在计算机上运行，如图 3-21 所示。不同的程序设计语言有不同的语言处理程序，比如，C 语言的语言处理程序（编译器）有 MSVC、GCC、Cygwin、MinGB 等。

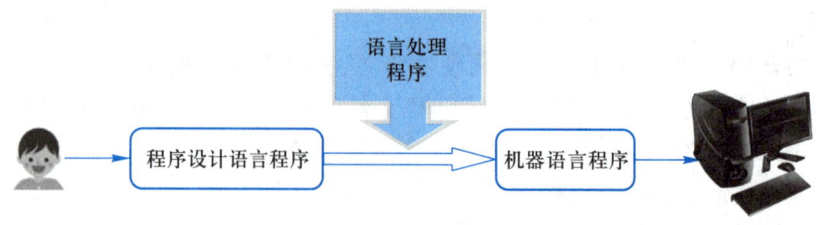

图 3-21 语言处理程序的工作过程

3.　实用程序

实用程序完成一些与管理计算机系统资源及文件有关的任务,主要包括以下几类:

① 系统设置软件:对系统进行全面设置、优化和保护,如 Windows 优化大师。

② 系统诊断程序:识别并改正计算机系统存在的问题,如 Windows 系统中的设备管理器。

③ 备份程序:把硬盘上文件复制到其他存储设备上,如 Windows 系统中备份和恢复程序。

④ 反病毒程序:消除或防御计算机病毒和恶意软件,如常用的杀毒软件。

⑤ 文件压缩程序:压缩较大的文件,生成另一较小容量的文件,如 WinRAR。

3.4.2　应用软件

应用软件是用户利用计算机以及它所提供的系统软件、编制解决用户各种实际问题的程序。应用软件是直接面向用户需要的,它们可以直接帮助用户提高工作质量和效率,甚至可以帮助用户解决某些难题。

随着计算机的广泛应用,应用软件的种类和数量也越来越多、功能也越来越强大。按用途分类,大体上可以分为以下几种类别:

① 文字处理类:具有文本编辑、文字处理、桌面排版等功能,如 WPS、Word 等。

② 电子表格类:具有表格定义、计算和处理等功能,如 Excel 等。

③ 图形图像类:具有图像处理、几何图形绘制等功能,如 AutoCAD、Photoshop 等。

④ 网络通信类:具有电子邮件、网络文件管理、远程计算、浏览等功能,如 QQ、Mail 等。

⑤ 简报软件类:具有制作幻灯片、演讲报告等功能,如 PowerPoint 等。

⑥ 统计软件类:具有统计、汇总、分析等功能,如 SPSS、SAS、BMDP 等。

3.5　计算机的发展与应用

3.5.1　计算机的性能指标

计算机是一个综合处理系统,很难用一两项具体指标衡量其优劣。全面衡量一台计算机的性能要考虑多项指标,这里我们仅介绍一些基本的性能指标。

① 机器字长:是指计算机一次能处理的数据的位数。机器字长往往也是硬件组织的基本单位,它决定了寄存器、数据总线的位数,并直接影响着硬件成本。目前计算机的机器字长有 16 位、32 位、64 位等,巨型机的字长一般是 64 位。

② 主频:即 CPU 的时钟频率。CPU 的"PentiumⅢ/866"配置中的数字 866 表示该机的 CPU 的时钟主频是 866 MHz。

③ 运算速度:计算机的运算速度与主频、主存速度等有关。现在运算速度普遍采用单位时间内执行指令的平均条数来衡量,并用 MIPS(million instruction per second,百万条指令每秒)作为计量单位。也可以用 MFLOPS(million floating point operation per second,百万次浮点运算每秒)衡量,目前微机的运算速度为 200~300 MIPS 以上。

④ 主存容量:微型计算机内存容量的大小,一般是指 RAM 而言。目前微型计算机上使用的 RAM,其内存储容量随着微机档次的提高在不断地增加。计算机存储数据的基本单位是字节(Byte)。

⑤ 存取速度:即向磁盘储存数据和从磁盘上得到数据的快慢,这个速度越快,我们等待的时间就越少。CPU 直接处理内存中的数据,而在处理外存中的数据时要将其调入内存后再处理。在所有的存储设备中,寄存器存取速度是最快的。

3.5.2　计算机的分代

电子计算机的诞生是当代最为卓越的科学成就之一,它的发明与应用推动了人类文明的超高速发展,成为当今新技术革命浪潮中最活跃的因素,也成为衡量世界各国现代化科学技术水平的重要标志。对于计算机的发展,我们最直观的感受是计算机器件的发展,所以我们也习惯于将计算机的发展按照它所采用的电子元器件进行划分,这里我们将计算机的发展划为四个时代。

1. 电子管计算机(1946—1958 年)

第一代计算机的基本电子器件为电子管。其主存先后采用水银延迟线、磁鼓、磁芯,存储容量只有几千个存储单元,运算速度为每秒几千次至几万次。由于电子管存在体积大、功耗高以及可靠性差等特点,导致第一代计算机的性能也比较差。第一代计算机的主要用于科学计算,采用的编程语言为机器语言。

2. 晶体管计算机(1959—1964 年)

第二代计算机的基本电子元器件为晶体管。其主存采用磁芯存储器,存储容量增至十万存储单元以上,并采用磁鼓、磁盘作为辅助存储器,运算速度达到十万次至数百万次每秒。相对于第一代计算机,第二代计算机的体积及功耗都有所下降。主要应用领域从科学计算扩展到数据处理和自动控制。编程语言主要是汇编语言。

3. 集成电路计算机(1965—1971 年)

第三代计算机采用的电子元器件为小规模集成电路。其主存采用半导体存储器,以磁盘为辅助存储器。出现了键盘、鼠标、显示器等外部设备,操作系统得到广泛应用。计算机运算速度一般为每秒数百万次至数千万次。计算机的体积和功耗显著减少,而可靠性大幅提升。随着软件技术与外部设备的发展,应用领域不断扩大。

4. 超大规模集成电路计算机(1971 年至今)

第四代计算机普遍采用了超大规模集成电路,以微处理器为特征,运算速度从 MIPS(百万条指令每秒)级提升到了 GIPS(每秒 10^9 条指令)级甚至更高的水平。超大规模集成电路进一步减小了计算机的体积与功耗,提升了计算机的性能。

【科普知识】 1971 年英特尔(Intel)公司的工程师 M.E.Hoff 制成了世界上第

一片 4 位微处理器,从而开启了集成电路的飞速发展之路。我们常说的摩尔定律是 Intel 创始人之一戈登·摩尔的经验之谈,其核心内容为:集成电路上可以容纳的晶体管数目在大约每经过 18 个月到 24 个月便会增加一倍。换言之,处理器的性能大约每两年翻一倍,同时价格下降为之前的一半。[①]

我国计算机的研制起步于 20 世纪 50 年代,也经历了从电子管、晶体管、中小规模集成电路到超大规模集成电路的发展过程。1958 年和 1959 年我国分别研制出第一台小型电子管数字计算机(103 计算机)和第一台大型通用电子管数字计算机(104 计算机),填补了我国计算机技术的空白,是我国计算机发展的重要里程碑。50 年来相继研制出第二代晶体管计算机(1964 年第一台 441-B 计算机、1965 年 109 乙计算机等),第三代计算机(1971 年第一台集成电路计算机 111 机研制成功)。20 世纪 80 年代研制出每秒 1 亿次的巨型机,之后又相继研制出银河系列、曙光系列、天河系列等超级计算机。[②]

3.5.3　计算机的发展趋势

在 70 余年的计算机发展历史中,计算机的发展表现为四种趋势:巨型化、微型化、网络化和智能化。

1. 巨型化

巨型化是指高速度、大存储量和强功能的高性能计算机。这是诸如天文、气象、地质、核反应堆等尖端科学的需要,也是存储巨量的知识信息,以及使计算机具有类似人脑的学习和复杂推理功能所必需的。这类计算机被称为巨型机、大型机、超级计算机等,一般应用在大型企业、政府或科研部门。

超级计算机通常是指每秒能运算 5 000 万次以上、存储容量超过百万字节的电子计算机。在 2022 年 11 月的高性能计算专业大会(SC22)上,美国 Frontier、日本富岳(Fugaku)、中国神威·太湖之光、中国天河二号等被列入全球 top10 超级计算机排行榜。

我国在超级计算机方面的发展迅速。自 2009 年我国国防科技大学发布峰值性能为每秒 1.206 千万亿次的"天河一号"超级计算机以来,我国成为美国之后第二个可以独立研制千万亿次超级计算机的国家。尤其 2016 年神威·太湖之光的出现,更是标志我国进入超算世界领先地位。

超级计算机可以代表一个国家在信息数据领域的综合实力,甚至可以说影响到国家在世界科学技术上的地位。在大数据时代,超级计算机的实际应用价值也相当可观。

2. 微型化

微型化就是进一步提高集成度,利用高性能的超大规模集成电路研制出质量更加可靠、性能更加优良、价格更加低廉、整机更加小巧的微型计算机。这类计算机称为

---

① 摘自百度百科词条"摩尔定律"。
② 摘自百度百科词条"中国计算机发展史"。

微型计算机,简称微机。

微型计算机的特点是体积小、灵活性大、价格便宜、使用方便。自 1981 年美国 IBM 公司推出第一代微型计算机 IBM-PC 以来,微型机以其执行结果精确、处理速度快捷、性价比高、轻便小巧等特点迅速进入社会各个领域,且技术不断更新、产品快速换代,从单纯的计算工具发展成为能够处理数字、符号、文字、语言、图形、图像、音频、视频等多种信息的强大多媒体工具。

微型机一般应用于个人,也称为个人计算机(personal computer,PC),可以进一步分为以下几类:

① 台式机:也叫桌面机,是一种独立分离的计算机,体积相对较大,主机、显示器等设备一般都是相对独立的,需要放置在桌子或者专门的工作台上,因此命名为台式机。

② 电脑一体机:是由一台显示器、一个键盘和一个鼠标组成的计算机。它的芯片、主板与显示器集成在一起,显示器就是一台计算机,只要将键盘和鼠标连接到显示器上即可使用。

③ 笔记本电脑:是一种小型、可携带的个人计算机,通常质量为 1~3 kg。它和台式机架构类似,但是它具有更好的便携性。笔记本电脑除了键盘外,还提供了触控板(touchPad)或触控点(pointing stick),提供了更好的定位和输入功能。

④ 掌上电脑:也称为 PDA(personal digital assistant),就是辅助个人工作的数字工具,可以帮助人们在移动环境下工作、学习、娱乐等。按用途分类,分为工业级 PDA 和消费品 PDA。工业级 PDA 主要应用在工业领域,常见的有条形码扫描器、RFID 读写器、POS 机等;消费品 PDA 包括的比较多,比如,智能手机、手持游戏机等 。

⑤ 平板电脑:是一种小型、方便携带的个人计算机,以触摸屏作为基本的输入设备。用户可以通过内置的手写识别、屏幕上的软键盘、语音识别或者一个真正的键盘实现输入。

3. 网络化

计算机网络化就是利用计算机网络,把分布在不同地理位置上的计算机通过通信设备连接起来,扩大计算机的使用范围,以实现数据传输和资源共享,为用户提供方便、及时、可靠、广泛、灵活的信息服务。计算机的网络化彻底改变了人类世界,极大拓宽了人们获取信息的途径。

所谓网络计算机是一种通过远程显示协议运行多用户服务器系统的客户端设备。网络计算机是能通过网络对外提供服务的某些高性能计算机(通常称为服务器),其高性能主要表现在高速度的运算能力、长时间可靠运行、强大的外部数据吞吐能力等方面。服务器是网络的节点,存储、处理网络上 80% 的数据和信息,在网络中起着举足轻重的作用。

4. 智能化

智能化是指让计算机具有模拟人的感觉和思维过程的能力,使其具有解决问题、逻辑推理、知识处理和知识库管理等功能。比如,无人驾驶汽车,它将物联网传感器、移动互联网、大数据分析等技术融为一体,主动满足人的出行需求。它之所以是智能的,是因为它不像传统的汽车,需要被动人为操作驾驶。

智能化是未来发展的必然趋势。人类在不断探索如何让计算机能够更好地反映人类思维,使计算机具备逻辑判断和思维能力,实现与人类的沟通交流,抛弃以往通过编写程序来运行的方法。

随着信息技术的不断发展,其技术复杂度也越来越高,智能化的概念开始逐渐渗透到各行各业以及我们生活中的方方面面,相继出现了智能住宅小区、智能医院等。

3.5.4 计算机的应用

现在已进入信息社会和网络时代,计算机的应用已渗透到人类社会生活的各个领域,成为当今生活中不可缺少的一部分。按照应用特点可以划分为以下几个方面:

1. 科学计算

计算机起源于计算需求,可以说计算机最早的应用领域就是科学计算,主要用于解决科学研究和工程技术中的数学问题。它与理论研究、科学实验一起成为当代科学研究的三大方法。主要应用在航天工程、气象、地震、核能技术、石油勘探和密码解译等涉及复杂数值计算的领域。在现代科学技术工作中,科学计算问题是大量的和复杂的。利用计算机的高速计算、大存储容量和连续运算的能力,可以实现人工无法解决的各种科学计算问题。

2. 数据处理(或信息处理)

数据处理指对非数值形式的数据进行处理,是指以计算机技术为基础,对各种数据进行收集、存储、整理、分类、统计、加工、利用、传播等一系列活动的统称。据统计,80%以上的计算机主要用于数据处理,其特点是处理的数据量大,但计算比较简单,存在很多逻辑运算与判断,处理结果通常以表格和文件的形式存储、输出。数据处理从简单到复杂已经历了以下三个发展阶段:

① 电子数据处理(electronic data processing,EDP):它是以文件系统为基础,实现一个部门内的单项管理。

② 管理信息系统(management information system,MIS):它是以数据库技术为工具,实现一个部门的全面管理,以提高工作效率。

③ 决策支持系统(decision support system,DSS):它是以数据库、模型库和方法库为基础,帮助管理决策者提高决策水平,改善运营策略的正确性与有效性。

目前,数据处理已广泛地应用于办公自动化、企事业计算机辅助管理与决策、情报检索、图书管理、影视动画设计、会计电算化等各行各业。信息正在形成独立的产业,多媒体技术使信息展现在人们面前的不仅是数字和文字,也有声情并茂的声音和图像信息。

3. 过程控制

过程控制是利用计算机及时采集检测数据,按最优值迅速地对控制对象进行自动调节或自动控制。采用计算机进行过程控制,不仅可以大大提高控制的自动化水平,还能增强控制的及时性和准确性,从而改善劳动条件、提高产品质量及合格率。因此,计算机过程控制已在机械、冶金、石油、化工、纺织、水电、航天等部门得到广泛的应用。例如,在汽车工业方面,利用计算机控制机床、控制整个装配流水线,不仅可以实现精度要求高、形状复杂的零件加工自动化,而且可以使整个车间或工厂实现自动化。

4. 辅助工程

计算机辅助技术包括CAD、CAM和CAI等,涵盖工程设计、产品制造、性能测试、办公自动化、经济管理、情报检索、自动控制、模式识别等领域。

计算机辅助设计(computer aided design,CAD):是利用计算机系统辅助设计人员进行工程或产品设计,以实现最优设计效果的一种技术。它已广泛地应用于飞机、汽车、机械、电子、建筑和轻工等领域。例如,在电子计算机的设计过程中,利用CAD技术进行体系结构模拟、逻辑模拟、插件划分、自动布线等,大大提升了设计工作的自动化水平;在建筑设计过程中,可以利用CAD技术进行力学计算、结构计算、绘制建筑图纸等,这样不但提高了设计速度,而且可以大大提高设计质量。

计算机辅助制造(computer aided manufacturing,CAM):是利用计算机系统进行生产设备的管理、控制和操作的过程。例如,在产品的制造过程中,用计算机控制机器的运行,处理生产过程中所需的数据,控制和处理材料的流动以及对产品进行检测等。使用CAM技术可以提高产品质量,降低成本,缩短生产周期,提高生产率和改善劳动条件。

将CAD和CAM技术集成,实现设计生产一体化自动化,这种技术被称为计算机集成制造系统(CIMS),其应用可推动无人化工厂(或车间)的实现。

计算机辅助教学(computer aided instruction,CAI):是利用计算机系统使用课件来进行教学。课件可以用多媒体工具或高级语言来开发制作,它能引导学生循序渐进地学习,使学生轻松自如地从课件中学到所需要的知识。CAI的主要特色是交互式教育、个性化指导和因材施教。

5. 多媒体技术

多媒体计算机是指能综合处理多种媒体信息(如文字、图形、图像、声音等),使多种信息建立联系,并具有交互性的计算机系统。除硬件设备外,CD-ROM、声卡、显卡是实现多媒体功能的组件。

6. 网络应用

计算机技术与现代通信技术的结合构成了计算机网络。计算机网络的建立,不仅解决了一个单位、一个地区、一个国家中计算机与计算机之间的通信问题,实现了各种软、硬件资源的共享,还极大促进了文字、图像、视频和声音等各类数据的传输与处理。

7. 人工智能

人工智能是计算机理论科学的重要领域,旨在探索和模拟人类的感知与思维过程,它是在控制论、计算机科学、仿生学和心理学等基础上发展起来的新兴边缘学科。其主要研究方向包括感知与思维模型的构建,图像、声音和物体的识别等。自图灵提出图灵测试以来,人工智能的发展经历了三次浪潮和两次低谷,现在正处于第三次发展热潮中,人类社会已经进入了人工智能爆发时代。

*3.6 云计算与边缘计算

随着人工智能对算力需求的爆炸式增长,传统集中式的计算模式逐渐难以满足实时性、隐私保护和能效要求。云计算与边缘计算的协同发展,正在推动算力资源从"中心化"向"分布式"演进,成为人工智能落地的关键基础设施。

3.6.1 云计算:集中式算力的"超级大脑"

1. 云计算的概念

云计算通过网络和虚拟化技术为用户提供可伸缩的、廉价的、分布式计算和存储能力。用户只需要能够上网,就可以随时随地获得所需的各种信息技术资源。

通俗来讲,云计算把计算机资源和应用程序集中起来形成资源池,然后通过网络供用户按需使用,就形成了"云计算"。

云计算提供包括服务器、存储、数据库、网络、软件等云服务,用户通常只需根据业务的实际需求确定对云服务的使用量,而且使用多少支付多少,从而降低运营成本。打个比方说,云计算使得人们像水和电一样,采用按需付费的方式享用各种云服务。当我们使用水和电的时候,不再自己挖井,也不需要自己发电,只需要拧开水龙头,插上电源插头就可以使用,根本不用关心水和电是从哪里来的,只要按时按量缴纳水电费就可以了。

2. 云计算的核心特征

云计算平台整合了软硬件资源,通过网络对客户提供服务,具备以下核心特征:

① 按需自助服务(on-demand self-service):用户无须人工干预,可自主通过界面或 API 获取计算、存储等资源(如虚拟机、数据库),实时满足需求。

② 泛在网络接入(ubiquitous network access):支持通过互联网,使用各类终端(PC、手机、平板)随时随地访问云端资源,打破地域限制。

③ 资源池化(resource pooling):服务商通过虚拟化技术整合物理资源(服务器、存储),形成共享资源池,以多租户模式动态分配(如 AWS 的 EC2 实例)。

④ 快速弹性(rapid elasticity):资源可根据负载自动扩展或缩减(如阿里云的弹性伸缩 Auto Scaling),秒级响应业务波动,避免资源浪费。

⑤ 计量服务(measured service):按实际使用量计费(如 Google Cloud 的按秒计费),透明化成本,支持"即用即付"模式。

3. 云计算的服务模式

从用户使用的角度来看,云计算包括 IaaS、PaaS 和 SaaS 三种典型的服务模式。三者之间的关系如图 3-22 所示。

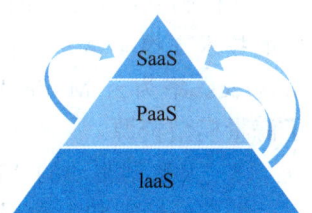

图 3-22 云计算的服务模式

（1）基础设施即服务（infrastructure-as-a-service,IaaS）

基础设施即服务是指用户以即用即付的方式从服务提供商处租用服务器和虚拟机、存储空间、网络和操作系统等基础设施,这是云计算服务最基本的类别,例如,云存储、云主机、云服务器等。IaaS 最大优势在于它允许用户动态申请或释放节点,按使用量计费。运行 IaaS 的服务器规模可以达到几十万台之多,因而用户几乎可以认为云资源是无限的。而 IaaS 是由公众共享的,因而提高了资源使用效率。

（2）平台即服务（platform-as-a-service,PaaS）

平台即服务实际上是指将软件研发的平台作为一种服务,面向用户按需提供开发、测试、交付和管理软件应用程序所需的环境,例如,云数据库等。PaaS 让开发人员能够更轻松快速地创建 Web 或移动应用,而无须考虑对开发所必需的服务器、存储空间、网络和数据库基础结构进行设置或管理,极大地降低了软件开发测试的难度和复杂度,使得软件的维护变得非常简单。

（3）软件即服务（software-as-a-service,SaaS）

软件即服务是一种通过 Internet 提供软件应用程序的模式,用户无须购买软件,通常以订阅为基础按需提供,云提供商托管并管理软件应用程序和基础结构,负责软件升级和维护工作,例如,阿里云提供的短信服务、邮件推送等。用户使用计算机、平板或者手机等终端上的 Web 浏览器连接到应用程序。SaaS 是云计算的典型应用之一,几乎所有的云计算服务最终的呈现形式都是 SaaS。

4. 云计算的 AI 应用场景

云计算凭借其弹性扩展、高算力集中和全球覆盖的优势,成为人工智能技术发展的核心驱动力。云计算为 AI 提供了三大核心价值:

- 算力民主化:中小企业无须自建机房即可训练大模型。
- 全球协同:跨地域数据与模型共享,加速 AI 创新。
- 成本可控:按需付费模式降低 AI 应用门槛。

（1）大规模模型训练与调优

在当今的人工智能领域,训练像 GPT-4、PaLM-2 等千亿参数的大语言模型（LLM）,需要数万个 GPU 并行训练,这对算力和技术都提出了极高要求。为了实现分布式训练加速,人们借助云端的 GPU/TPU 集群来缩短训练周期,例如,Stable Diffusion 的训练耗时就从月成功缩减至天。OpenAI 使用 Azure 超算集群训练 GPT 系列模型,英伟达 DGX Cloud 则提供云端 AI 超级计算机服务,这些都推动人工智能技术不断向前发展 。

（2）AI 即服务（AIaaS）

低代码 AI 开发借助云平台（如 Google AutoML）,可快速构建定制化模型。这背后的技术支撑丰富多样:云原生 AI 服务方面,有 AWS SageMaker、Azure Cognitive Services、华为云 ModelArts;模型市场上,Hugging Face Hub、阿里云模型广场提供了海量模型资源。

（3）大数据驱动的 AI 分析

如今云计算和大数据技术应用广泛。在电商领域,像亚马逊通过分析云端交易数据预测用户行为、优化推荐系统;金融领域,银行借助云端实时分析交易流水实施风控,蚂蚁集团的风控引擎就是典型。

（4）跨域协同与联邦学习

如今,多机构联合建模和全球模型更新成为推动技术进步的重要模式。医疗领域,医院在保护隐私前提下通过云端协作训练疾病预测模型,如癌症早期筛查模型;智能手机厂商利用云端聚合用户本地数据,优化输入法预测模型。

（5）模型部署与推理服务

在数字化浪潮中,云计算和人工智能技术深度融合,为众多应用场景提供了强大支持。以高并发推理和 A/B 测试优化为例,在社交媒体领域,像 TikTok 这类热门平台,每日要处理数亿条短视频,为确保内容合规,它借助云端 GPU 集群,实现高并发推理,实时完成海量短视频的内容审核工作。同时,为了不断提升用户体验,在 A/B 测试优化方面,通过快速在云端部署多个模型版本,对不同版本模型的运行效果进行对比分析,挑选出表现最优的模型上线。

（6）生成式 AI（AIGC）与内容创作

在数字化内容创作领域,云计算和人工智能技术的融合为众多应用场景提供了强大助力。在文本生成方面,大模型工具基于云端大模型,能够轻松生成营销文案、代码以及进行小说续写,极大地提高了创作效率。在图像和视频生成领域,大模型工具依赖云端算力,为用户生成高清内容,满足了各行业对高质量视觉素材的需求。例如,《阿凡达 2》利用 AI 进行水体渲染,为观众呈现出震撼的视觉效果,推动了影视特效制作技术的革新。

（7）自动化机器学习（AutoML）

在当今数据驱动的时代,机器学习技术在各行业的应用不断深入,自动特征工程和超参数优化成为提升模型性能、降低应用门槛的关键环节,且在云端技术的加持下,展现出强大的效能。在应用场景方面,借助云端工具,自动特征工程得以实现,它能自动提取数据特征,使原本复杂的建模前期工作变得简单,极大地降低了建模门槛,让更多非专业人士也能参与到数据建模中来。例如,制造业通过云端 AutoML 优化生产线故障预测模型,提前发现潜在故障隐患,及时进行设备维护,保障生产线的稳定运行,减少因故障导致的生产停滞和损失。

（8）AI 驱动的云计算优化

在云计算蓬勃发展的当下,AI 技术深度融入云服务的各个环节,智能资源调度和安全防护两大应用场景极具代表性。在智能资源调度方面,借助 AI 算法,云服务器资源能够实现动态分配,从而显著提升能效。例如,Google DeepMind 通过 AI 优化数据中心冷却系统,让资源利用更为合理,减少不必要的能耗浪费。而在安全防护领域,云端 AI 发挥着至关重要的实时监测作用,像 AWS GuardDuty 就能及时察觉 DDoS 攻击、异常登录行为等安全威胁,为云服务使用者的信息安全保驾护航。

3.6.2　边缘计算:分布式算力的"末梢神经"

边缘计算作为 AI 的"末梢神经",通过将算力下沉至数据源头,解决了实时性、隐私性和带宽效率的痛点,但其发展仍需突破算力限制与协同复杂性。

未来,随着 AI 模型轻量化、芯片能效提升和 5G 网络覆盖,边缘计算将成为智能制造、自动驾驶、智慧城市等领域的核心支撑,与云计算共同构建"云－边－端"一体化的智能世界。

1. 边缘计算的概念

边缘计算(edge computing)是一种将计算资源部署在靠近数据源(如传感器、终端设备、工业机器)的分布式计算范式,旨在减少对云端数据中心的依赖,直接在数据产生的位置或附近完成实时处理和分析。其核心思想是"数据在哪里产生,计算就在哪里发生",通过下沉算力到网络边缘,解决云计算在实时性、隐私性和带宽效率上的瓶颈。

2. 边缘计算的技术特点

(1) 低延迟

边缘计算通过本地处理数据,避免数据传输到云端,大幅缩短响应时间。云端处理延迟通常有数百毫秒,边缘端可降至 1~10 ms,工业场景甚至低于 1 ms。

在工业领域,工厂用 PLC(可编程逻辑控制器)实时分析传感器数据,检测设备故障,异常时立即停机,避免事故。自动驾驶方面,特斯拉 FSD 等车载 AI 芯片本地处理摄像头和雷达数据,实现毫秒级避障决策,保障行车安全。本地处理数据可将响应时间降至毫秒级(如工业设备故障检测场景)。

(2) 隐私保护

在重视数据安全与隐私的当下,边缘计算成为敏感数据处理的可靠方案。它让人脸信息、医疗影像、家庭监控视频这类敏感数据在边缘端处理,确保原始数据不出本地,能满足 GDPR、HIPAA 等法规对数据本地化的要求,规避合规风险。

实际应用中,家庭安防摄像头利用边缘端 AI 识别入侵等异常行为,仅上传报警信息;CT 机内置 AI 芯片在本地分析影像,只把诊断结果传至医院系统,既保护隐私,又符合法规,还提升了效率。

(3) 带宽优化

随着数据量激增,边缘计算有效缓解网络传输压力。它在边缘端过滤、压缩、预处理数据,仅上传关键结果,大幅减少传输量。以智能摄像头为例,带宽需求能降低 90% 以上,仅传输识别结果而非全部视频。

实际应用中,智能交通摄像头本地识别违章后,仅上传车牌号和违规类型;农业物联网里,田间传感器数据在边缘端算出作物需水量,仅发送灌溉建议,既减轻网络负担,又提高了各领域的工作效率。

3. AI 应用场景

(1) 实时视频分析

实时视频分析在工业质检和无人零售领域具有重要作用。

工业质检时,在边缘端部署 AI 模型,实时检测产品缺陷,比如,检测手机屏幕划痕,准确率超过 99%,延迟低于 50 ms,能及时发现次品,提高生产效率和产品质量。

无人零售方面,以 Amazon Go 无人店为例,边缘摄像头通过姿态识别判断顾客取货动作,自动完成结算,帮商家节省人力成本。

（2）自动驾驶

自动驾驶技术依赖边缘计算实现本地决策和车路协同。

本地决策中，AI 模型通过边缘计算单元实时处理激光雷达、摄像头等多传感器的融合数据，完成路径规划和紧急制动，保障车辆在复杂路况下的安全行驶。

车路协同方面，边缘服务器分析交通流量，向车辆发送信号灯相位信息。车辆据此提前调整车速，减少停车等待，提升通行效率，助力缓解交通拥堵，推动城市交通智能化。

（3）智能家居

智能家居领域，语音助手的本地唤醒和家庭隐私保护备受关注。科大讯飞 XF1116 这类离线语音芯片，无须联网就能识别"Hey Siri"等唤醒词，用户可随时唤醒语音助手操控家居。智能门锁的人脸识别数据在本地处理，避免上传至云端导致泄露，保障家庭隐私安全，让用户使用更安心。

3.6.3　云边协同：分层算力网络

云计算是人工智能的"大脑"，提供无限算力但受限于延迟与隐私；边缘计算是人工智能的"神经末梢"，实现实时响应与数据本地化。

随着人工智能应用场景多样化，单纯依赖云计算或边缘计算已无法满足需求。云－边协同通过分层架构，平衡效率、成本与安全性，成为智能制造、自动驾驶、智慧城市等场景的核心支撑。"云－边－端"三级架构通过分层协同实现算力资源的最优分配，兼顾效率、成本与安全性。

1. "云－边－端"三级架构

表 3-3 给出了分层算力网络的"云－边－端"三级架构的具体内容。

表 3-3　分层算力网络的"云－边－端"三级架构

层级	核心功能	技术特征	典型硬件/技术
云端	全局模型训练 长期数据存储与分析 复杂任务调度	高算力集中 弹性扩展 多租户服务	AWS EC2 GPU 集群 Google TPU Pods 阿里云 PAI
边缘端	实时推理 本地数据处理 隐私计算与联邦学习	低延迟 轻量化模型 边缘自治	英伟达 Jetson 边缘服务器 华为 Atlas 500 AWS Outposts
终端设备	轻量级任务执行 数据采集与初步过滤	低功耗 微型模型 即时响应	手机 NPU（如苹果 A16 Bionic） ARM Cortex-M 芯片 TinyML 传感器

【伦理角】　算力鸿沟加剧了全球不平等。

【案例】　非洲国家因缺乏算力难以训练本土人工智能模型，依赖欧美技术输出。

【讨论】 思考算力是否应被视为"公共基础设施",技术垄断是否导致数字殖民。讨论以下问题:

- 发达国家是否有义务向低收入国家开放云计算资源?
- 如何避免人工智能技术扩大全球南北差距?

2. 典型应用场景

（1）智能制造

在工业智能化转型进程中,西门子安贝格工厂采用"云－边－端"协同模式,成效显著。边缘设备实时采集设备运行数据并初步分析,关键数据上传至云端进行深度挖掘。借助这些数据分析,工厂实现设备预测性维护,提前预警故障。最终,故障停机时间减少 40%,产能提升 20%,既降本又增效,为其他制造企业智能化升级提供了宝贵经验。"云－边－端"三级架构为:

边缘端任务:在工厂车间部署边缘服务器,运行 AI 预测模型,实时分析设备振动、温度数据,预测故障（准确率 >95%）。机械臂通过本地 ROS 系统实现毫米级运动控制,延迟 <5 ms。

云端任务:聚合全厂设备数据,利用 AI 算法优化生产排程,降低能耗 10%~15%。将云端训练的故障预测模型压缩后下发至边缘端。

终端设备角色:工业传感器仅执行数据采集与异常阈值判断（如温度超限立即报警）。

（2）智慧城市

杭州在智慧城市建设中,借助城市大脑的"云－边－端"架构优化交通。边缘端设备收集交通实时数据并初步处理,关键数据传至云端深度分析建模,实现信号灯动态优化。这让主干道平均车速提升 15%,拥堵指数下降 9%,缓解了交通压力,为其他城市提供参考。"云－边－端"三级架构如下:

边缘端任务:路侧边缘服务器部署 AI 模型,实时识别闯红灯、压线等行为（准确率达 98%）,仅上传违规车牌与时间戳。根据车流量动态调整单个路口的绿灯时长,响应时间 <100 ms。

云端任务:整合全市交通流量数据,利用 AI 算法优化红绿灯协同策略,使得高峰期通行效率提升 30%。存储历史交通数据用于长期分析（如城市规划）。

终端设备角色:车载单元实时上报位置信息,支持车路协同通信。

本 章 小 结

本章主要介绍了计算工具的发展历史,解析了图灵机和冯·诺依曼两种计算机模型,详细讲解了现代计算机的软硬件系统,介绍了云计算和边缘计算,剖析了实现人工智能的"云－边－端"三级架构的分层算力网络。学习完本章,读者应能知道一台完整的计算机由硬件和软件两大部分组成,而大多人工智能应用则需要"云－边－端"三级架构组成的强大的算力资源。

习　　题

参考答案

一、单选题

1. (　　　)是现代通用计算机的雏形。
    A. 宾州大学于 1946 年 2 月研制成功的 ENIAC
    B. 查尔斯·巴贝奇于 1934 年设计的分析机
    C. 冯·诺依曼和他的同事们研制的 EDVAC
    D. 艾伦·图灵建立的图灵机模型

2. 计算机科学的奠基人是(　　　)。
    A. 查尔斯·巴贝奇　　　　　　　　B. 图灵
    C. 阿塔诺索夫　　　　　　　　　　D. 冯·诺依曼

3. 在计算机运行时,把程序和数据一样存放在内存中,这是 1946 年由(　　　)领导的小组正式提出并论证的。
    A. 图灵　　　　　　B. 布尔　　　　　　C. 冯·诺依曼　　　　D. 爱因斯坦

4. 下列说法中,错误的是(　　　)。
    A. 现代计算机的功能不可能超越图灵机
    B. 图灵机不可以计算的问题现代计算机也不能计算
    C. 图灵机是真空管机器
    D. 只有图灵机能解决的计算问题,实际计算机才能解决

5. (　　　)第一台数字电子计算机 ENIAC 在美国诞生。
    A. 1945 年　　　　B. 1946 年　　　　C. 1947 年　　　　D. 1948 年

6. 第一款商用计算机是(　　　)计算机。
    A. ENIAC　　　　　B. EDVAC　　　　C. MARK I　　　　D. UNIVAC

7. 1971 年 Intel 公司的 M. E. Hoff 工程师制成了世界上第一片(　　　)微处理器。
    A. 2 位　　　　　　B. 4 位　　　　　　C. 6 位　　　　　　D. 8 位

8. 计算机的机器指令一般由两部分组成,它们是(　　　)和操作数。
    A. 计数码　　　　　B. 补码　　　　　C. 操作码　　　　　D. 地址码

9. 计算机指令中规定指令执行功能的部分为(　　　)。
    A. 操作码　　　　　B. 地址码　　　　C. 操作数　　　　　D. 目标地址

10. 人们根据特定的需要,预先为计算机编制的指令序列称为(　　　)。
    A. 软件　　　　　　B. 文件　　　　　C. 指令集　　　　　D. 程序

11. 一种计算机所能识别并能运行的全部指令集合,称为该种计算机的(　　　)。
    A. 程序　　　　　　B. 二进制代码　　C. 软件　　　　　　D. 指令系统

12. 计算机的基本组成包括(　　　)。

    A. 中央处理器 CPU、主机板、电源和输入输出设备

    B. 中央处理器 CPU、内存、输入输出设备

    C. 中央处理器 CPU、硬盘和软盘、显示器和电源

    D. 中央处理器 CPU、存储器、输入输出设备

13. CPU 即中央处理器,包括(　　　)。

    A. 内存和外存　　　　　　　　　　B. 运算器和控制器

    C. 控制器和存储器　　　　　　　　D. 运算器和存储器

14. CPU 中的控制器由程序计数器、(　　　)、指令译码器、时序和微操作控制电路等组成。

    A. 累加器　　　　　B. 指令寄存器　　　　C. 运算器　　　　　D. 存储器

15. 下列计算机中有关 ALU 的描述中,正确的是(　　　)。

    A. 只做算术运算,不做逻辑运算　　B. 只做加法

    C. 能存放运算结果　　　　　　　　D. 以上答案都不正确

16. 计算机执行指令的过程分四个步骤,下列(　　　)步骤不属于该过程。

    A. 分析指令　　　　　　　　　　　B. 取指令

    C. 判断指令执行时间　　　　　　　D. 执行指令

17. 微机内存容量的基本单位是(　　　)。

    A. 字符　　　　　　B. 字节　　　　　　C. 二进制位　　　　D. 扇区

18. 微型计算机的内存是以字节(byte)为存储单位组成,每个字节有唯一的编码,称该编码为(　　　)。

    A. 机内代码　　　　B. 指令　　　　　　C. ASCII 码　　　　D. 地址

19. 以下描述中,不正确的是(　　　)。

    A. 内存与外存的区别在于内存是临时性的,而外存是永久性的

    B. 内存与外存的区别在于外存是临时性的,而内存是永久性的

    C. 平时说的内存是指 RAM

    D. 从输入设备输入的数据直接存放在内存

20. 计算机中能直接被 CPU 存取的信息是存放在(　　　)中。

    A. 软盘　　　　　　B. 硬盘　　　　　　C. 光盘　　　　　　D. 内存

21. 计算机断电或重新启动后,(　　　)中的信息丢失。

    A. CD-ROM　　　　　　　　　　　　B. RAM

    C. 光盘　　　　　　　　　　　　　D. 已存放在硬盘

22. 下面关于 ROM 的说法中,不正确的是(　　　)。

    A. CPU 不能向 ROM 随机写入数据

    B. ROM 中的内容在断电后不会消失

    C. ROM 是只读存储器的英文缩写

    D. ROM 是只读的,所以它不是内存而是外存

23. 一个完整的计算机系统包括(　　　)。

    A. 计算机及其外部设备　　　　　　B. 主机、键盘、显示器

    C. 系统软件与应用软件　　　　　　D. 硬件系统与软件系统

24. 完整的微型计算机硬件系统一般包括外部设备和（　　　）。

　　A. 运算器和控制器　　　　　　　　B. 存储器

　　C. 主机　　　　　　　　　　　　　D. 中央处理器

25. 计算机的主机是指（　　　）。

　　A. 计算机的主机箱　　　　　　　　B. CPU 和内存储器

　　C. 运算器和控制器　　　　　　　　D. 运算器和输入输出设备

26. 计算机内的存储器呈现出一种层次结构的形式，即（　　　）三层结构。

　　A. Cache–Memory–Disk　　　　　　B. Memory–Cache–Disk

　　C. CPU–Cache–Disk　　　　　　　　D. CPU–Cache–Memory

27. 计算机多层次存储体系结构中存储容量最大的部分是（　　　）。

　　A. 内存储器　　　　B. 硬盘　　　　C. 光盘　　　　D. Cache

28. Cache 是介于（　　　）之间的一种可高速存取内容的芯片。

　　A. CPU 和数据总线　　　　　　　　B. CPU 和内存

　　C. 内存和硬盘　　　　　　　　　　D. CPU 和 BIOS

29. （　　　）不属于计算机的外部存储器。

　　A. 软盘　　　　　　B. 硬盘　　　　C. 内存条　　　　D. 光盘

30. 磁盘驱动器属于（　　　）设备。

　　A. 输入　　　　　　　　　　　　　B. 输出

　　C. 输入和输出　　　　　　　　　　D. 以上均不是

31. 计算机软件系统可分为（　　　）。

　　A. 程序和数据　　　　　　　　　　B. 操作系统和语言处理系统

　　C. 程序、数据和文档　　　　　　　D. 系统软件和应用软件

32. 系统软件中主要包括操作系统、语言处理程序和（　　　）。

　　A. 用户程序　　　　B. 实时程序　　　　C. 实用程序　　　　D. 编辑程序

33. 操作系统的主要功能是（　　　）。

　　A. 合理地管理计算机软硬件资源，提高计算机效率

　　B. 使用户使用的界面更漂亮

　　C. 使计算机更安全

　　D. 可以让用户方便地保存和删除文件

34. 以下说法较为全面的是，操作系统负责管理计算机的（　　　）。

　　A. 程序　　　　　　B. 功能　　　　C. 软硬件资源　　　　D. 进程

35. 在各类计算机操作系统中，分时系统是一种（　　　）。

　　A. 单用户批处理操作系统　　　　　B. 多用户批处理操作系统

　　C. 单用户交互式操作系统　　　　　D. 多用户交互式操作系统

36. 以下列出的软件中，不是系统软件的是（　　　）。

　　A. UNIX、Windows　　　　　　　　B. MS DOS、Linux

　　C. Windows、C++　　　　　　　　　D. Word、flash

37. 下列选项中，不属于微型计算机主要性能指标的是（　　　）。

　　A. CPU 字长　　　　B. 内存容量　　　　C. 分辨率　　　　D. 时钟频率

38. 下列存储器中,存取速度最快的是(　　　)。
    A. 软磁盘存储器　　B. 硬磁盘存储器　　C. 光盘存储器　　　D. 内存储器

39. 一般来说,迄今为止,将计算机的发展分为(　　　)个阶段。
    A. 2　　　　　　　　B. 3　　　　　　　　C. 4　　　　　　　　D. 5

40. 第一代计算机采用的物理器件是(　　　)。
    A. 电子管　　　　　　　　　　　B. 晶体管
    C. 集成电路　　　　　　　　　　D. 大规模集成电路

41. 第二代计算机采用的物理器件是(　　　)。
    A. 电子管　　　　　　　　　　　B. 晶体管
    C. 集成电路　　　　　　　　　　D. 大规模集成电路

42. 第三代计算机采用的物理器件是(　　　)。
    A. 电子管　　　　　　　　　　　B. 晶体管
    C. 集成电路　　　　　　　　　　D. 大规模集成电路

43. 第四代计算机采用的物理器件是(　　　)。
    A. 电子管　　　　　　　　　　　B. 晶体管
    C. 集成电路　　　　　　　　　　D. 大规模集成电路

44. 下列关于计算机的说法中,正确的是(　　　)。
    A. 巨型机只用于科学计算　　　　B. 大型机体积大
    C. 小型机体积小　　　　　　　　D. 微型计算机又称为个人计算机

45. 下列不属于微型计算机的是(　　　)。
    A. 台式计算机　　　　　　　　　B. 笔记本计算机
    C. 超便携个人计算机　　　　　　D. 工作站

46. 计算机当前已应用于各种领域,而计算机最早的设计是针对(　　　)。
    A. 数据处理　　　B. 科学计算　　　C. 辅助设计　　　D. 过程控制

47. 在教学中利用计算机软件给学生演示教学内容,这种信息技术应用属于(　　　)。
    A. 数据处理　　　B. 辅助教学　　　C. 自动控制　　　D. 辅助设计

48. CAE 是目前发展迅速的应用领域之一,其含义是(　　　)。
    A. 计算机辅助设计　　　　　　　B. 计算机辅助教育
    C. 计算机辅助工程　　　　　　　D. 计算机辅助制造

49. 对有关数据加以分类、统计、分析,这属于计算机在(　　　)方面的应用。
    A. 数值计算　　　　　　　　　　B. 辅助设计
    C. 数据处理　　　　　　　　　　D. 实时控制

50. 数控机床是计算机在(　　　)方面的应用。
    A. 数据处理　　　　　　　　　　B. 人工智能
    C. 辅助设计　　　　　　　　　　D. 实时控制

51. 云计算的核心定义是(　　　)。
    A. 本地计算机通过硬件升级实现高性能计算
    B. 通过网络按需提供可配置的共享计算资源(如服务器、存储、软件)

C. 分布式计算的一种形式,仅用于科学研究

D. 一种新型计算机硬件架构

52. 以下选项中,是云计算"按需自助服务"的核心体现的是(　　)。

A. 企业向云服务商提交工单申请扩容

B. 用户通过控制台实时开通 100 台虚拟机

C. 服务商定期推送资源使用报告

D. 本地服务器通过 VPN 接入云端

53. "资源池化"的典型表现是(　　)。

A. 企业专属服务器集群　　　　　　B. 云端虚拟机与物理机一一对应

C. 多租户共享底层存储资源　　　　D. 按小时计费的 GPU 实例

54. 用户通过浏览器使用腾讯云的在线 CRM 系统,属于(　　)云计算服务模式。

A. IaaS(基础设施即服务)　　　　B. PaaS(平台即服务)

C. SaaS(软件即服务)　　　　　　D. DaaS(数据即服务)

55. 一家创业公司需要在云端部署自己的应用程序,但不想自己管理服务器、存储等底层基础设施,希望云服务提供商能提供一个平台,让他们可以在上面轻松部署和运行应用程序,并且能方便地进行扩展和维护。该创业公司适合选择(　　)云计算服务模式。

A. IaaS　　　　　　　　　　　　B. PaaS

C. SaaS　　　　　　　　　　　　D. 以上都不是

56. 边缘计算的核心概念是将计算和数据存储从(　　)向网络边缘的设备或服务器迁移。

A. 云端　　　　　　　　　　　　B. 本地服务器

C. 用户终端　　　　　　　　　　D. 数据中心

57. 以下关于边缘计算的描述中,正确的是(　　)。

A. 边缘计算是一种完全替代云计算的技术

B. 边缘计算只在工业领域有应用

C. 边缘计算将计算资源下沉到靠近终端设备的地方

D. 边缘计算不需要网络连接

58. 边缘计算的主要特点之一是低延迟,这是因为(　　)。

A. 边缘设备的计算速度比云端快

B. 数据在边缘设备本地处理,减少了数据传输到云端的时间

C. 边缘设备使用了特殊的网络协议

D. 边缘计算不需要进行数据处理

59. 边缘计算能够减轻网络带宽压力,是因为(　　)。

A. 边缘设备会压缩所有数据

B. 大量数据在边缘进行处理和过滤,只有必要的数据才会传输到云端

C. 边缘计算使用了更高效的网络传输技术

D. 边缘设备减少了与其他设备的通信

60. 以下关于"云 - 边 - 端"三级架构的描述中,正确的是(   )。

    A. "端"设备主要负责大规模数据的存储和复杂计算

    B. "边"节点的计算能力通常比"云"平台更强

    C. "云 - 边 - 端"架构中,"边"节点起到连接"云"和"端"的桥梁作用,主要负责对"端"设备数据的简单处理和缓存

    D. "云 - 边 - 端"架构中,"云"平台不再需要承担数据处理任务

二、简答题

1. 简述图灵机模型的组成与基本思想。

2. 简述冯·诺依曼机的基本结构和主要思想。

3. 计算机系统包括哪两部分?

4. 简述计算机硬件系统的组成部分。

5. 简述计算机软件系统的分类。

6. 如果你准备购买计算机,你主要考虑的性能指标是什么?

7. 划分计算机的标准一般是什么? 计算机一般分为几代?

8. 简述云计算在 AI 应用中的主要作用。

9. 简述边缘计算在 AI 应用中的优势体现在哪些方面。

10. 简述云边协同的关键优势有哪些。

第4章　软件开发与人工智能语言 Python

教学课件

工欲善其事，必先利其器。

——《论语·卫灵公》①

【导读】

计算机问世后，其应用领域逐渐扩大。随着硬件的不断发展，所需的程序越来越复杂，于是开发者提出了软件的概念。如果用公式来描述，软件＝程序＋数据＋文档。

软件开发是一种组织良好、管理严密、协同配合的工程项目，必须采用"工程化的开发方法"的思想，否则会导致资金和人员的严重浪费。

程序设计语言是用于书写计算机程序的语言。要编写程序就必须使用程序设计语言。Python 是一门易于学习、功能强大的编程语言，具有语法清晰、代码简洁、易读性高的特点，非常适合初学者学习。

【教学要求】

知识点	教学要求		
	了解	理解	掌握
4.1　软件与软件开发	✓		
4.2　程序设计语言			✓
4.3　Python 语言基础			✓
4.4　Python 程序的控制结构			✓
4.5　Python 的复合数据类型		✓	
4.6　Python 函数初探			✓
*4.7　Python 中的模块		✓	

---

① 此句出自《论语·卫灵公》，是孔子与其弟子子贡的对话内容。"工"指工匠、手艺人，如木匠、铁匠等从事具体技艺的人，"其事"指工匠的本职工作，"其器"指工匠使用的工具。此句的含义是：工匠想要把他的工作做好，一定要先让工具锋利。

4.1 软件与软件开发

4.1.1 软件概述

计算机问世后,开始只为军事服务,后来转为民用,但是普通人是无法使用的,因为没有合适的软件,无法方便地操作计算机;后来安装了操作系统,虽可以操作了,但是很烦琐,得专业人士才能记住那些命令;再后来为普通用户开发了带有界面的软件,普通人也可以直观地操作,计算机才推广开来。因此,软件是计算机的核心交互接口,其的出现计算机的易用性和用户满意度。

计算机发展的早期,还没有"软件"这个名词,如果想让计算机执行任务就是单纯的编写程序。然而随着硬件的不断发展,需要的程序越来越复杂,代码行越来越多,那种小作坊式的开发方式已经无法跟上硬件的脚步,于是开发者开始寻找新的开发方式,除了将程序本身模块化外,相关的文档说明开始被重视起来,就有了软件的概念。

软件(software)是计算机系统中与硬件相互依存的另一部分,包括程序、数据和相关文档的完整集合。程序指开发人员根据用户需求开发的、用程序语言描述的、适合计算机执行的指令序列;数据是使程序能正常操纵信息的数据结构;文档是与程序的开发、维护和使用有关的图文资料,其关系如图4-1所示。

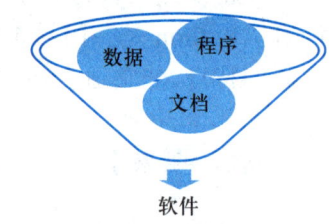

图4-1 软件基本构成

【科普知识】 微软(Microsoft)的创建:1974年冬天,市场上出现了个人计算机Altair 8800。但是,由于缺乏相应软件的支持,Altair 8800在当时没有多大的实际用途。比尔·盖茨(Bill Gates)和保罗·艾伦(Paul Allen)敏锐地注意到了个人电脑的前途,自告奋勇地为Altair 8800开发软件。经过夜以继日的苦战,盖茨和艾伦编写出可在Altair 8800上运行的第一个BASIC编译器并将其出售给Altair 8800的开发商MITS公司。在BASIC软件成功的鼓舞下,比尔·盖茨于1975年4月在新墨西哥州的阿尔伯克基创建了微软(Microsoft)公司。"Microsoft"一词由"Microcomputer"和"Software"两部分组成。其中,"Micro"的来源是Microcomputer"微型计算机",而"Soft"则是Software"软件"的缩写。[1]

4.1.2 软件开发

软件开发是根据用户要求构建出软件系统或者系统中的软件部分的过程。软件是一种逻辑实体,一种具备知识性的产品,是对物理世界的一种抽象,同时又是一种

---

[1] 摘自百度百科词条"微软公司"和《计算机史话》(黄俊明、顾浩,等编著)。

人脑智力成果的总结,因此,软件的开发过程非常复杂。

1. 软件危机

20 世纪 60 年代末 70 年代初,由于计算机硬件技术的进步,计算机运行速度、容量、可靠性显著提升,生产成本大幅下降,这为计算机的广泛应用创造了条件。一些复杂的、大型的软件开发项目随之被提出。然而,软件开发技术的进步一直未能满足发展的要求。在软件开发中遇到的问题总是找不到解决的方法,问题积累起来形成了尖锐的矛盾,最终导致了危机的出现。人们把这种落后的软件生产方式无法满足迅速增长的计算机软件需求,从而导致软件开发与维护过程中出现一系列严重问题的现象称为软件危机。软件危机的具体表现如下:

① 经费预算经常突破,完成时间一再拖延。由于缺乏软件开发的经验和对软件开发数据的收集积累,使得开发工作的计划很难制定。主观盲目制定计划,执行起来与实际情况有很大差距,同时由于对工作量和开发难度估计不足,开发进度无法按时完成,开发时间一再拖延。

② 开发的软件不能满足用户需求。开发初期,软件开发人员对用户的需求了解不明确,未能得到用户的真实意图。开发工作开始后,开发人员和用户也未能及时交换意见,一些问题总是不能及时解决,导致开发的软件不能满足用户的需求。

③ 开发的软件可维护性差。开发过程没有统一的、公认的规范,软件开发人员按各自的风格工作,各行其是,开发过程无完整、规范的文档,发现问题后进行的修改也杂乱无章。程序结构不好,运行时发现错误也很难修改,导致软件的可维护性变低。

④ 开发的软件可靠性差。由于在开发过程中,没有确保软件质量的体系和措施,在软件测试时,又没有严格的测试流程,测试不充分导致提交给用户的软件质量差,在运行中暴露出大量的问题。

【科普知识】　软件危机案例:

案例 1:IBM 公司的 OS/360 系统,共有 100 万条指令,花费了 5 000 个人力资源;花费经费达数亿美元,而结果却令人沮丧,错误多达 2 000 个以上,系统根本无法正常运行。OS/360 系统的负责人佛瑞德·布鲁克斯在《人月神话》这本书中这样描述开发过程的困难和混乱:"……像巨兽在泥潭中做垂死挣扎,挣扎得越猛,泥浆就沾得越多,最后没有一个野兽能够逃脱淹没在泥潭中的命运。"[1]

案例 2:1995 年,Standish Group 以美国境内 8 000 个软件项目作为调查样本进行调查,调查结果显示,有 84% 软件计划无法于既定时间、经费中完成,超过 30% 的项目于运行中被取消,项目预算平均超出 189%。[2]

2. 软件工程

软件危机使软件工作者逐渐意识到,软件开发是一种组织良好、管理严密、协同配合的工程项目,因此有人提出了用"工程化的开发方法开发软件"的思想。1968 年秋季,北大西洋公约组织的科技委员会召开了一次会议,在此次会议上提出了软件工

---

① 案例摘自《人月神话》([美]小弗雷德里克·布鲁克斯．著,汪颖,译)。

② 案例摘自百度百科词条"软件危机"。

程的概念。软件工程是一门研究如何通过工程化方法构建和维护有效、实用、高质量软件的学科。

软件工程三要素包括：方法、工具和过程。方法是指完成软件开发的各项任务的技术方法，为软件开发提供"如何做"的技术；工具是指为运用方法而提供的自动的或半自动的软件工程的支撑环境；过程是指为了获得高质量的软件所需要完成的一系列任务的框架。

【伦理角】 代码开源与商业利益的矛盾。

【案例】 OpenAI 从开源转向闭源，被质疑背离技术普惠初衷。

【讨论】 思考开源是否阻碍企业创新动力，知识共享与技术壁垒如何取舍。讨论以下问题：

- 开源社区开发者是否应获得企业盈利分成？
- 如何防止开源代码被用于开发武器或监控工具？

4.1.3 计算思维与问题求解

1. 计算思维

自 20 世纪 40 年代电子计算机发明后，计算机的运算速度越来越快，运算精度越来越高，逻辑运算能力越来越强，自动化的程度也越来越高，人类社会大部分复杂问题都可以通过计算机来解决，计算机和计算机科学也为其他学科的问题求解提供了新的途径和方法。运用计算方法求解问题的思维活动被称为计算思维。

周以真教授认为，计算思维是运用计算机科学的基础概念进行问题求解、系统设计，以及人类行为理解等涵盖计算机科学之广度的一系列思维活动。计算思维是人的一种思维方式，最终目的是人将计算思维的思想赋予计算机，利用计算机求解实际问题。现今计算思维已经渗透到各学科，成为推动各学科发展的主要动力。而随着计算机的应用领域愈加广泛，计算思维的普适性程度越来越高，对人们的工作和生活也起着举足轻重的作用。

那么计算思维具体如何体现呢？我们以一个简单实例来说明什么是计算思维。

【例 4-1】 百元买百鸡问题：鸡翁一，值钱五；鸡母一，值钱三；鸡雏三，值钱一。百钱买百鸡，问鸡翁、母、雏各几何？

【解析】 这是我国古典数学著作《张丘建算经》的一道有趣的数学问题，意思是公鸡一只五块钱，母鸡一只三块钱，小鸡三只一块钱，现在要用一百块钱买一百只鸡，问公鸡、母鸡、小鸡各多少只？

在采用计算思维的方式求解例 4-1 问题时，具体思维方式如下：

（1）抽象（abstraction）

计算思维中的抽象完全超越物理的时空观，完全使用符号来表示。设 x、y 和 z 分别表示公鸡、母鸡和小鸡的个数。x、y 和 z 有什么关系呢？可以将其关系抽象为如下方程组：

$$\begin{cases} x+y+z=100 \\ 5x+3y+z/3=100 \end{cases} \qquad \begin{cases} 0\leqslant x\leqslant 20 \\ 0\leqslant y\leqslant 33 \\ 0\leqslant z\leqslant 100 \end{cases}$$

（2）自动化（automation）

将百元买百鸡问题抽象为方程问题时，问题就变成了一个数学问题。如果按照理论思维的方式求解，那么问题变成了一个应用数学知识的解方程问题。如果继续按照计算思维的问题求解，则需要转化为机械的一步一步的自动执行过程。因此，计算思维的目标是自动化。

上述方程如何转化为自动化的机械过程呢？自动化步骤可如下描述：

1. 循环变量 x 从 0~20 重复执行下述操作。

　　1.1　循环变量 y 从 0~33 重复执行下述操作。

　　　　1.1.1　求 $z=100-x-y$

　　　　1.1.2　如果 $5x+3y+z/3$ 等于 100，则输出 x、y 和 z 的值。

　　　　1.1.3　y 增加 1

　　1.2　x 增加 1。

由此可见，计算思维的本质是抽象和自动化，是一种思想，是人的一种思维方式，也是人类求解问题的一种方法和途径。

计算思维的过程可以由人来执行，比如，人们生活中书写菜谱即为计算思维，可以由人来一步一步执行的。自从拥有计算机这个"超算"工具之后，人们便趋向于利用计算机解决生活和工作中的近乎所有问题，此时，计算思维则是由计算机一步一步执行的。

【科普知识】　数学是我国古代科学的一门重要学科，其发展源远流长。新石器时期的陶器上面的各种几何图案代表了古代数学思想的萌芽，甲骨文中也出现了用来计数的文字。随着时间的流逝，人们逐渐学会使用算筹等数学工具，学会了四则运算。到了秦汉时期，开始出现数学方面的专著，我国古代的数学知识逐渐形成了自己的理论体系，到了隋唐时期，数学被政府设立为一门科目，统一制定了学科教科书，一共 10 种，后世被称为"算经十书"。[①]

2. 计算机问题求解的一般过程

在没有使用计算机之前，人类如何解决实际问题呢？首先观察、分析问题，收集必要的信息，然后根据已有的知识、经验进行判断、推理，尝试按照一定的方法和步骤解决问题。那么，人在利用计算机进行问题求解又有何不同呢？

20 世纪发明的计算机为人类问题求解提供了一种崭新的方法——计算思维。生活或工作中，利用计算机求解各种各样的问题时，都是应用计算思维，模仿人脑解决问题。一般可以分为分析问题、设计算法、编写程序、调试程序四个步骤，其中，前两个步骤可以在机外完成，后两个步骤需要在机内完成，如图 4-2 所示。

---

① 摘自百度百科词条"古代数学"。

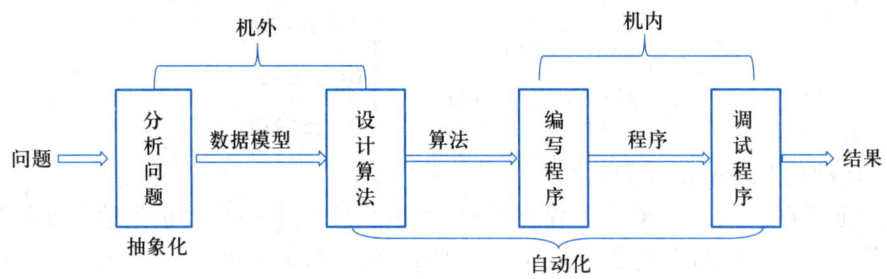

图 4-2　计算机问题求解的一般过程

4.2　程序设计语言

程序设计语言（programming languge）是用于书写计算机程序的语言，也称为编程语言。对于计算机而言，要编写程序就必须使用程序设计语言。

4.2.1　软件与程序的关系

软件是包含程序的集合体，程序是软件的必要元素。程序（Program）是为解决某一特定问题而设计的指令序列。如果用公式来描述，那么软件=程序+数据+文档。

任何软件都有可运行的程序，至少一个。比如，操作系统提供的工具软件，很多只有一个可运行程序。而 Office 是一个办公软件包，却包含了多个可运行程序。软件是为了完成特定的功能，解决特定的问题而用计算机语言编写的命令序列集合，也可以理解为应用程序的集合。而程序是软件的一个组成部分，它是软件的必要元素，是软件的子集。程序强调"序"，即有序执行的指令序列；软件强调"件"，即多个程序的集合。

4.2.2　程序设计语言的发展

从第一台计算机问世以来，计算机硬件技术获得了飞速发展，与之相适应，作为软件开发工具的程序设计语言经历了机器语言、汇编语言、高级语言等几个阶段的发展变化。

【例 4-2】　假设要让计算机实现 C=5+6 的运算，采用机器语言、汇编语言和高级语言各如何编程实现呢？

1. 机器语言

计算机发明初期，使用机器语言进行编程。机器语言是用二进制代码表示的、计算机能直接识别和执行的**机器指令**集合。每台计算机有其自己的机器语言，这种机器语言由 0 和 1 的字符串组成。

用机器语言编写的程序被称为机器码（machine code）。机器码是处理器唯一能直接执行的程序,其他程序需要经过汇编、编译等操作转化为机器码才能够由处理器执行。因此,机器语言具有灵活、执行速度快等优点。

采用机器语言如何编写程序实现 C = 5+ 6 的运算呢? 假设指令字长为 24 位,其中操作码为 8 位,地址码为 16 位。由前文可知,计算机工作时,程序和数据都保留在内存中。假设整数 5 和整数 6 存储在内存单元 A:(0001 0001 0000 0000)$_2$ 和 B:(0001 0001 0000 0011)$_2$ 中,相加结果需要保存在内存单元 C:(0001 0001 0000 0110)$_2$ 中。完成这个过程需要 3 条机器指令(加粗部分为指令的操作码),机器语言程序如下:

0000 0001 0001 0001 0000 0000(将地址 0001 0001 0000 0000 中的 5 存入运算器)

0000 0011 0001 0001 0000 0011(加上地址 0001 0001 0000 0011 中的 6,结果存入运算器)

0000 0101 0001 0001 0000 0110(将运算器结果存入内存单元 0001 0001 0000 0110)

不难看出,用机器语言编写程序非常困难,因为记住这些二进制编码或者找出其中的一些错误都是非常头疼的事情。因此,机器语言的缺点也非常明显。

首先,机器语言编写的程序可读性差且容易出错,对程序员也不友好。其次,机器语言编写的程序可移植性差,完全依赖于机器指令集,如果两个机器的指令集不同,那么在一个机器上编写的程序可能无法在另一台机器上运行。

2. 汇编语言

汇编语言(assembly language,ASM)是在机器语言的基础上诞生的一门语言,它将每条机器指令或者操作码用助记符表示,这从一定程度上提高了代码的可读性,以及程序开发的效率。

采用汇编语言如何编写程序实现 C = 5+ 6 的运算呢? 前面已经给出简单计算机求解该问题的 3 条机器指令。通常每条机器指令都对应一条汇编指令,使用助记符代替机器指令的 0/1 串,所以该问题的汇编程序包含 3 条汇编指令,如下所示:

LOAD　　A(将内存单元 A 中的整数 5 调入运算器)

ADD　　　B(将内存单元 B 中的整数 6 和运算器中的内容相加,结果放入运算器中)

STORE　　C(将运算器中的内容存入内存单元 C 中)

很明显,汇编指令的可读性和可维护性要比机器指令好很多。但是,计算机能识别的语言只有机器语言,因此要想让汇编语言编写的程序在计算机中正确执行,需要先通过汇编器将汇编程序"翻译"成机器码,即上面这段汇编程序要通过汇编器翻译成前文的 3 条机器指令才能被计算机运行。汇编器正是 3.4 节所述的汇编语言的语言处理程序。

汇编语言具有体积小,运行速度快、可靠性高等优点。和机器语言一样,汇编语言依赖于计算机的指令系统,因此可移植性不高。另外,受其复杂性的限制,与高级语言相比,汇编语言的开发效率、可维护性较低。因此,随着各类高级语言出现,汇编语言的适用领域逐步减少。然而,在一些对于时效性要求很高的领域,如一些大型程序的核心模型以及工业控制等方面,汇编语言仍然被大量使用。

【科普知识】　汇编程序的开发与应用:1949 年 5 月,世界上第一台投入运行的存储程序式电子计算机电子延迟存储自动计算器(electronic delay storage automatic calculator,EDSAC)正式运行,EDSAC 将每条指令用一个单字母的助记符表示,并采用一个汇编器(assembler)将这些助记符翻译成相应的机器指令,这些单字母的助记符可视为现代汇编语言的雏形。1955 年,Stan Poley 为 IBM 650 开发了符号优化汇编程序(symbolic optimal assembly program,SOAP),这是真正意义上的第一个汇编程序。为 IBM 704 计算机开发的符号汇编程序(symbolic assembly program,SAP)是汇编程序发展中的一个重要里程碑,后续的汇编程序基本上都是以 SAP 为蓝本开发的,其主要特性至今未发生本质的变化。在高级语言出现之前,汇编语言一度得到广泛的使用,当时很多大型的程序,如 Lotus 1-2-3、IBM PC DOS 操作系统等,都是用汇编语言开发的。[1]

3. 高级语言

机器语言和汇编语言都是面向底层硬件,以内存和寄存器为中心的语言。程序员需要将实际的计算过程分解成一条条机器指令,这极大地增加了程序开发的复杂性,降低了程序开发的效率,也从一定程度上限制了程序的规模。当计算机语言发展到第三代时,就进入了"面向人类"的高级语言。

高级语言并不是特指某一种具体的语言,而是包括很多编程语言,如流行的 C、C++、C#、Java、Python、Lisp、Prolog 等,这些语言的语法、命令格式都不相同。高级语言主要是相对于汇编语言而言的,它是较接近自然语言和数学公式的编程语言,基本脱离了机器的硬件系统,用人们更易理解的方式编写程序。

采用高级语言如何编写程序实现 C=5+6 的运算呢? 这里以 Python 程序设计语言为例给出求解该问题的程序代码如下:

C= 5+6(计算 5+6,并将结果存入变量 C 对应的内存空间)

不难看出,高级语言更接近于人类的自然语言描述。

高级语言与计算机的硬件结构及指令系统无关,它有更强的表达能力,可方便地表示数据的运算和程序的控制结构,能更好地描述各种算法,而且容易学习掌握。

高级语言设计的程序称为源程序,如上面求解例 4-2 的 Python 程序就是源程序。但需要注意,计算机能识别的只有机器语言,因此用高级语言编写的源程序也需要经过专门的语言处理程序"翻译"成机器码才能在计算机上执行。"翻译"的方法有两种,一种是编译,另一种是解释。

编译是将源代码转换成目标代码的过程,如图 4-3 所示,编译方法是采用相应语言的编译程序,先把源程序编译成指定机型的机器语言目标程序,然后再把目标程序和各种标准库函数链接装配成完整的目标程序,在相应的机型上执行。通常,源程序是高级语言代码,目标程序是机器语言代码,执行编译的计算机程序称为编译器。

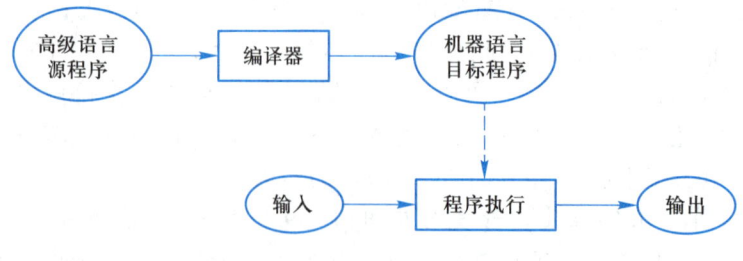

图 4-3　源程序编译执行过程

---

① 摘自《C 语言程序设计教程》(闫超,等著)。

解释是将源代码逐条转换成目标代码的同时,逐条运行目标代码的过程,如图 4-4 所示。执行解释的计算机程序称为解释器。

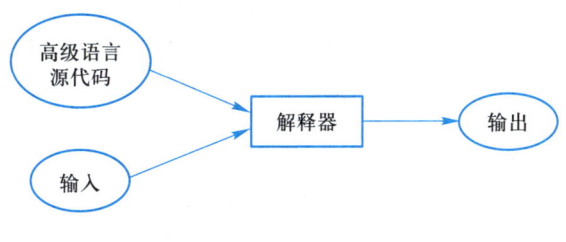

图 4-4　源程序解释执行过程

编译型与解释型,两者各有利弊。编译是一次性地翻译,一旦程序被编译,就不再需要编译程序和源代码,编译所产生的目标代码执行速度快,同等条件下对系统要求较低,因此像开发操作系统、大型应用程序、数据库系统等时都采用它,如 C、C++、Pascal 等都是编译型语言;而解释执行则需要保留源代码,程序纠错和维护十分方便,且源代码可以在任何平台上运行,可移植性好,一些像网页脚本、服务器脚本及辅助开发接口这样对速度要求不高、对不同系统平台间的兼容性有一定要求的程序则通常使用解释型语言,如 Python、JavaScript、VBScript、Perl、Ruby、MATLAB 等。

【科普知识】　第一种高级语言的出现:为了更高效地使用计算机,1954 年,第一个完全意义上的高级编程语言 FORTRAN 问世了,它完全脱离了特定机器的局限性,是第一个通用性的编程语言。虽然,高级编程语言编写的程序需要一些时间去翻译代码,从而降低了计算机的执行效率,但是实践证明,高级编程语言为工程师带来的便利远远大于降低的执行效率。从第一个编程语言问世到现今,共有几百种高级编程语言出现,很多语言成为了编程语言发展道路上的里程碑,影响很大,比如,BASIC、Java、C、C++、Python 等。[1]

4.2.3　Python 语言简介

Python 的创始人为荷兰人吉多·范罗苏姆(Guido van Rossum)。1989 年圣诞节期间,在阿姆斯特丹,Guido 为了打发圣诞节的无趣,决心开发一个新的脚本解释程序,作为 ABC 语言的一种继承。之所以会选择 Python 作为该编程语言的名字,是因为 Guido 是 Monty Python 戏剧团的忠实粉丝。

自 1991 年 Python 第一个公开发行版问世后,Python 从一名默默无闻的小卒开始快速成长,2020 年和 2021 年连续两年摘得 TIOBE "年度编程语言"桂冠。2023 年 2 月 TIOBE 排行榜显示,Python 依然占据第 1 名的位置,并且市场份额仍在持续提升,如图 4-5 所示。

Python 是一门易于学习、功能强大的编程语言,具有语法清晰、代码简洁、易读性高的特点,同时拥有强大的第三方库函数,例如,经典的科学计算扩展库:NumPy、

---

① 摘自百度百科词条"高级语言"。

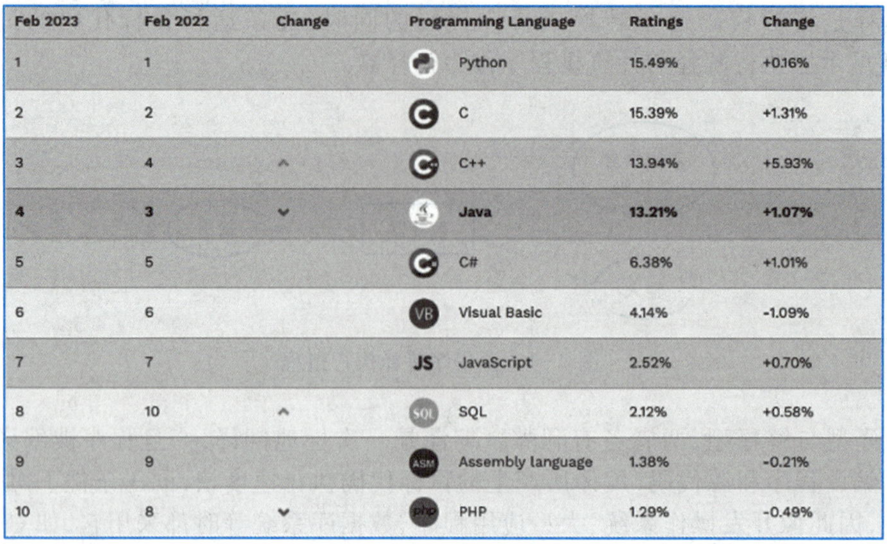

Feb 2023	Feb 2022	Change	Programming Language	Ratings	Change
1	1		Python	15.49%	+0.16%
2	2		C	15.39%	+1.31%
3	4	^	C++	13.94%	+5.93%
4	3	v	Java	13.21%	+1.07%
5	5		C#	6.38%	+1.01%
6	6		Visual Basic	4.14%	-1.09%
7	7		JavaScript	2.52%	+0.70%
8	10	^	SQL	2.12%	+0.58%
9	9		Assembly language	1.38%	-0.21%
10	8	v	PHP	1.29%	-0.49%

图 4-5　TIOBE 编程语言排行榜(2023 年 2 月)

SciPy 和 Matplotlib,它们分别为 Python 提供了快速数组处理、数值运算以及绘图功能,被广泛用于网络爬取、数据分析、可视化、人工智能等;另一方面,Python 既是一门解释型编程语言,又是面向对象的语言,其操作性和可移植性高,被广泛应用于数据挖掘、信息采集、网络安全、自动化测试、游戏开发等领域。

Python 发展到现在,发布了多个版本的解释器,可以在 Python 官网查看。截至目前,仍然保留并广泛使用的版本主要是 Python 2.x 和 Python 3.x,而且 Python 3.x 不再兼容 Python 2.x 程序。为了简单起见,本章中的程序代码使用 Python 3.8.8 进行测试,并使用 Python 安装包自带的 IDLE 工具进行程序编辑和运行。Python 解释器的安装详见实践教程,在此不再赘述。与本书配套的实践教程使用 PyCharm 集成开发环境进行程序编辑和测试。

4.3　Python 语言基础

【例 4-3】　改进例 4-2,从键盘输入任意两个整数,对这两个整数求和并输出结果的 Python 程序如何实现?

【解析】　结构化程序的逻辑顺序是输入数据、处理数据、输出数据。首先,使用内置的 input() 函数从键盘输入数据、int() 函数将输入的字符串转换为整数类型,定义两个变量 a、b 保存输入的整数;然后,应用算术运算符"+"对两个整数求和;最后,使用 print() 函数输出结果。程序代码如下:

```
1  # 程序功能:输入两个整数,求和并输出结果
2  a = int(input('请输入第一个整数:'))    # 读取键盘输入,转换为整数保存在变量 a 中
```

```
3  b = int(input('请输入第二个整数：'))    # 读取键盘输入,转换为整数保存在变量 b 中
4  c = a+b                              # 对整数 a 和整数 b 相加,结果保存在变量 c 中
5  print('和为 %d'%c)                    # 输出求和结果
```

该程序在 IDLE 中运行的结果如图 4-6 所示。

```
=================== RESTART: D:/PythonCode/ch3/ex3-2.py
请输入第一个整数:18
请输入第二个整数:22
和为40
```

图 4-6　例 4-3 的程序运行结果

该 Python 程序中应用了注释、变量、数据类型、运算符、输入输出函数等基础知识,本节将对这些基础知识进行讲解。

4.3.1　基本语法

1. 注释

注释可用于解释 Python 代码,用于提高代码的可读性,不会被程序执行。注释有两种形式:

(1) 单行注释:以 # 开头,# 右侧的文字为说明文字。建议在 # 后面先添加一个空格,再编写说明文字。注释可以单独一行,也可以跟在某行代码后面,比如,例 4-3 程序中就应用了多个单行注释。示例代码如下:

```
1  # 这是单行注释
2  print("Hello,World!")              # 输出 Hello,World!
```

(2) 多行注释:Python 实际上没有多行注释的语法。要添加多行注释,可以为每行插入一个 # 。或者用三重双引号(""")作为多行注释的开始和结束标志,因为 Python 将忽略未分配给变量的字符串文字。示例代码如下:

```
1  """
2  This is a comment
3  written in
4  more than just one line
5  """
6  print("Hello,World!")
```

2. 缩进

与其他语言中使用花括号 {} 来表示代码块不同,Python 最具特色的就是使用缩进来表示代码块。缩进的空格数量是可变的(建议使用 4 个空格或 1 个 tab 键),但是同一个代码块语句必须包含相同的缩进空格数量。示例代码如下:

```
1  if True:
2      print("Hello girl!")          # 缩进一个 tab 的占位
3  else:                             # 与 if 对齐
4      print("Hello boy!")           # 缩进一个 tab 的占位
```

Python 对代码的缩进要求非常严格,如果不采用合理的代码缩进,将抛出 SyntaxError 异常。示例代码如下:

```
1  if True:
2      print("Hello girl!")
3  else:
4      print("Hello boy!")
5    print("end")                    # 缩进不一致,运行会抛出异常
```

在 IDLE 中运行该段代码将会抛出异常,如图 4-7 所示。错误表明,该代码段中使用的缩进方式不一致,有的是 Tab 键缩进,有的是空格缩进,统一缩进方式即可。

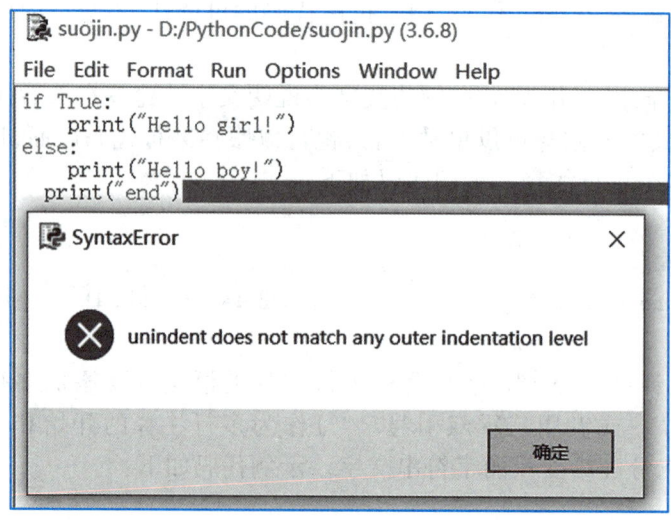

图 4-7　代码缩进不一致导致异常

3. 语句换行

Python 代码中一行只能有一个语句,以新行作为语句的结束符。但是可以使用斜杠(\)将一行的语句分为多行显示。示例代码如下:

```
1  num1 = 1
2  num2 = 2
3  num3 = 3
4  total = num1+\
5  num2+\
```

```
6   num3                      # 这三行是一条语句：total=num1+num2+num3
7   print(total)
```

需要注意的是，语句中包含 []、{} 或 () 就不需要使用多行连接符。示例代码如下：

```
1   days = ['Monday','Tuesday','Wednesday',
2           'Thursday','Friday']
3   print(days)
```

4.3.2　变量

　　程序中，数据都是临时存储在内存中，为了更快速地查找或使用这个数据，通常我们将这个数据存储到内存中后会定义一个名称，这个名称就是变量。变量是存放数据值的容器。与其他编程语言不同，Python 没有声明变量的命令，直接使用"="就可以定义变量并给变量赋值，值的类型决定了变量的类型。例 4-3 程序中的 a、b、c 就是三个变量。假设 a、b、c 三个变量定义在一个 64 KB 的内存中，那么它们可能被系统分配表示不同的存储空间，如图 4-8 所示（左侧数字为十六进制的内存地址）。每个存储空间可以存放不同数据，语法格式如下：

　　变量名 = 值

　　变量名自定义，可以使用短名称（如 a、b）或更具描述性的名称（如 age、car_name），但必须满足标识符命名规则，即：由数字、字母和下划线组成；不能数字开头；严格区分大小写；不能使用内置关键字。

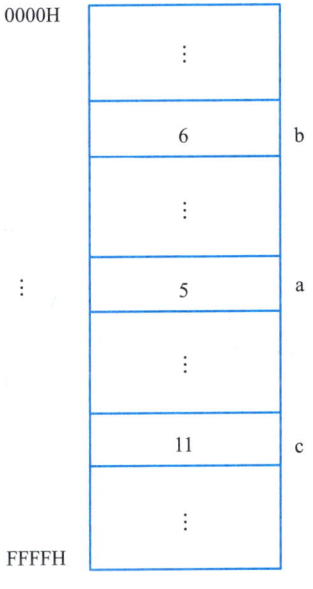

图 4-8　变量的内存示意图

　　关键字（也叫保留字）是 Python 语言中一些已经被赋予特定含义的单词。比如，if 在 Python 中用于条件判断语句（具体介绍见 4.4 节）。所以我们在开发程序的时候，就不可以将这些关键字作为变量、类、函数、模块和其他对象的名字来使用。Python 3.x 中的 35 个关键字如表 4-1 所示。

表 4-1　Python 关键字

名称	名称	名称	名称	名称	名称
False	None	True	and	as	assert
async	await	break	class	continue	def
del	elif	else	except	finally	for
from	global	if	import	in	is
lambda	nonlocal	not	or	pass	raise
return	try	while	with	yield	

　　"="被称为赋值运算符,用来把右侧的值传递给左侧的变量,那么,变量所表示的内存空间就被写入了不同的数据,体现为不同的数据类型,如图4-8中变量a处写入了数据5,变量b处写入了数据6,经过运算后,变量c处写入了数据11。

　　变量可以是不同数据类型,由值的类型决定。不同类型的变量值的表示方式不同,如整数10、浮点数15.5、字符串 'abc' 等(具体介绍见4.3.3节)。示例代码如下:

```
1  x=10                              # 变量 x 是整数类型,值为 10
2  y='Bill'                          # 变量 y 是字符串类型,值为 Bill
```

　　Python 允许在一行中为多个变量同时赋值,在"="的左边列出多个变量名,用","分隔,右边是对应的变量值。同时赋值的多个变量可以是同类型,也可以是不同类型。示例代码如下:

```
1  x, y, z='Orange', 5, 2.5          # 多变量 x、y、z 同时赋值为不同类型
2  print(x, y, z)                    # 在一行内输出 x、y、z 三个变量的值
```

4.3.3　基本数据类型

　　数据类型是计算机信息处理中用来规定数据取值范围、表达方式和运算方式的重要概念。变量可以存储不同类型的数据,比如,例4-3程序要求对两个整数求和,所以变量a、b、c均为整数类型,变量a和变量b存储待求和的整数,变量c存储求和结果。

　　Python 内置了多种数据类型,按照数据结构和用途分类,可以分为数值类型、布尔类型、空类型、序列类型、映射类型、集合类型等六种类型,如图4-9所示。

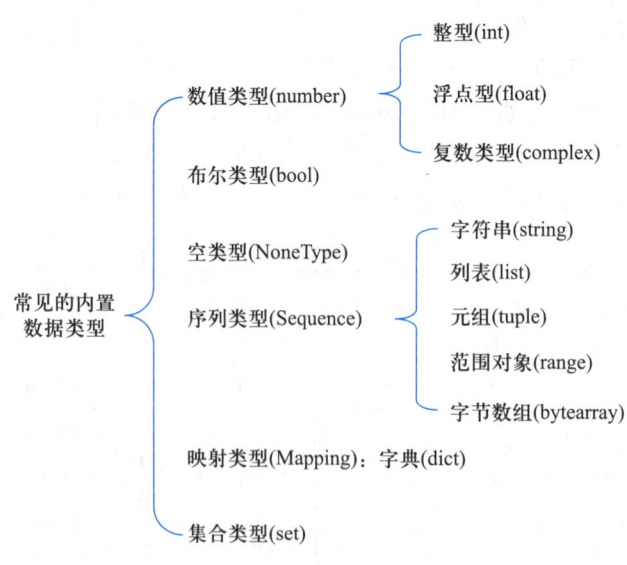

图 4-9　Python 数据类型及其分类

① 数值类型用于数学计算和表示数值,包括整数、浮点数和复数。

② 布尔类型只有两个值 True 和 False,用于逻辑判断和条件控制。

③ 空类型只有一个值 None,通常用于表示变量未赋值或函数没有返回值。

④ 序列类型是有序的数据集合,元素可以通过索引访问。

⑤ 集合类型是无序且元素唯一的数据集合,主要用于去重和集合运算。

⑥ 映射类型以键 - 值对形式存储数据,通过键来访问值,用于高效存储和查找数据。

本节介绍数值类型、布尔类型、空类型、字符串等基本数据类型,4.3.6 介绍其他复杂数据类型。

1. 数值类型

Python 中有三种数值类型:整型 int、浮点型 float 和复数类型 complex。

整型 int 就是通常说的整数,正数或负数均可,没有小数,长度不限。 如 10、123、-78 等。示例代码如下:

```
x = 10
y = 3721665454518218631 7
z = -465167846
# 输出变量的值及类型,type() 函数可验证 Python 中任何对象的类型
print(x, type(x))                    # 输出 10 <class 'int'>
print(y, type(y))                    # 输出 3721665454518218631 7 <class 'int'>
print(z, type(z))                    # 输出 -465167846 <class 'int'>
```

浮点型 float 就是通常说的实数,是包含小数的正数或负数。也可以是带有"e"或"E"的用科学计数法表示的数字,表示 10 的幂。如 3.14、-5.78、1.5e3 等。示例代码如下:

```
x1 = 3.50
x2 = 27e4
x3 = -49.8E100
print(x1, type(x1))                  # 输出 3.5 <class 'float'>
print(x2, type(x2))                  # 输出 270000.0 <class 'float'>
print(x3, type(x3))                  # 输出 -4.98e+101 <class 'float'>
```

复数类型 complex 用于表示数学中的复数,由实数部分 real 和虚数部分 imag 构成,用 "j" 作为虚部编写。实数部分和虚数部分都是浮点型。如 5+3j、-6.8j 等。也可以用内置函数 complex() 生成。示例代码如下:

```
x = 2+3.2j
y = 7j
z = complex(0,-7.8)
```

```
4   # 输出复数 x 的实数部分和虚数部分
5   print(x.real, x.imag)                   # 输出 2.0 3.2
6   # 输出复数的值及其类型
7   print(x, type(x))                       # 输出 (2+3.2j) <class 'complex'>
8   print(y, type(y))                       # 输出 7j <class 'complex'>
9   print(z, type(z))                       # 输出 (-7.8j) <class 'complex'>
```

2. 布尔类型

布尔型 bool 是只能表示"真"与"假"两种情况的类型。它只有两个取值：True 和 False，分别对应整型的 1 和 0。bool 类型是用于代表某个事情的真(对)或假(错)，如果这个事情是正确的，用 True(或 1)代表；如果这个事情是错误的，用 False(或 0)代表。示例代码如下：

```
1   print(8 > 7)                            # 表达式 8>7 为真,故输出 True
2   print(8 == 7)                           # 输出 False
3   print(8 < 7)                            # 输出 False
```

3. 空类型

空类型(NoneType)唯一的值是 None，表示空值或缺失值。在某些情况下，可能需要先定义一个变量但暂时还不知道要给它赋什么值，此时可以将其初始化为 None，例如：

```
1   name = None
```

4. 字符串

字符串(string)是由零个或多个字符组成的不可变序列，用于表示文本数据。

(1) 创建字符串

字符串的创建方式是使用定界符单引号、双引号或者三个引号。单引号和双引号的字符串是等效的，如 "hello" 等价于 'hello'。三个引号(""" 或 ''')可以表示多行字符串。在一种定界符内部的字符串中，不能再出现与定界符相同的符号。示例代码如下：

```
1   a = 'Hello'
2   b = "Let's go!"                         # 字符串中含有单引号,不能使用单引号定界
3   c = '''Hello.
4   Welcome to Python class!'''             # 多行字符串需使用三个引号(""" 或 ''')作为定界符
5   print(a, type(a))                       # 输出 Hello <class 'str'>
6   print(b)                                # 输出 Let's go!
7   print(c)                                # 输出 Hello.
8                                             Welcome to Python class!
```

字符串一旦创建，其内容就不能被修改。如果尝试修改字符串中的某个字符，会引发错误。例如：

```
1  str1 = "Hello"
2  str1[0] = 'h'                          # 这会报错
```

在字符串中还可以使用转义字符,这些转义字符通常以反斜杠(\)开始,其后跟着字符。"\"之后的字符将具有和原字符不一样的含义。Python常见的转义字符如表4-2所示。

表 4-2　Python 常见的转义字符

转义字符	说明
\n	换行符,将光标位置移到下一行开头
\r	回车符,将光标位置移到本行开头
\t	水平制表符,也即 Tab 键,一般相当于四个空格
\a	蜂鸣器响铃
\b	退格(Backspace),将光标位置移到前一列
\\	反斜线
\'	单引号
\"	双引号
\	行尾的续行符,即一行未完,转到下一行继续写

转义字符在书写形式上由多个字符组成,但 Python 将它们看作是一个字符,实现相应的转义功能。示例代码如下:

```
1   # 对前一个示例中的变量 b 和 c 的另一种等价实现(采用转义字符)
2   b = 'Let\'s go!'                    # 使用单引号定界时,字符串内容中含有的单
                                          引号需要转义
3   c = 'Hello.\n Welcome to Python class!'  # 转义字符 \n 实现换行
4   print(b,len(b))                    # 输出 Let's go! 9,b 中的 \' 是一个字符
5   print(c)
6   print('--------------------')
7   # 使用 \t 实现排版对齐
8   str1 = ' 网站 \t\t 域名 \t\t\t 年龄 \t\t 价值 '
9   str2 = 'C 语言中文网 \tc.biancheng.net\t\t8\t\t500W'
10  str3 = ' 百度 \t\twww.baidu.com\t\t20\t\t500000W'
11  print(str1)
12  print(str2)
13  print(str3)
```

该程序在 IDLE 中运行的结果如图 4-10 所示。

(2)常用操作

在 Python 中,字符串是一种序列类型。序列(sequence)是一组按顺序排列的元

```
====================== RESTART: D:/PythonCode/ch3/aa.py =========
Let's go! 9
Hello.
Welcome to Python class!
---------------------
网站            域名                    年龄         价值
C语言中文网       c.biancheng.net          8          500W
百度            www.baidu.com           20         500000W
```

图 4-10　转义字符示例的运行结果

素的集合,每个元素都有自己的索引(index,也称为下标),使用方括号([ ])来访问某索引位置的元素。序列的常用操作有以下几个:

① 索引访问。使用索引来获取序列中的特定元素。索引可正可负,正索引从 0 开始,从左往右访问;负索引从 −1 开始,从右往左访问。例如,str1="Python",str1[0] 返回 'P',str1[3] 返回 'h'。也可以使用负数索引,从字符串末尾开始计数,str1[−1] 返回 'n'。

② 切片操作。通过切片可以获取序列的子序列,语法为 sequence[start:stop:step]。start 是起始索引(包含),stop 是结束索引(不包含),step 是步长。例如,str1[1:4] 返回 'yth',str1[::2] 返回 'Pto'。

③ 拼接和重复。使用 + 运算符进行序列拼接,使用 * 运算符进行序列重复。例如,若有 str1="Hello" 和 str2="World" 则 str3=str1+" "+str2 的结果是 "Hello World",str2=str1 * 3 的结果是 "HelloHelloHello"。

④ 成员检测。使用 in 和 not in 运算符来检查某个元素是否存在于序列中,返回的结果是布尔值类型的 True 或者 False。例如,"P" in "Python" 的结果为 True,"Q" in "Python" 的结果为 False。

⑤ 常用计算。使用内置函数进行常规计算,如 len() 函数可以获取序列的长度,max() 和 min() 来获取元组中的最大和最小值等。例如,len("Hello") 的结果为 5。

字符串还有一些常用的操作函数如下:

a. 查找和替换:find() 方法用于查找子字符串在字符串中的位置,如果找到则返回子字符串的起始索引,否则返回 −1。例如,若有 str1="Hello World",则 str1.find("World") 返回 6。index() 方法与 find() 方法类似,区别之处在于,如果 index() 方法没有找到子字符串时,不会返回 −1,而是抛出异常。

replace() 方法用于替换字符串中的子字符串。例如,若有 str1="Hello World",则 str2=str1.replace("World", "Python") 的结果是 "Hello Python"。

b. 字符串转换:upper() 方法用于将字符串中的所有字母转换为大写。例如,若有 str1="hello",则 str1.upper() 返回 "HELLO"。

lower() 方法用于将字符串中的所有字母转换为小写。例如,若有 str1="HELLO",则 str1.lower() 返回 "hello"。

title() 方法用于将字符串中每个单词的首字母转换为大写。例如,若有 str1="hello world",则 str1.title() 返回 "Hello World"。

c. 去除空白字符:strip() 方法用于去除字符串首尾的空白字符。例如,若有 str1="Hello ",则 str1.strip() 返回 "Hello"。lstrip() 用于去除字符串左侧的空白字符,rstrip() 用于去除字符串右侧的空白字符。

d. 分割和连接：split() 方法用于根据指定的分隔符将字符串分割成列表。例如，若有 str1="Hello,World,Python"，则 str1.split(",") 返回 ['Hello', 'World', 'Python']。

join() 方法用于将列表中的字符串元素连接成一个字符串，使用指定的字符串作为分隔符。例如，若有 list1=['Hello', 'World', 'Python']，则 ",".join(list1) 返回 "Hello,World,Python"。

5. 范围对象

在 Python 中，范围对象（range）是一个用于表示不可变的整数序列的对象，是最简单的序列类型，常用于生成索引序列。范围对象一旦被创建，其元素序列是不可改变的，不支持修改、删除元素等操作。

范围对象的创建方式一般有以下三种方式：

① range(stop) 用于创建一个从 0 开始到 stop-1 的整数序列。例如，range(5) 可以生成序列 0,1,2,3,4。

② range(start, stop) 用于创建一个从 start 开始到 stop-1 的整数序列。例如，range(3,8) 可以生成序列 3,4,5,6,7。

③ range(start, stop, step) 用于创建一个从 start 开始，以 step 为步长，到 stop-1 的整数序列。例如，range(2,10,2) 可以生成序列 2,4,6,8。

6. 类型之间的转换

Python 是弱类型编程语言，在使用变量前不需要声明变量的类型，但在一些特定场景中，仍然需要用到类型转换。比如，例 4-3 从键盘输入整数，input() 函数接收用户输入的数据都视为字符串类型，此时就需要将字符串类型转换为整数类型（input() 函数的详细讲解见 4.3.5 节）。

在一个程序中，通常会有多种不同数据类型的变量，当它们之间需要进行运算时，就需要进行数据类型的转换。数据类型的转换有自动转换和强制转换两种。

① 自动转换：自动转换由解释器自动进行判断，如当整数与浮点数进行运算时，系统会事先将整数转换为浮点数，然后再进行运算，且运算结果为浮点数。

② 强制转换：除了由系统自动转换之外，程序员也可以通过数据类型转换函数将一种数据类型转换为其他数据类型。Python 中常用的数据类型转换函数如表 4-3 所示。

表 4-3　Python 中的数据类型转换函数

转换函数	说明	用法举例	转换结果
int(x [,base])	将 x 转换为一个整数，base 为进制数，默认十进制	int(3.6) int("18") int("0xa",16)	3 18 10
float(x)	将整数或字符串 x 转换成浮点数	float(3) float('3.14')	3.0 3.14
complex(real [,imag])	创建一个值为 real+imag*j 的复数或者将一个字符串或数转换为复数	complex(1,2) complex(3) complex("1+2j")	(1+2j) (3+0j) (1+2j)

续表

转换函数	说明	用法举例	转换结果
str(x)	将对象 x 转换为字符串	str(3.14) str(5>3)	'3.14' 'True'
bool(x)	将对象 x 转换为布尔类型，空串和数字 0 是 False，非空字符串和非 0 数字是 True	bool(0) bool('') bool(3.14) bool('0')	False False True True
list(s)	将序列 s 转换为一个列表	list('hello')	['h', 'e', 'l', 'l', 'o']

在实际应用中，通常需要根据数据的取值范围，为数据定义相应类型的变量，对其进行存储和处理。

【例 4-4】　现有一个学生：姓名"张三"，年龄 18 岁，是中共党员。请编写 Python 程序保存该学生的个人信息并输出。

【解析】　为学生的每个属性定义一个变量，注意分析各变量的数据类型：姓名为字符串类型，年龄为整数类型，是否中共党员为布尔类型。变量名尽量"见名知意"。程序代码如下：

```
1  name=" 张三 "                      # 姓名
2  age=18                            # 年龄
3  party_member=True                 # 是否党员
4  print(name, age, party_member)    # 输出所有变量的值
```

该程序在 IDLE 中运行的结果如图 4-11 所示。

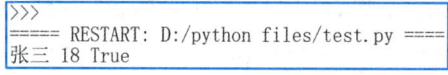

```
>>>
===== RESTART: D:/python files/test.py ====
张三 18 True
```

图 4-11　例 4-4 的程序运行结果

4.3.4　Python 表达式与常用运算符

计算机程序中的表达式与数学公式一样，都由运算符与操作数组成。例如，A=(B+C*2)/(D+30)*7 就是一个表达式，其中，=、+、* 和 / 符号称为运算符，变量 A、B、C、D 及常量 2、30、7 都属于操作数。

在 Python 中可以使用运算符对数据进行运算。常用的运算符有算术运算符、赋值运算符、比较运算符、逻辑运算符和成员运算符。

1.　算术运算符

算术运算符与数值一起使用来执行常见的数学运算。Python 中的算术运算符如表 4-4 所示。

表 4-4　Python 中的算术运算符

算术运算符	说明	用法举例	结果
+	两个数相加	12.45+15	27.45
−	两个数相减	4.56−0.26	4.3
*	两个数相乘	5*3.6	18.0
/	两个数相除	7/2	3.5
//	整除，即只保留商的整数部分	7//2	3
%	取余，即返回除法的余数，结果的正负由除数决定	7%−2	−1
**	幂运算 / 次方运算，即返回 x 的 y 次方	2**4	16，即 2^4

算术运算符的应用和数学中的规则相同，示例代码如下：

```
1   a=23.5
2   b=5
3   print(a+b)                       # 输出 28.5
4   print(a - b)                     # 输出 18.5
5   print(a * b)                     # 输出 117.5
6   print(a / b)                     # 输出 4.7
7   print(a // b)                    # 输出 4.0
8   print(a % b, a % -b, -a % b)     # 输出 3.5  -1.5  1.5
9   print(b ** 3)                    # 输出 125
10  print(32 ** (1 / 5))            # 输出 2.0，使用 ** 实现幂运算
```

取余运算 % 只有当除数是负数时，结果才是负数。需要注意，除法运算 /、// 和取余运算 % 中除数始终不能为 0，除以 0 是没有意义的，会导致 ZeroDivisionError 错误。

当"+"用于数字时表示加法，但是当"+"用于字符串或列表时，它还有拼接的作用（即将两个字符串或两个列表连接为一个）。"*"除了可以用作乘法运算，还可以用来重复字符串或列表，即将 n 个同样的字符串或列表连接成一个。示例代码如下：

```
1   name='hello'
2   count=4
3   print(name+' 出现了 '+str(count)+' 次 ')  # str() 函数将整型 count 转换成字符串后
                                                再拼接
4   print(name * count)
5   x1=[1,2,3,4]
6   x2=[5,6,7]
7   print(x1+x2)
8   print(x1*2)
```

该程序在 IDLE 中运行的结果如图 4-12 所示。

```
'`'`
===================== RESTART: D:/PythonCode/ch3/tu9.py
hello出现了4次
hellohellohellohello
[1, 2, 3, 4, 5, 6, 7]
[1, 2, 3, 4, 1, 2, 3, 4]
```

图 4-12　程序运行结果

2. 赋值运算符

赋值运算符"="用来把右侧的值传递给左侧的变量,前面的示例代码已经多次使用。"="还可与其他运算符相结合,扩展成为功能更加强大的赋值运算符。Python中的赋值运算符如表 4-5 所示。

表 4-5　Python 中的赋值运算符

赋值运算符	说明	用法举例	等价形式
=	最基本的赋值运算	x=y	x=y
+=	加赋值	x+=y	x=x+y
-=	减赋值	x-=y	x=x-y
*=	乘赋值	x*=y	x=x*y
/=	除赋值	x/=y	x=x/y
%=	取余数赋值	x%=y	x=x%y
**=	幂赋值	x**=y	x=x**y
//=	取整数赋值	x//=y	x=x//y

赋值运算符的应用示例代码如下:

```
1  n1=100
2  f1=25.5
3  n1 -= 80           # 等价于 n1=n1-80,n1 必须已赋值,运算后 n1=20
4  f1 *= n1 - 10      # 等价于 f1=f1*( n1 - 10 ),运算后 f1=255.0
5  s=str(1234)+'abc'  # 将数字 1234 转换成字符串拼接 'abc' 后赋给变量
6  a=b=c=10           # 连续赋值,a、b、c 三个变量的值都是 10
```

3. 比较运算符

比较运算符也称为关系运算符,用于对常量、变量或表达式的结果进行大小比较。如果这种比较是成立的,则返回 True,反之则返回 False。Python 支持的比较运算符如表 4-6 所示。

表 4-6　Python 中的比较运算符

比较运算符	说明
>	大于,如果 > 前面的值大于后面的值,则返回 True,否则返回 False
<	小于,如果 < 前面的值小于后面的值,则返回 True,否则返回 False
>=	大于或等于(等价于数学中的 ≥)

续表

比较运算符	说明
< =	小于或等于(等价于数学中的≤)
= =	等于,如果 == 两侧的值相等,则返回 True,否则返回 False
! =	不等于(等价于数学中的≠),如果 != 两侧的值不相等,则返回 True,否则返回 False

比较运算符不仅适用于数字类型的数据,还适用于布尔型、字符串、列表等各种类型的数据。布尔型的 True 比 False 大;字符串按位比较相应字符的 ASCII 码大小;列表则按顺序比较相应元素的大小。示例代码如下:

```
1  a=3
2  b=5
3  print(a>b)                    # 输出 False
4  print(a<=b)                   # 输出 True
5  print(a==b)                   # 输出 False
6  print(False<True)            # 输出 True
7  print('aec'>'abcd')          # 输出 True(因为第一位字符 'a' 相同,第二位字
                                      符 'e'>'b')
8  print([5,6,3]<[5,4,3,1])     # 输出 False(因为第一个元素相同,第二个元素 6>4)
```

4. 逻辑运算符

我们在高中数学中就学过逻辑运算,例如,p 为真命题,q 为假命题,那么"p 且 q"为假,"p 或 q"为真,"非 q"为真。Python 也有类似的逻辑运算。Python 支持的逻辑运算符如表 4-7 所示。

表 4-7　Python 中的逻辑运算符

逻辑运算符	基本格式	说明
and	a and b	逻辑与运算,当 a 和 b 两个表达式都为真时,结果才为真,否则为假
or	a or b	逻辑或运算,当 a 和 b 两个表达式有一个为真时,结果就为真,否则为假
not	not a	逻辑非运算,如果 a 为真,not a 的结果就为假;如果 a 为假,not a 的结果就为真。相当于对 a 取反

逻辑运算符一般与关系运算符结合使用,例如,14>6 and 45.6 > 90 的结果为 False,即不成立。并且 and 和 or 具有**逻辑短路**的特点,当连接多个表达式时只计算必须要计算的值。另外要注意的是,运算符 and 和 or 并不一定会返回 True 或 False,而是得到最后一个被计算的表达式的值,但是运算符 not 一定会返回 True 或 False。示例代码如下:

```
1  x=20
2  print(x>3 and x<10)            # 输出 False
3  print(x>3 or x<10)             # 输出 True,x>3 为 True,不需要计算后面表达式
4  print(not(x>3 and x<10))       # 输出 True
5  print(3 and 5)                 # 输出 5,得到最后一个计算的表达式的值
6  print(3 or 5)                  # 输出 3,3 为 True,不需要计算后面表达式
7  print(not 3)                   # 输出 False
```

5. 运算符优先级

一个表达式中往往包含了多种不同的运算符,运算符的优先级会决定程序执行的顺序,这对执行结果有很大的影响。在一个表达式中,Python 会按照优先级从高到低的顺序依次执行,相同优先级的则按从左到右的顺序执行。如果想要改变默认的执行顺序,则可以使用括号"( )"将需要优先执行的部分括起来。Python 中各种运算符的优先级如表 4-8 所示。

表 4-8　Python 运算符优先级

优先级	运算符	描述
1	**	幂运算
2	+、-	正号、负号
3	*、/、%、//	乘、除、取余数、整数除法
4	+、-	加法、减法
5	<=、<、>、>=	小于或等于、小于、大于、大于或等于
6	==、!=	等于、不等于
7	not	逻辑运算符
8	and	逻辑运算符
9	or	逻辑运算符
10	=、%=、/=、//=、-=、+=、*=、**=	赋值运算符

4.3.5　Python 数据的输入和输出

对于编程语言来说,数据的输入和输出如同人的眼睛和嘴巴,实现了信息的获取和传达。Python 的输入和输出既独特又容易理解。

1. 输入 input ()

Python 使用内置的 input() 函数来保存用户输入的信息。input() 的使用规则比较简单,在需要输入信息的时候只要给定一个变量名即可直接输入。其语法格式如下:

变量名 =input(< 提示字符串 >)

input() 函数首先输出提示字符串,然后等待用户通过键盘输入,直到用户按

Enter 键结束,函数返回用户输入的字符串(不包括最后的回车符),并赋值给左侧的变量。其中,提示字符串可以省略。注意,input 函数的返回值是一个字符串类型,哪怕输入的是一个数字 1,函数返回的也只会是字符串"1",而不是整数 1。示例代码如下:

```
1  name=input(' 请输入你的姓名 :')
2  age=input(' 请输入你的年龄:')
3  num=input(' 请输入你最喜欢的数字 :')
4  print(name+' 你好,你今年 '+age+' 岁了,你最喜欢的数字是 '+num+'!')
```

注意,该程序中用户输入的 name、age 和 num 三个变量中的数据都是字符串类型,因此 print() 输出时可以使用"+"直接拼接字符串。

回看例 4-3 的程序,输入两个整数的语句为:

```
1  a=int(input(' 请输入第一个整数 :'))
2  b=int(input(' 请输入第二个整数 :'))
```

其中,变量 a、b 的整数值后面要参与求和运算,所以使用 input() 函数输入的值必须通过 int() 函数转换为整型。

2. 输出 print()

Python 中使用内置的 print() 函数来将指定内容输出到 IDLE 或者标准控制台。其语法格式如下:

print([<输出值 1>,<输出值 2>, …,<输出值 n>, sep=' ', end='\n', file=sys.stdout, flush=False])

参数中中括号([])内的部分可以省略。下面对各参数进行说明:

<输出值 1>,<输出值 2>, …,<输出值 n>:输出对象,可以是多个。输出多个对象时,需要用逗号分隔。

sep:输出间隔符,用来间隔多个对象,默认值是一个空格,可以自定义。

end:输出结束符,用来设定对象输出完后以什么结尾,默认值是换行符 \n,可以自定义。

file:设置输出设备,默认值是控制台终端,可以设置为存储文件(即输出对象写入文件)。

flush:是否刷新输出流,默认值为 False,即输出内容先存入缓存,并不立即输出到终端或文件,但如果 flush 参数设为 True,输出流会被强制刷新(内容立即输出到终端或文件,并清空缓存)。

前文的示例代码中已经多次使用 print() 函数进行输出。默认情况下,一条 print() 语句输出后会自动换行。如果想要一行内输出多个内容,可以在一条 print() 语句中将要输出的多个内容用逗号分隔。示例代码如下:

```
1  print('abc', 123)                    # 输出分隔符 sep 默认为空格,故输出 abc 123
2  print('abc', 123, sep='*')           # 输出分隔符 sep 指定为 *,故输出 abc*123
```

此外,print() 函数还可以实现格式化输出,最基本的用法是将多个变量或者值插入到一个格式化字符串中输出。如例 4-3 中输出求和结果的语句为:print(' 和为 %d'%c),表示将变量 c 的值插入到一个字符串 ' 和为 %d' 中输出,其中,%d 为格式化字符。

print() 函数格式化输出的语法格式如下:

print('< 格式化字符串 >'%(< 输出值 1>[, < 输出值 2>, …, < 输出值 n>]))

在格式化字符串内部,使用 % 后紧跟格式化字符,有几个格式化字符,就需要几个输出值。输出值用括号括起来,且顺序需要与格式化字符一一对应。如果只有一个输出值,括号可以省略。示例代码如下:

```
1  name='Jack'
2  age=20
3  print('name=%s'%name)                # 输出 name=Jack
4  print('name=%s, age=%d'%(name, age)) # 输出 name=Jack, age=20
```

不同数据类型的变量或者值所对应的格式化字符不同,具体如表 4-9 所示。

表 4-9　print() 函数常见的格式化字符

格式化字符	说明	应用举例	输出
%c	格式化字符及其 ASCII 码	x=65 y='A' print('x=%c'%x) print('y=%c'%y)	x=A　#A 的 ASCII 码为 65 y=A
%s	格式化字符串	x='hello' print('x=%s'%x)	x=hello
%d	格式化整数	x=50 print('x=%d'%x)	x=50
%o	格式化无符号八进制数	x=50 print('x=%o'%x)	x=62　#50 转换成八进制数是 62
%x、%X	格式化无符号十六进制数	x=50 print('x=%x'%x) print('y=%X'%200)	x=32　#50 转换成十六进制数是 32 y=C8
%f	格式化浮点数,可指定小数精度	x=314.15926 print('x=%.2f'%x)	x=314.16
%e、%E	用科学计数法格式化浮点数	x=314.15926 print('x=%.2e'%x) print('x=%.2E'%x)	x=3.14e+02 x=3.14E+02

格式化输出除了使用"%"形式的格式化字符外,还可以使用 format() 函数完成字符串的格式化,它主要通过字符串中的花括号({})识别替换字段,也可通过数字传入位置参数。示例代码如下:

```
1  name='Jack'
2  age=20
3  print('name={}, age={}'.format(name, age))      # 输出 name=Jack, age=20
4  print('name={1}, age={0}'.format(age, name))     # 输出 name=Jack, age=20
```

【例 4-5】　改进例 4-3,输入两个整数,计算并输出两者的和、差、乘积和商(要求商保留 2 位小数)。若输入 10 和 20,要求输出形式为:

10+20=30
10-20=-10
10*20=200
10/20=0.50

【解析】　使用 input() 函数输入,使用 int() 函数将输入的字符串类型转换为整数类型,按要求进行格式化输出。程序代码如下:

```
1  num1=int(input('请输入第一个整数:'))
2  num2=int(input('请输入第二个整数:'))
3  print('{}+{}={}'.format(num1,num2,num1+num2))
4  print('%d-%d=%d'%(num1, num2,num1-num2))
5  print('%d*%d=%d'%(num1,num2,num1*num2))
6  print('%d/%d=%.2f'%(num1,num2,num1/num2))
```

该程序在 IDLE 中运行的结果如图 4-13 所示。

```
==================== RESTART: D:/PythonCode/ch3/ex3-3.py =
请输入第一个整数: 10
请输入第二个整数: 20
10+20=30
10-20=-10
10*20=200
10/20=0.50
```

图 4-13　例 4-5 的程序运行结果

4.4　Python 程序的控制结构

按照执行流程划分,Python 程序可分为三大结构,即顺序结构、选择结构和循环结构。

Python 顺序结构就是让程序按照从上到下的顺序依次执行每一条 Python 语句,

不重复执行任何代码,也不跳过任何代码。前面所有的示例代码都是顺序结构,这里不再赘述。下面重点讲解选择结构和循环结构。

4.4.1 选择结构

Python 选择结构也称为分支结构,就是让程序"拐弯",有选择性地执行代码;换句话说,可以根据条件选择执行某一分支代码。Python 中的选择结构可以细分为 3 种形式,分别是单分支结构(if 语句)、双分支结构(if else 语句)和多分支结构(if elif else 语句)。

1. 单分支结构(if 语句)

单分支结构(if 语句)的语法格式如下:

if 条件表达式：
　　语句块

条件表达式即为判断条件,若表达式结果为 True,则执行语句块。注意 if 中的语句块都要在缩进开始符":"之后缩进,且同一缩进级别下代码的缩进距离必须相同(否则产生 SyntaxError 错误)。程序执行流程如图 4-14 所示。

【例 4-6】　输入两个整数,计算两者中的较大值并输出。

【解析】　使用 input() 函数进行输入,使用 int() 函数将输入的字符串转换为整数。假设存储较大值的变量为 maxValue,先将整数 1 赋值给 maxValue,接下来判断若整数 1< 整数 2,则将整数 2 赋值给 maxValue。程序代码如下:

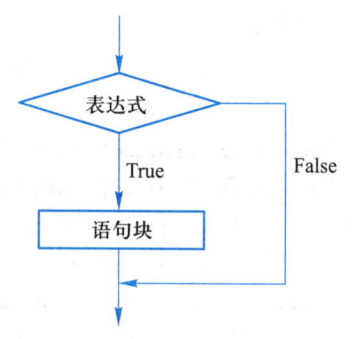

图 4-14　单分支选择结构的流程图

```
1  # 输入
2  num1=int(input(' 请输入整数 1:'))
3  num2=int(input(' 请输入整数 2:'))
4  # 计算两者的较大值 maxValue
5  maxValue=num1
6  if num1<num2:
7      maxValue=num2
8  # 输出
9  print('%d 和 %d 的较大值为 %d'%(num1, num2, maxValue))
```

该程序在 IDLE 中运行的结果如图 4-15 所示。

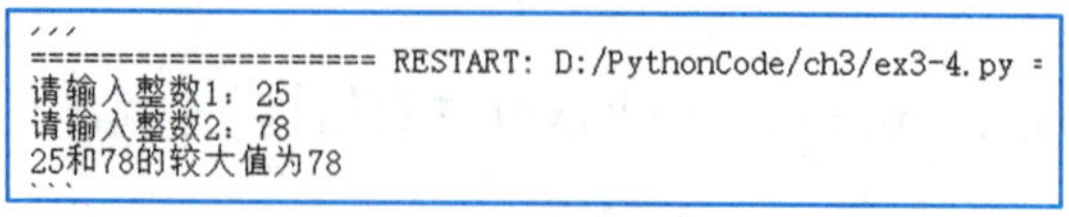

```
=================== RESTART: D:/PythonCode/ch3/ex3-4.py =
请输入整数1: 25
请输入整数2: 78
25和78的较大值为78
```

图 4-15　例 4-6 的程序运行结果

2. 双分支结构(if else 语句)

双分支结构(if else 语句)的语法格式如下：

> **if** 条件表达式：
> 　　语句块 1
> **else**：
> 　　语句块 2

若条件表达式结果为 True,则执行语句块 1,否则将执行语句块 2。即根据表达式是否成立选择执行一条分支。程序执行流程如图 4-16 所示。

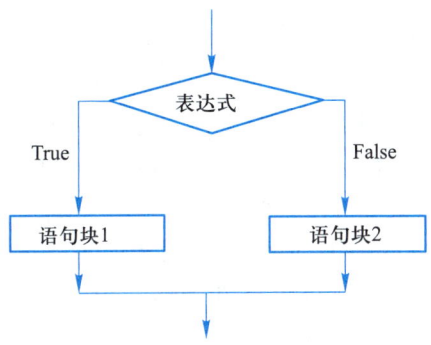

图 4-16　双分支选择结构的流程图

【例 4-7】　使用双分支结构实现例 4-5。

```
1  num1=int(input('请输入整数 1:'))
2  num2=int(input('请输入整数 2:'))
3  if num1>num2:
4      maxValue=num1
5  else:
6      maxValue=num2
7  print('%d 和 %d 的较大值为 %d'%(num1,num2,maxValue))
```

【例 4-8】　输入某考生某课程的百分制成绩,判断是否及格并输出。

```
1  score=float(input('请输入百分制成绩:'))
2  if score>=60:
3      print('及格')
4  else:
5      print('不及格')
```

该程序在 IDLE 中运行的结果如图 4-17 所示。

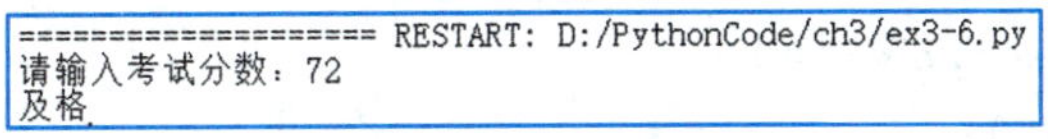

```
==================== RESTART: D:/PythonCode/ch3/ex3-6.py
请输入考试分数：72
及格
```

图 4-17　例 4-8 的程序运行结果

3. 多分支结构(if elif else 语句)

多分支结构(if elif else 语句)的语法格式如下：

if 条件表达式 1 :
    语句块 1
elif 条件表达式 2 :
    语句块 2
elif 条件表达式 3 :
    语句块 3
…
else :
    语句块 *n*

多分支结构是最复杂的一种结构,if elif else 这三个关键字和语句要连在一起使用。当条件表达式 1 结果为 True 时,执行语句块 1,否则进入下一个 elif 语句判断条件表达式 2,若表达式 2 结果为 True 则执行语句块 2,否则进入下一个 elif 语句。当所有的 elif 语句条件表达式的结果都为 False 时才能进入 else 语句之中执行语句块 *n*。即按照自上而下的顺序依次判断每个条件表达式,执行第一个条件成立的分支。程序执行流程如图 4-18 所示。

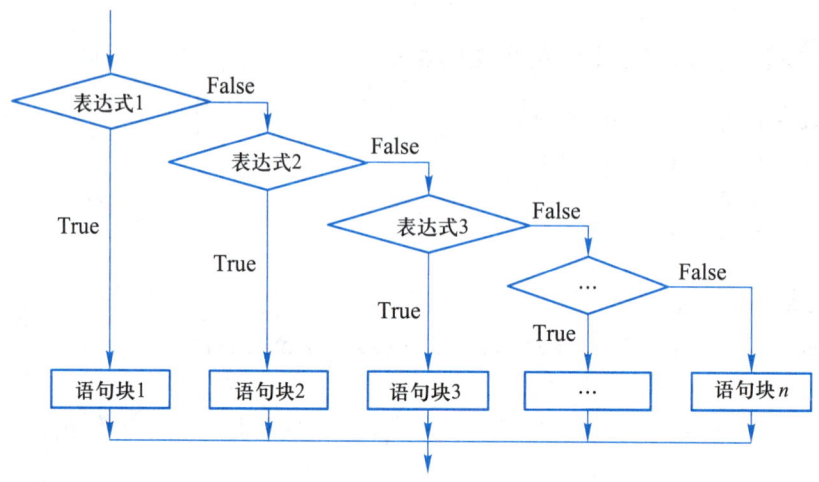

图 4-18　多分支选择结构的流程图

【例 4-9】　输入某考生某课程的百分制成绩,若成绩在 0~100 范围内,则判断其等级(优秀、良好、中等、合格、不合格)并输出。

【解析】　采用多分支结构的代码为：

```
1  score=float(input('请输入百分制成绩:'))
2  if score>=0 and score <=100:
3      if score >=90:
4          print('优秀')
```

```
 5        elif score>=80:        # 不需要判断 and score<90,因为前一个条件为假才进入此处
 6            print(' 良好 ')
 7        elif score >= 70 :
 8            print(' 中等 ')
 9        elif score >= 60:
10            print(' 合格 ')
11        else :
12            print(' 不合格 ')
13 else :
14        print(' 输入成绩不在 0-100 范围内! ')
```

该程序在 IDLE 中运行多次的结果如图 4-19 所示。

```
==================== RESTART: D:/PythonCode/ch3/ex3-8.py =:
请输入考试分数: 90
优秀
>>>
==================== RESTART: D:/PythonCode/ch3/ex3-8.py =:
请输入考试分数: 78
中等
>>>
==================== RESTART: D:/PythonCode/ch3/ex3-8.py =:
请输入考试分数: 52
不合格
>>>
==================== RESTART: D:/PythonCode/ch3/ex3-8.py =:
请输入考试分数: -10
输入分数不在0-100范围内!
```

图 4-19　例 4-9 的程序运行结果

4.4.2　循环结构

循环结构就是程序中控制某条或某些指令重复执行的结构,通常用于有规律的重复操作。

【例 4-10】　计算 $s=1+2+3+\cdots+100$ 并输出结果。

【解析】　本例中计算 $1+2+3+\cdots+100$ 就是有规律的重复操作:重复加(从 1 加到 100),且每次加的整数是前一个整数 +1(即有规律),故可以应用循环结构。

在 Python 中构造循环结构有两种做法,一种是 while 循环,另一种是 for-in 循环。

1. while 循环

while 循环的语法格式如下:

while 条件表达式:

　　条件执行体(循环体)

首先判断条件表达式的值,其值为真(True)时,则执行条件执行体(也称循环体)中的语句,当执行完毕后,再回过头来重新判断条件表达式的值是否为真,若仍为真,则继续重新执行代码块……如此循环,直到条件表达式的值为假(False),才终止循环。程序执行流程如图 4-20 所示。

采用 while 循环计算 $s=1+2+3+\cdots+100$ 并输

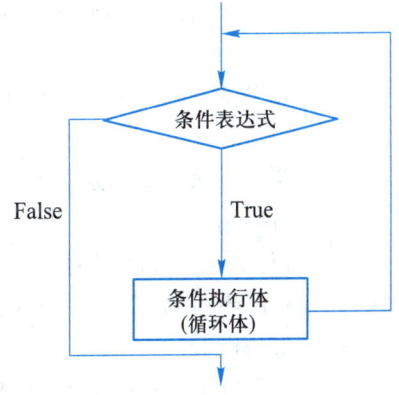

图 4-20　while 循环结构的流程图

出结果的 Python 程序如下:

```
1   # 初始化
2   i=1                                    # i 为循环变量,初始值为 1
3   s=0                                    # s 为要计算的和,初始值为 0
4   # 应用 while 循环执行重复加
5   while i <= 100 :
6       s+=i                               # 等价于 s=s+i,s 必须有初始值
7       i+=1                               # 循环变量更新,等价于 i=i+1
8   # 输出
9   print('s=%d'%s)
```

该程序在 IDLE 中运行的结果如图 4-21 所示。

```
===================== RESTART: D:/PythonCode/ch3/ex3-9.py ==
s=5050
>>>
```

图 4-21   例 4-10 while 循环程序的运行结果

分析上面例题,可以发现 while 循环程序需要做的是以下三件事:

① 在循环前的初始化部分中定义循环变量,并赋初始值。

② 将要循环做的事情放在循环体中,注意循环体中不要忘记更新循环变量。循环变量如何更新通常与重复操作的规律性相关,如上面例题改为求 1~100 的奇数累加和,只需将循环变量更新语句 i+=1 改为 i+=2 即可。

③ while 循环条件要有变成假的时候(通过在循环体中更新循环变量来实现),即保证循环能结束。无法结束的循环称为死循环。例如,将上面 while 循环体中的 i += 1 代码注释掉再运行程序,你会发现,Python 解释器永远不会输出结果,因为 i<=100 始终为 True,循环体一直在执行,print() 语句永远不会执行到,该程序就成为了死循环。

注意:所有位于 while 循环体中的代码,必须使用相同的缩进格式(通常缩进 4 个空格或一个 tab 键),否则 Python 解释器会报 SyntaxError 错误。

2. for-in 循环

for-in 循环通常用于已知次数的循环,也称为计次循环,或者计数循环。其语法格式如下:

for 循环变量 **in** 可迭代对象:
    循环体

执行过程是:每次循环,从可迭代对象中依次取出每个元素放入循环变量,然后执行一次循环体语句,直到取出可迭代对象中所有元素后结束循环。程序执行流程如图 4-22 所示。

回看例 4-10,采用 for-in 循环如何计算 $s=1+2+3+\cdots+100$ 并输出结果呢?

首先,通过范围对象(range)生成一个包含整数 1~100 的可迭代序列。然后,使

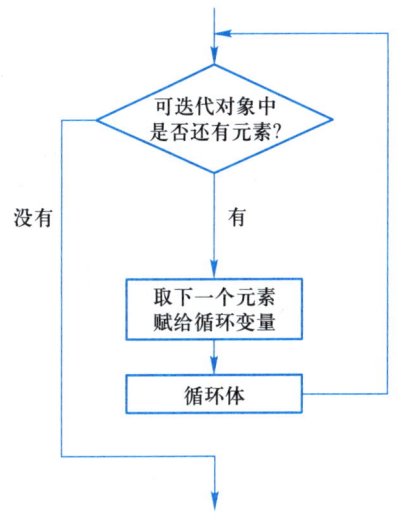

图 4-22 for-in 循环结构的流程图

用循环变量 i 依次取出序列中的每个值,在循环体中执行加法操作。代码如下:

```
1  s=0
2  # 应用 for-in 循环执行重复加
3  for i in range(1,101):              # range(1,101) 用于生成 1~100 的整数序列
4      s+=i
5  # 输出
6  print('s=%d'%s)
```

可以看出,与 while 循环不同,for-in 循环中的循环变量不需要赋初始值,也不需要在循环体中更新。因为循环变量是依次获取可迭代对象中的每个元素。

for-in 循环还经常用于枚举或者遍历序列类型中的元素,比如,遍历字符串、列表和元组等。

【例 4-11】 输入任意一个字符串,遍历输出该字符串中的每个字符(用空格分隔)。

【解析】 使用 for-in 循环遍历输出序列中的每个字符,代码如下:

```
1  s=input('请输入一个字符串 :')
2  # 遍历输出每个字符
3  for ch in s:
4      print(ch,end='')              # end 参数指定每个字符输出后的结束符
```

该程序在 IDLE 中运行的结果如图 4-23 所示。

```
==================== RESTART: D:/PythonCode/ch3/ex3-11.py ==
请输入一个字符串:hello
h e l l o
>>>
```

图 4-23 例 4-11 的程序运行结果

4.4.3 简单异常处理

用户可能在实际编程中遇到过程序意外终止的情况,例如,输入错误导致的问题,这时候异常处理就能捕获这些错误并给出提示,让程序继续运行或者优雅退出,防止程序直接终止。

异常处理是构建高可靠软件系统的基石,它通过将错误视为可管理的流程而非致命中断,显著提升程序的容错性、可维护性和用户体验。

1. 基本结构

异常处理的语法格式如下:

```
try:
    # 可能引发异常的代码
    ...
except ExceptionType1:
    # 处理 ExceptionType1 类型的异常
    ...
except ExceptionType2 as e:
    # 处理 ExceptionType2 类型的异常,并获取异常对象 e
    ...
else:
    # 当 try 块无异常时执行
    ...
finally:
    # 无论是否发生异常,最终都会执行(通常用于资源清理)
    ...
```

Python 使用 try-except 块检测和处理异常。try 子句下的代码块是可能引发异常的代码。except 后面紧跟的 ExceptionType 是要捕获的异常类型。当 try 块中的代码抛出该类型的异常时,程序会跳转到对应的 except 块去执行。当 try 块未发生任何异常时,程序会跳转到 else 子句去执行。无论是否发生异常,最后都会执行 finally 子句,用于释放资源(如关闭文件、数据库连接)。

2. 常见异常类型及处理

表 4-10 列出了常用的异常类型、触发场景示例以及处理方式示例。可以使用多个 except 子句分别捕获不同类型的异常,当 try 块中的代码抛出异常时,程序会依次检查每个 except 子句,找到匹配的异常类型后执行对应的处理代码。下面的代码捕获了两种异常:

```
1  try:
2      num=int("abc")
3      result=10/num
```

```
4  except ValueError:
5      print("输入的内容无法转换为整数。")
6  except ZeroDivisionError:
7      print("除数不能为零。")
```

表 4-10　常见异常类型及处理方式

异常类型	触发场景示例	处理方式示例
ZeroDivisionError	除以零或模零（取余）: 10 / 0	except ZeroDivisionError
ValueError	类型转换失败: int("abc")	except ValueError:
TypeError	操作类型不兼容: 3+"a"	except TypeError:
IndexError	索引越界: lst=[1,2]; lst[3]	except IndexError:
KeyError	字典键不存在: d={}; d['x']	except KeyError:
FileNotFoundError	文件不存在: open("nofile.txt")	except FileNotFoundError:
KeyboardInterrupt	用户中断程序（Ctrl+C）	except KeyboardInterrupt:

4.5　Python 的复合数据类型

Python 的复合数据类型是由多个元素组成的数据结构,包括列表、元组、集合和字典等不同类型。它们各有特点和用途,列表是可变有序序列,元组是不可变有序序列,集合是无序无重复元素的集合,字典是键值对的集合。

Python 内置了多种序列类型,主要分为可变序列和不可变序列。

不可变序列意味着一旦创建,序列中的元素不能被修改、添加或删除,若尝试修改会引发错误。常见的不可变序列有字符串、元组和范围对象。字符串和范围对象已在 4.3.3 节详细阐述。

可变序列允许对序列中的元素进行修改、添加或删除操作。常见的可变序列有列表和字节数组。字节数组在处理二进制数据时非常有用,本书不做具体介绍。

4.5.1　列表

列表（list）是由一系列按顺序排列的元素组成的可变序列。列表中的元素可以是不同的数据类型,如整数、字符串、浮点数等。

1. 创建列表

形式上,只要将逗号(,)分隔的所有元素都放在一对中括号([ ])里面,就可以构成一个列表,例如:

```
1  empty_list=[]                          # 创建了一个空列表
2  my_list=[10,'apple',3.14,True]         # 创建了一个包含多种数据类型数据的列表
3  lessons=['C 语言','Python','Java']      # 创建了一个包含课程信息的列表
4  scores=[78.5,85.0,80.5]                # 创建了一个包含三门课程成绩的列表
```

也可以使用 list() 函数来创建列表,例如:

```
1  new_list=list((1,2,3))                 # 将元组 (1,2,3) 转换为列表 [1,2,3]。
```

列表中可以包含其他列表,形成嵌套列表。例如:

```
1  nested_list=[[1,2,3],[4,5,6],[7,8,9]]  # 创建了一个包含三个子列表的列表
```

2. 访问元素

可以通过索引来访问和修改列表中的元素。例如:

```
1  print(my_list[0])           # 输出 10
2  print(my_list[-3])          # 输出 Apple
3  print(nested_list[1])       # 输出【4,5,6】
4  my_list[2]=3.5              # 将列表中索引为 2 的元素从 3.14 修改为 3.5。
```

可以通过双重索引来访问嵌套列表中的元素。例如:

```
1  print(nested_list[1][2])    # 输出 6
```

3. 常用操作

列表支持比如切片、拼接、重复等一些通用的序列操作,也支持如添加元素、插入元素、删除元素、查找元素等多种操作。

```
1  print(my_list[0:2])         # 输出用切片生成的新列表 [10, 'apple']
2  my_list.append('orange')    # 将 'orange' 添加到 my_list 的末尾。
3  my_list.insert(1, 'banana') # 在索引为 1 的位置插入 'banana'。
4  del my_list[0]              # 删除列表中的第一个元素 10。
5  my_list.remove('apple')     # 删除列表中第一个值为 'apple' 的元素。
6  print(my_list.pop())        # 输出最后一个元素
```

列表还支持一些其他方法,如 count() 方法用于统计元素在列表中出现的次数,index() 方法用于查找元素的索引,sort() 方法用于对列表进行排序(默认升序),reverse() 方法用于反转列表中的元素顺序等。

4.5.2　元组

Python 中的元组(tuple)是一种内置的数据结构,用于存储一系列不可变(immutable)的元素。元组与列表(list)类似,但主要区别在于元组一旦被创建就不能被修改(即不可变)。这种不可变性使得元组在需要保护数据不被意外改变的情况下非常有用,例如,用作字典的键(因为字典的键需要是不可变的),或者在需要将数据传递给函数时,希望保持数据的原始状态不被函数内部修改。

1. 创建元组

元组可以通过将值放在圆括号(())中来创建,如果只有一个元素,需要在元素后面加上逗号(,),以区分于普通的圆括号表达式。例如:

```
1  empty_tuple=()                    # 创建一个空元组
2  numbers=(1,2,3,4,5)              # 创建一个包含多个元素的元组
3  singleton=(42,)                  # 创建一个只包含一个元素的元组,注意后面的逗号
```

2. 访问元素

与列表类似,元组中的元素可以通过索引来访问。如果尝试修改元组中的元素,Python 会抛出 TypeError。例如:

```
1  print(numbers[0])                # 输出 1
2  print(numbers[-1])               # 输出 5,访问最后一个元素
3  # 尝试修改元组中的元素(会引发 TypeError)
4  # numbers[0]=0                   # 这是一个错误
```

3. 常用操作

与列表类似,元组支持索引、切片、拼接、重复操作等操作,但不支持增加、删除、修改元素的操作。例如:

```
1  print(numbers[1:4])              # 切片元组,输出 (2,3,4)
2  new_tuple=numbers+(6,7,8)        # 拼接元组
3  print(new_tuple)                 # 输出 (1,2,3,4,5,6,7,8)
4  repeated_tuple=numbers*3         # 重复元组
5  print(repeated_tuple)            # 输出 (1,2,3,4,5,1,2,3,4,5,1,2,3,4,5)
```

4.5.3　字典

Python 中的字典(dictionary)是映射类型的数据结构,用于存储键值对(key-value pair)。每个键(key)都是唯一的,并且与一个值(value)相关联。

字典中的键必须是唯一的不可变类型,而值可以是任意数据类型。通过键来访问

和修改对应的值,这使得字典在存储和查找数据时非常高效。

1. 创建字典

Python 中的字典可以使用花括号({})来创建,其中,键和值之间用冒号(:)分隔,不同的键值对之间用逗号(,)分隔。例如:

```
1  empty_dict={}                                    # 创建一个空字典
2  student={"name":"张三","age":18,"sex":"男"}      # 创建一个包含一些键值对的字典
```

2. 访问元素

用户可以通过键来访问字典中的值。如果键存在,则返回对应的值;如果键不存在,Python 会抛出一个 KeyError。为了避免这种情况,可以使用 get() 方法,它允许你指定一个默认值,在键不存在时返回。例如:

```
1  # 访问键 'name' 对应的值
2  print(student ['name'])                          # 输出张三
3  # 使用 get() 方法访问,避免产生 KeyError 错误
4  print(student.get('name','Not Found'))           # 输出张三
5  print(student.get('class','Not Found'))          # 输出 Not Found
```

3. 常用操作

(1)添加和修改元素

用户可以通过赋值操作来添加新的键值对或修改现有的键值对。例如:

```
1  student['class']=' 高三一班 '      # 添加一个新的键值对
2  student['age']=19                 # 修改一个现有的键值对
```

(2)删除元素

用户可以使用 del 语句或 pop() 方法来删除字典中的键值对。pop() 方法可以返回被删除的值。例如:

```
1  # 使用 del 语句删除
2  del student['sex']
3  # 使用 pop() 方法删除并返回被删除的值
4  sex=student.pop('sex','No information')
5  print(class)                                     # 输出:男
```

(3)遍历字典

用户可以使用循环来遍历字典中的键值对。items() 方法返回一个包含所有键值对的视图对象,每个元素都是一个(key,value)元组。例如:

```
1  for key,value in student.items():
2      print(key,':',value)
3  # 输出：
4  # name: 张三
5  # age:19
```

另外,keys() 方法返回所有键的视图对象,而 values() 方法返回所有值的视图对象。

（4）字典的嵌套

Python 字典中的值可以是任何数据类型,包括另一个字典,这允许你创建嵌套的字典结构。例如：

```
1  scores={'C 语言 ':78.5,'Python':85.0,'Java':80.5}
2  student={"name":" 张三 ","age":18,"scores":scores}
3  # 访问嵌套字典的值
4  print(student['scores']['Python'])                      # 输出 :85.0
```

（5）字典推导式

Python 还支持字典推导式,这是一种从现有数据快速创建新字典的简洁方式。例如：

```
1  # 假设我们有一个键的列表和一个值的列表,我们想将它们组合成一个字典
2  keys=['name','age']
3  values=[' 李四 ',17]
4  student={k:v for k,v in zip(keys,values)}
5  print(student)                         # 输出 :{'name':' 李四 ','age':17}
```

4.5.4　集合

在 Python 中,集合（set）是一种无序且元素唯一的数据类型。它可以用来存储不同的元素,并且支持多种集合运算,如交集、并集、差集等。

1. 创建集合

集合可以通过两种方式创建:使用花括号（{}）或者 set() 函数。需要注意的是,创建空集合时必须使用 set(),因为使用花括号会创建一个空字典。例如：

```
1  students1={' 张三 ',' 李四 ',' 王五 '}        # 使用花括号创建包含学生姓名的集合
2  students_list=[' 张三 ',' 李四 ',' 王五 ']      # 创建包含学生信息的列表
3  students2=set(students_list)              # 使用 set() 函数从列表创建学生集合
4  empty_students=set()                      # 创建空的学生集合
```

集合中的元素没有固定的顺序,每次打印集合时,元素的顺序可能不同。例如:

```
1  print(" 学生集合 :",students)                    # 输出顺序可能不同
```

集合中不会有重复的元素。如果尝试添加已经存在的元素,集合不会发生变化。例如:

```
1  students={' 张三 ',' 李四 ',' 张三 '}
2  print(" 去重后的学生集合 :",students)          # 输出 :{' 张三 ',' 李四 '}
```

2. 常用操作

(1) 添加元素

用户可以使用 add() 方法向集合中添加单个元素。例如:

```
1  students.add(' 王五 ')          # 向上面创建的包含 ' 张三 '' 李四 ' 的集合 students 中添
                                    加元素
```

用户可以使用 update() 方法向集合中添加多个元素,元素可以是列表、元组、集合等可迭代对象。例如:

```
1  new_students=['Tom','Jerry']     # 创建包含两个学生的列表
2  students.update(new_students)    # 向上面创建的集合 students 中继续添加两个元素
```

(2) 删除元素

用户可以使用 remove() 方法移除集合中指定的元素。如果元素不存在,会引发 KeyError 异常。例如:

```
1  students.remove(' 小明 ')         # 在上面创建的集合 students 中删除存在的元素引
                                      发异常
```

用户可以使用 discard() 方法移除集合中指定的元素。如果元素不存在,不会引发异常。例如:

```
1  students.discard(' 小明 ')        # 在上面创建的集合 students 中删除存在的元素不
                                      会报错
```

用户可以使用 pop() 方法随机移除并返回集合中的一个元素。由于集合是无序的,无法确定会移除哪个元素。例如:

```
1  removed_student=students.pop()    # 在上面创建的集合 students 中随机删除元素
```

用户可以使用 clear() 方法清空集合中的所有元素。

```
1  students.clear()                    # 清空集合 students
```

3. 集合的运算

下面只介绍简单的集合的交并差运算。

（1）交集

使用 & 运算符或 intersection() 方法可以获取两个集合的交集,即两个集合中共同的元素。例如:

```
1  students1={' 张三 ',' 李四 ',' 王五 '}
2  students2={' 张三 ','Tom','Jerry'}
3  intersection_students=students1 & students2     # 包含元素 ' 张三 '
4  # 或者使用 intersection() 方法
5  intersection_students_alt=students1.intersection(students2)
```

（2）并集

使用 | 运算符或 union() 方法获取两个集合的并集,即包含两个集合中所有不重复的元素。例如:

```
1  union_students=students1|students2    # 包含元素 ' 张三 '' 李四 '' 王五 ''Tom'
                                                    'Jerry'
2  # 或者使用 union() 方法
3  union_students_alt=students1.union(students2)
```

（3）差集

使用 - 运算符或 difference() 方法获取两个集合的差集,即存在于第一个集合但不存在于第二个集合的元素。例如:

```
1  difference_students=students1-students2        # 包含元素 ' 李四 '' 王五 '
2  # 或者使用 difference() 方法
3  difference_students_alt=students1.difference(students2)
```

【例 4-12】 学生信息管理:一个班级中有多个学生,学生的信息包括 name、age、class。请使用列表存储多个学生的信息,每个学生信息用字典表示,同时使用集合来存储班级中不重复的学生信息。

【解析】 设置不同类型的变量存储不同对象的信息:

① 列表 students:用于存储多个学生的信息,每个学生的信息是一个字典。

② 字典:每个学生信息用字典表示,包含 name、age 和 class 三个键值对。

③ 集合 classes:通过遍历 students 列表,将每个学生的班级信息添加到集合中,利用集合的特性去除重复的班级。

程序代码如下:

```
1    # 初始化一个列表来存储学生信息
2    students=[]
3
4    # 添加学生信息到列表中
5    students.append({
6        "name": "张三",
7        "age": 18,
8        "class": "高三一班"
9    })
10   students.append({
11       "name": "李四",
12       "age": 17,
13       "class": "高三二班"
14   })
15   students.append({
16       "name": "王五",
17       "age": 18,
18       "class": "高三一班"
19   })
20
21   # 显示所有学生信息
22   print("所有学生信息:")
23   for student in students:
24       print(f"姓名:{student['name']},年龄:{student['age']},班级:{student['class']}")
25
26   # 提取所有班级信息到集合中,去除重复项
27   classes=set()
28   for student in students:
29       classes.add(student["class"])
30
31   print("\n所有班级信息(去重后):")
32   for c in classes:
33       print(c)
```

例 4-12 程序的运行结果如图 4-24 所示。

```
所有学生信息:
姓名: 张三, 年龄: 18, 班级: 高三一班
姓名: 李四, 年龄: 17, 班级: 高三二班
姓名: 王五, 年龄: 18, 班级: 高三一班

所有班级信息(去重后):
高三一班
高三二班
```

图 4-24   例 4-12 的程序运行结果

4.6　Python 函数初探

假设我们已经在程序中定义了一段代码,这段代码用于实现一个特定的功能。那么问题来了,如果下次需要实现同样的功能,难道要把前面定义的代码复制一次? 如果这样做实在不够明智,这意味着每次程序需要实现该功能时,都要将前面定义的代码复制一次。正确的做法是,将实现特定功能的代码定义成一个函数,每次程序需要实现该功能时,只要执行(调用)该函数即可。因此,函数能提高应用的模块化,以及提高代码的重复利用率。

函数就是一段封装好的、可重复使用的代码,用来实现单一或相关联的功能。前面我们已经讲过,Python 提供了许多内置函数,如 input()、print()。但我们也可以自己创建函数来实现想要的功能,自己创建的函数称为用户自定义函数。首先需定义一个函数实现想要的功能,然后才能调用它。

【例 4-13】　改进例 4-10,输入整数 n,计算 s=1+2+3+⋯+n 并输出结果。

【解析】　本题程序运行时每次输入的整数 n 不同,则计算结果不同。若将计算 1+2+3+⋯+n 的代码封装成一个单独的函数,则每次需要实现该功能时,只需传递整数 n(称为参数)来调用该函数,则函数会返回 1+2+3+⋯+n 的结果。传递的整数 n 不同,函数返回的结果则不同,即提高了该函数中代码的重复利用率。

4.6.1　Python 函数定义

定义函数,也就是创建一个函数,可以理解为创建一个具有某些用途的工具。定义函数需要用 def 关键字实现,具体的语法格式如下:

```
def 函数名 ([ 参数列表 ]):
    # 此处为函数体,放实现特定功能的多行代码
    [return [ 返回值 ]]
```

其中,用 [] 括起来的为可选择部分,即可以使用,也可以省略。此格式中,各部分参数的含义如下:

① 函数名:其实就是一个符合 Python 语法的标识符,需满足标识符命名规则。函数名最好能够体现出该函数的功能。

② [参数列表]:设置该函数可以接收多少个参数,多个参数之间用逗号(,)分隔。可以有多个参数,也可以没有任何参数,需根据实际情况而定。

③ [return [返回值]]:整体作为函数的可选参数,用于设置该函数的返回值。也就是说,一个函数,可以有返回值,也可以没有返回值,是否需要返回值需根据实际情况而定。

如何定义一个函数实现计算 1+2+3+⋯+n 的功能呢?

首先,自定义一个函数名,最好能体现出函数功能,如 int_sum。

　　然后,分析该函数需要接收多少个参数,本题要求实现 1 到 n(n 的具体值未知)
求和,所以需要一个参数来接收整数 n(参数名可自定义,如 num 等)。

　　最后,在函数体中计算 $1+2+3+\cdots+n$ 的结果 sum,并将求和结果 sum 返回,所以
需要 return sum。

　　注意:为了增强函数的通用性,函数通常不直接输出计算结果,而是将结果返回。
函数 int_sum 的定义代码如下:

```
1  def int_sum(n):
2      # 应用 while 循环计算 1+2+3+…+n 的结果 sum
3      i=1
4      sum=0
5      while i <= n :
6          sum += i
7          i +=1
8      return sum                          # 返回求和结果 sum
```

4.6.2　Python 函数调用

　　函数定义之后,是不会自动执行的,须通过调用函数来执行。如果把定义好的函
数理解为一个具有某种用途的工具,那么调用函数就相当于使用该工具。函数调用
的语法格式如下:

[变量名 =] 函数名 ([形参值])

其中,函数名即函数定义时的名称;形参值是指要传给该函数的各个参数的值。如果
该函数定义中有返回值,则可以通过一个变量来接收该值,否则不需要。

　　需要注意的是,函数定义中有多少个参数,那么调用时就需要传入多少个形参
值,且顺序必须和函数定义时一致。即便该函数没有参数,调用时函数名后的小括号
也不能省略。如调用前面定义的 int_sum() 函数时,必须传递一个整数参数给函数,
且通过一个变量来接收返回值。如 s=int_sum(100),则 s 的值为 $1+2+3+\cdots+100$ 的
结果。

　　回看例 4-13,定义函数 int_sum() 实现了计算 $1+2+3+\cdots+n$,那么,我们输入整
数 n,调用函数 int_sum() 便可以计算 $s=1+2+3+\cdots+n$ 并输出结果。例 4-13 完整的
Python 程序如下:

```
1  # 定义函数计算 1+2+3+…+n 并返回求和结果
2  def int_sum(n):
3      i=1
4      sum=0
5      while i <= n :
6          sum += i
```

```
7          i +=1
8      return sum
9
10  # 从键盘输入整数 n,调用函数 int_sum() 获取求和结果
11  n=int(input(' 请输入整数 n:'))
12  s=int_sum(n)              # 传递参数 n, 调用函数 int_sum() 获取 1+2+3+…+n 的结果
13  # 输出求和结果
14  print('s=%d'%s)
```

该程序在 IDLE 中运行多次的结果如图 4-25 所示。

```
=============== RESTART: D:/PythonCode/ch3/ex3-11.py
请输入整数n:100
s=5050
>>>
=============== RESTART: D:/PythonCode/ch3/ex3-11.py
请输入整数n:50
s=1275
>>>
=============== RESTART: D:/PythonCode/ch3/ex3-11.py
请输入整数n:200
s=20100
```

图 4-25　例 4-13 的程序运行结果图

*4.7　Python 中的模块

4.7.1　模块的定义与基本概念

1. 模块的定义

Python 中的模块是一个包含 Python 定义和声明的文件,文件名即为模块名加上 .py 后缀,它可以包含函数、类和变量等,并可在其他 Python 程序中被导入和使用。模块的使用大大提高了代码的复用性和组织性,使得程序员能够更方便地管理和使用代码。例如,有一个名为 math_operations.py 的文件,其内容如下:

```
1  # math_operations.py
2  def add(a,b):
3      return a+b
4
5  def subtract(a,b):
6      return a-b
7
8  PI=3.14159
```

这里的 math_operations.py 就是一个模块，它包含了两个函数 add() 和 subtract()，以及一个变量 PI。

2. 模块的内置属性

每个模块都有一些内置属性，可以用来获取模块的相关信息，常见的内置属性有以下几个：

（1）__name__ 属性

__name__ 属性用于表示模块的名称。当一个模块作为脚本直接运行时，其 __name__ 属性的值为 '__main__'；当一个模块被其他模块导入时，其 __name__ 属性的值为模块的文件名（不包含 .py 后缀）。

在下述代码中，当直接运行 math_operations.py 时，__name__ 的值为 '__main__'，会执行 if 语句块中的代码；当该模块被其他模块导入时，__name__ 的值为 'math_operations'，不会执行 if 语句块中的代码。例如：

```
1  # math_operations.py
2  def add(a, b):
3        return a+b
4
5  if __name__ == '__main__':
6     result=add(2, 3)
7     print(result)
```

（2）__doc__ 属性

__doc__ 属性用于获取模块的文档字符串，文档字符串是模块开头的一个多行字符串，用于描述模块的功能和使用方法。下面的代码将当前模块的属性 __doc__ 打印，运行后则显示 "This module provides basic mathematical operations."。在其他模块中获取 math_operations.py 的 __doc__ 属性，则需要使用语句 math_operations.__doc__。

```
1  # math_operations.py
2  """
3  This module provides basic mathematical operations.
4  """
5
6  def add(a, b):
7        return a+b
8
9
10 print(__doc__)
```

4.7.2　模块的导入方式

在 Python 中,要使用模块中的功能,需要先将模块导入到当前的代码中,常见的导入方式有以下几种:

1. import 语句

使用 import 语句可以导入整个模块,之后通过模块名来访问模块中的函数、类和变量。比如,如果要使用上面的模块 math_operations.py,可以使用 import 语句。代码如下:

```
1  import math_operations
2  result_add=math_operations.add(3,5)
3  print(result_add)
4  print(math_operations.PI)
```

2. from-import 语句

使用 from-import 语句可以从模块中导入特定的函数、类或变量,导入后可以直接使用,无须通过模块名来访问。比如,如果想使用模块 math_operations.py 的函数 add() 和变量 PI,可以使用 from-import 语句。代码如下:

```
1  from math_operations import add, PI
2  result_add=add(3,5)
3  print(result_add)
4  print(PI)
```

3. from-import * 语句

使用 from-import * 语句可以导入模块中的所有内容,导入后可以直接使用模块中的所有函数、类和变量,但这种方式可能会导致命名冲突,不建议在大型项目中使用。下面的代码可以使用 math_operations 的所有内容。例如:

```
1  from math_operations import *
2  result_subtract=subtract(8,3)
3  print(result_subtract)
```

4.7.3　Python 模块的分类

Python 模块主要分为两大类:标准库模块和第三方模块。

1. 标准库模块

Python 自带了许多标准库模块,这些模块提供了丰富的功能,如文件操作、网络编程、日期时间处理等。例如,os 模块用于与操作系统进行交互,datetime 模块用于处理日期和时间,random 模块用于生成伪随机数。下面的代码调用了 os 模块的 getcwd() 函数获取当前路径,调用了 datetime 模块的 now() 函数获取当前时间。例如:

```
1  import os
2  import datetime
3  current_directory=os.getcwd()
4  print(current_directory)
5  now=datetime.datetime.now()
6  print(now)
```

2. 第三方模块(扩展库)

除了标准库模块,Python 社区还开发了大量的第三方模块,也称为扩展库,这些模块可以通过包管理工具(如 pip)进行安装和使用。例如,random 用于随机数的生成,numpy 用于科学计算,pandas 用于数据处理和分析。扩展库安装与使用方法可以详见本书的实践教程 6.2 节。

【例 4-14】　使用 Python 写一个猜数字游戏。

【解析】　程序的工作原理如下:

① 导入标准库 random 模块,用于生成随机数。

② 定义一个 guess_number_game() 函数,该函数包含了游戏的逻辑。

③ 在函数内部,生成一个 1 到 100 之间的随机数作为目标数字。

④ 使用一个 while 循环来不断接收用户的猜测,直到猜对为止。

⑤ 每次猜测后,根据猜测的数字与目标数字的大小关系给出提示。

⑥ 如果用户输入的不是有效的数字,捕获 ValueError 异常并提示用户重新输入。

⑦ 当用户猜对数字时,打印出用户用了多少次尝试,并结束游戏。

代码如下:

```
1   import random
2   def guess_number_game():
3       print("欢迎来到猜数字游戏!")
4       print("我已经想好了一个 1 到 100 之间的数字。")
5       number_to_guess=random.randint(1, 100)
6       attempts=0
7       guessed=False
8
9       while not guessed:
10          try:
11              guess=int(input("请输入你的猜测:"))
12              attempts += 1
13
14              if guess < number_to_guess:
```

```
15                print(" 太小了！再试一次。")
16            elif guess > number_to_guess:
17                print(" 太大了！再试一次。")
18            else:
19                guessed=True
20                print(f" 恭喜你，猜对了！你用了 {attempts} 次尝试。")
21        except ValueError:
22            print(" 请输入一个有效的数字。")
23  if __name__ == "__main__":
24      guess_number_game()
25  …
```

本 章 小 结

　　本章介绍了软件与软件开发的思想，讲解了程序设计语言的发展演变过程，重点介绍了变量、数据类型、运算符、输入输出、选择结构、循环结构、函数等 Python 程序设计的基础知识。希望读者在初学程序设计时，多动手实践，通过编写代码加深理解。学习完本章，读者应能理解计算机程序的执行过程，能编写简单的 Python 程序。

习　　题

参考答案

一、单选题

1. 开发软件所需高成本和产品的低质量之间有着尖锐的矛盾，这种现象称为（　　）。
　　A. 软件投机　　　　B. 软件危机　　　　C. 软件工程　　　　D. 软件生产
2. 软件工程的出现是由于（　　）。
　　A. 程序设计方法学的影响　　　　　　B. 软件产业化的需要
　　C. 软件危机的出现　　　　　　　　　D. 计算机的发展
3. 以下关于程序和软件的说法中，正确的是（　　）。
　　A. 程序就是软件，两者没有区别
　　B. 软件是程序的集合，程序是软件的一部分
　　C. 程序是为实现特定目标或解决特定问题而用计算机语言编写的一系列指令的集合，而软件是包括程序以及相关文档、数据等的完整集合
　　D. 软件是指操作系统，而程序是指各种应用程序
4. 计算机硬件能够直接识别和执行的语言是（　　）。

    A. 汇编语言　　　　B. 高级语言　　　　C. Python 语言　　D. 机器语言

5. 下列关于机器语言、汇编语言和高级语言的说法中,正确的是(　　)。
    A. 高级语言编写的程序执行速度最快
    B. 汇编语言编写的程序可以被计算机直接执行
    C. 机器语言编写的程序可读性最差
    D. 高级语言必须通过编译才能运行

6. 下面(　　)是解释型高级语言。
    A. C 语言　　　　　B. Java 语言　　　C. Python 语言　　D. 汇编语言

7. 以下关于 Python 语言注释的说法中,正确的是(　　)。
    A. 单行注释以"//"开头
    B. 多行注释以"/"开头,以"/"结尾
    C. 注释可以嵌套使用
    D. 注释是给程序员看的,不会被解释器执行

8. 下列选项中,所有单词全部都是 Python 语言的保留字的是(　　)。
    A. if, else, then　　　　　　　B. for, while, loop
    C. class, def, return　　　　　D. print, input, main

9. 下列不可以作为 Python 合法变量名的是(　　)。
    A. c0　　　　　　B. 2a　　　　　　C. a_3　　　　　　D. name

10. 以下不是 Python 中的数字类型的是(　　)。
    A. int　　　　　　B. float　　　　　C. str　　　　　　D. complex

11. 在 Python 中,以下可以正确创建一个复数的是(　　)。
    A. complex_num=3+4j　　　　　　B. complex_num=complex(3, 4)
    C. 以上两种方式都可以　　　　　D. 以上两种方式都不可以

12. 下面关于字符串的说法中,正确的是(　　)。
    A. 字符串是不可变对象,一旦创建就不能修改
    B. 字符串可以像列表一样任意修改其中的元素
    C. 字符串只能用单引号定义
    D. 字符串中的元素类型可以不同

13. 在 Python 中,以下可以正确定义一个字符串的是(　　)。
    A. str1='Hello, World!'　　　　B. str2="Hello, World!"
    C. str3='''Hello, World!'''　　　D. 以上三种方式都可以

14. 执行以下代码,输出结果是(　　)。

```
1 | print("Hello,\tworld!")
```

    A. Hello,\tworld!　　　　　　B. Hello, world!
    C. Hello, world!　　　　　　　D. Hello,world!

15. 在 Python 中,要在字符串中表示一个反斜杠,应该使用(　　)转义字符。
    A. \　　　　　　B. \\　　　　　　C. \r　　　　　　D. \b

16. 执行以下代码,输出结果是(　　)。

```
1 │ print("apple\bbanana")
```

  A. apple banana

  B. appbanana

  C. apple banana

  D. apple\bbanana

17. 以下代码的输出结果是(　　　)。

```
1 │ str1="Python Programming"
2 │ print(str1[3:7])
```

  A. "thon"   B. "ytho"   C. "thon "   D. "Pyth"

18. 执行以下代码,输出结果是(　　　)。

```
1 │ str1="  Hello  "
2 │ print(str1.strip())
```

  A. " Hello " B. "Hello" C. " Hello" D. "Hello "

19. 对于 range(10, 2, -2) 这个范围对象,以下说法中正确的是(　　　)。

  A. 生成的序列是 [10, 8, 6, 4]

  B. 生成的序列是 [10, 8, 6, 4, 2]

  C. 生成的序列是 [2, 4, 6, 8, 10]

  D. 会引发错误,因为起始值大于结束值

20. 执行以下代码,输出结果是(　　　)。

```
1 │ num_str="123"
2 │ num=int(num_str)
3 │ print(type(num))
```

  A. <class 'str'>   B. <class 'int'>

  C. <class 'float'>   D. <class 'list'>

21. 以下代码的输出结果是(　　　)。

```
1 │ num=3.14
2 │ num_str=str(num)
3 │ print(num_str+" is a number.")
```

  A. 3.14 is a number.   B. 3 is a number.

  C. 会抛出类型错误异常   D. 3.14is a number.

22. 将字符串 "True" 转换为布尔类型,使用 bool("True"),得到的结果是(　　　)。

  A. True   B. False

  C. 会抛出类型错误异常   D. 以上都不正确

23. 执行以下代码后,result 的值是(　　　)。

```
1 num1=5
2 num2=2.5
3 result=num1+num2
4 result=int(result)
5 print(result)
```

    A. 7   B. 7.5

    C. 8   D. 会抛出类型错误异常

24. Python 中表达式 5/3 的结果是（　　　）。

    A. 1   B. 0   C. 1.666667   D. -1

25. Python 中表达式 5//3 的结果是（　　　）。

    A. 1   B. 0   C. 1.666667   D. -1

26. Python 语句 print(type(1//2)) 的输出结果是（　　　）。

    A. <class 'int'>   B. <class 'number'>

    C. <class 'float'>   D. <class 'double'>

27. 表达式 3+5%6*2//8 的值是（　　　）。

    A. 4   B. 5   C. 6   D. 7

28. 已知字符串 a="python"，则 a[1] 的值为（　　　）。

    A. "p"   B. "py"   C. "Py"   D. "y"

29. Python 中 "ab"+"cd"*2 的结果是（　　　）。

    A. abcd2   B. abcdabcd   C. abcdcd   D. ababcd

30. 变量 a 的值为 2，语句 "a*=a+1" 执行后，变量 a 的值是（　　　）。

    A. 3   B. 6   C. 5   D. 4

31. 执行以下代码后，x 的最终值是（　　　）。

```
1 x=10
2 x*=2
3 x-=5
```

    A. 15   B. 20   C. 10   D. 25

32. 若 b=20，执行 b //=3 后，b 的值为（　　　）。

    A. 6.666...   B. 6   C. 7   D. 20

33. 执行以下代码后，y 的值为（　　　）。

```
1 y=12
2 y%=5
```

    A. 2   B. 5   C. 12   D. 7

34. Python 中 3>5 and 3<5 的运算结果是（　　　）。

    A. True   B. False   C. true   D. false

35. 下列条件表达式结果为 False 的是（　　　）。

    A. 3>=3   B. 1/2==0   C. 1//2==0   D. 1%2==1

36. 下列逻辑运算符中,只有两个子表达式都为 True ,其使复合表达式才为 True 的是(　　　)。

  A. and   B. or   C. not   D. null

37. 在 Python 语言中表示"x 属于区间 [a,b]"的正确表达式是(　　　)。

  A. a≤x or x<b   B. a<=x and x<b

  C. a≤x and x<b   D. a<=x or x<b

38. 给定 "x=5,y=3,z=8",则布尔表达式 x<y or z>x 的结果是(　　　)。

  A. True   B. False   C. 1   D. 0

39. 以下代码的输出结果是(　　　)。

```python
python
string="Hello,World!"
print('o' not in string)
```

  A. True   B. False   C. None   D. 代码报错

40. 表达式 (3+4) * 2 ** 2-5 的结果是(　　　)。

  A. 23   B. 27   C. 31   D. 36

41. 表达式 8 % 3+4 * 2 的结果为(　　　)。

  A. 10   B. 9   C. 8   D. 11

42. Python 表达式 16-25>78/2 or 'XYZ' != 'xyz' and not (10-6>18/2) 的值是(　　　)。

  A. True   B. False   C. 1   D. 0

43. 执行以下 Python 代码后,输出结果是(　　　)。

```python
x=True
y=False
z=False
print(x or y and z)
```

  A. True   B. False   C. 1   D. 0

44. 执行以下代码,当用户输入 5 后,输出结果是(　　　)。

```python
num=input("请输入一个数字:")
print(type(num))
```

  A. <class 'int'>   B. <class 'float'>

  C. <class'str'>   D. <class 'input'>

45. Python 中使用(　　　)符号可以对浮点类型的数据进行格式化输出。

  A. %s   B. %d   C. %c   D. %f

46. 以下代码的输出结果是(　　　)。

```python
name="Alice"
age=25
print(f"My name is {name} and I'm {age} years old.")
```

    A. My name is {name} and I'm {age} years old.

    B. My name is Alice and I'm 25 years old.

    C. My name is "Alice" and I'm 25 years old.

    D. My name is 'Alice' and I'm 25 years old.

47. 下面有关 Python 语言中 if 语句的描述中,错误的是(　　　)。

    A. if 语句可以实现单分支、双分支及多分支选择结构

    B. 若 if 语句嵌套在 else 子句中,可以简写为 elif 子句

    C. 满足 if 后的条件时执行的多条语句需用大括号括起来

    D. if 的条件之后、else 之后都需要带冒号

48. 已知"x=10,y=20,z=30;",以下语句执行后 x、y、z 的值分别为(　　　)。

```
1 | if x < y :
2 |     z=x
3 |     x=y
4 |     y=z
```

    A. 10, 20, 30　　　B. 10, 20, 20　　　C. 20, 10, 10　　　D. 20, 10, 30

49. 以下 Python 代码执行后 y 的值是(　　　)。

```
1 | x=-1
2 | if x<0:
3 |     y=-1
4 | if x>0:
5 |     y=1
6 | else:
7 |     y=0
```

    A. −1　　　　　　B. 0　　　　　　C. 1　　　　　　D. 报错

50. 执行以下代码后,输出结果是(　　　)。

```
1 | x=10
2 | if x < 5:
3 |     print("小于5")
4 | elif x < 10:
5 |     print("小于10")
6 | else:
7 |     print("大于等于10")
```

    A. 小于 5　　　　B. 小于 10　　　C. 大于或等于 10　　D. 无输出

51. 以下 Python 程序用于从键盘输入整数 n 并判断 n 是偶数还是奇数并输出。请补充缺失的代码。

```
1 | n=int(input("请输入整数:"))
2 | if _____:
```

```
3    print("%d 为奇数 "%n)
4  else :
5    print("%d 为偶数 "%n)
```

  A. n%2!=0   B. n%2==0

  C. n/2!=0   D. n/2==0 无输出

52. 下面程序的输出结果为(　　　　)。

```
1  a=2
2  while a <= 4:
3      a += 1
4  print(a)
```

  A. 4   B. 5   C. 6   D. 11

53. 对于下面 Python 程序段,输出结果是(　　　　)。

```
1  x=1
2  for i in range(3,0,-1):
3      x=(x+1)*3
4  print(x)
```

  A. 66   B. 33   C. 6   D. 21

54. 以下程序的输出结果是(　　　　)。

```
1  j=''
2  for i in "12345":
3      j += i+','
4  print(j)
```

  A. 1,2,3,4,5,   B. 12345

  C. 15   D. 1+2+3+4+5

55. 若要输出一个等差数列:2 4 6 8 10,请补充缺失的 Python 代码。

```
1  for i in range(1,11):
2          if _____:
3      print(i)
```

  A. i%2==0   B. i%2!=0   C. i/2==0   D. i/2!=0

56. 执行以下代码后,list2 的值是(　　　　)。

```
1  list1=[1, 2, 3, 4, 5]
2  list2=list1.copy()
3  list1[2]=6
4  print(list2)
```

  A. [1, 2, 3, 4, 5]   B. [1, 2, 6, 4, 5]

C. [1, 2, 3, 6, 5] 　　　　　　　D. [6, 2, 3, 4, 5]

57. 以下方法中,可以向列表末尾添加一个元素的是(　　　　)。

　　A. insert() 　　　　　　　　B. append()

　　C. extend() 　　　　　　　　D. remove()

58. 以下方式中,可以正确定义一个元组的是(　　　　)。

　　A. tup={1, 2, 3} 　　　　　　B. tup=[1, 2, 3]

　　C. tup=(1, 2, 3) 　　　　　　D. tup="1, 2, 3"

59. 以下代码输出的结果是(　　　　)。

```
1  tup=(10, 20, 30, 40, 50)
2  print(tup[2:4])
```

　　A. (20, 30) 　　　　　　　　B. (30, 40)

　　C. (30, 40, 50) 　　　　　　D. (20, 30, 40)

60. 以下方式中,可以正确定义一个字典的是(　　　　)。

　　A. dict1={1: 'apple', 2: 'banana'}

　　B. dict1=[1: 'apple', 2: 'banana']

　　C. dict1=(1: 'apple', 2: 'banana')

　　D. dict1="1: 'apple', 2: 'banana'"

61. 字典中的键必须是(　　　　)。

　　A. 任意数据类型 　　　　　　B. 不可变数据类型

　　C. 可变数据类型 　　　　　　D. 只能是整数类型

62. 以下代码的输出结果是(　　　　)。

```
1  dict1={'name': 'Alice', 'age': 25}
2  print(dict1.get('name'))
```

　　A. 'Alice' 　　　B. 25 　　　　C. None 　　　　　D. 代码报错

63. 执行以下代码后,result 的值是(　　　　)。

```
1  dict1={'a': 1, 'b': 2}
2  dict2={'c': 3, 'd': 4}
3  dict1.update(dict2)
4  result=dict1
```

　　A. {'a': 1, 'b': 2} 　　　　　　B. {'c': 3, 'd': 4}

　　C. {'a': 1, 'b': 2, 'c': 3, 'd': 4} 　D. {'a': 1, 'b': 2, {'c': 3, 'd': 4}}

64. 以下方式中,可以正确定义一个集合的是(　　　　)。

　　A. set1={1, 2, 3} 　　　　　　B. set1=[1, 2, 3]

　　C. set1=(1, 2, 3) 　　　　　　D. set1="1, 2, 3"

65. 集合中的元素具有(　　　　)特性。

　　A. 无序、可重复 　　　　　　B. 有序、可重复

C. 无序、不可重复　　　　　　　　　D. 有序、不可重复

66. 执行以下代码后，result 的值是（　　　）。

```
1  set1={1, 2, 3}
2  set2={3, 4, 5}
3  result=set1.union(set2)
```

    A. {1, 2, 3}　　　　　　　　　　　B. {3, 4, 5}
    C. {1, 2, 3, 4, 5}　　　　　　　　　D. {1, 2, 4, 5}

67. 以下代码的输出结果是（　　　）。

```
1  set1={1, 2, 3}
2  set2={3, 4, 5}
3  result=set1.intersection(set2)
4  print(result)
```

    A. {1, 2, 3}　　　　　　　　　　　B. {3, 4, 5}
    C. {3}　　　　　　　　　　　　　　D. {1, 2, 3, 4, 5}

68. 以下定义函数的语法正确的是（　　　）。
    A. function add(a, b): return a+b　　B. def add(a, b): return a+b
    C. define add(a, b): return a+b　　　D. func add(a, b): return a+b

69. 对于以下函数定义和调用代码：

```
1  def greet(name):
2      return f"Hello, {name}!"
3  message=greet("Alice")
4  print(message)
```

输出结果是（　　　）。
    A. Hello, Alice!　　　　　　　　　B. Hello, name!
    C. 代码报错　　　　　　　　　　　D. None

70. 以下方式中，可以正确导入一个名为 math 的标准库模块的是（　　　）。
    A. import math　　　　　　　　　　B. from math
    C. math.import　　　　　　　　　　D. import.mmath

71. Python 模块文件的扩展名通常是（　　　）。
    A. .py　　　　　　B. .txt　　　　　　C. .doc　　　　　　D. .html

72. 若要从 math 模块中只导入 sqrt() 函数，应该使用的导入语句是（　　　）。
    A. import math.sqrt　　　　　　　　B. from math import sqrt
    C. import sqrt from math　　　　　　D. from sqrt import math

73. 执行以下代码后，要使用 math 模块中的 pi 常量，正确的引用方式是（　　　）。

```
1  import math
```

    A. pi　　　　　　B. math.pi　　　　　C. math(pi)　　　　D. pi(math)

二、填空题

1. 以下 Python 程序用于实现：从键盘输入整数 n 并判断 n 是偶数还是奇数并输出，补充横线处缺失的代码。

```
n=int(input(" 请输入整数 :"))
if _____:
    print("%d 为奇数 "%n)
else :
    print("%d 为偶数 "%n)
```

2. 以下 Python 程序用于实现：判断输入的年份是否是闰年（即能被 4 整除但不能被 100 整除，或者能被 400 整除），补充横线处缺失的代码。

```
year=int(input())
if _____ :
    print('%d 年是闰年 '%year)
else :
    print('%d 年是平年 '%year)
```

3. 以下 Python 程序用于实现：统计满足一定条件的三位数的个数，条件是：个位上的数字减去百位数上的数字，再减去十位数上的数字的结果大于零。补充横线处缺失的代码。

```
c=0
for i in range(100,1000):
    bw= _____   # 百位上的数
    sw= _____   # 十位上的数
    gw= _____   # 个位上的数
    if gw−bw−sw>0:
        c += 1
print(" 满足条件的数有 %d 个 "%c)
```

4. 定义函数 avg(a, b, c) 计算并返回 a、b 和 c 的整数平均值，补充横线处缺失的 Python 代码。

```
def avg(a,b,c):
    return _____
```

5. 以下 Python 程序用于实现：输入某考生语文、数学和英语三门课程的成绩，自定义函数计算总分和平均分，最后调用该函数输出结果。补充横线处缺失的代码。

```
n1=int(input(" 请输入语文成绩 :"))
n2=int(input(" 请输入数学成绩 :"))
n3=int(input(" 请输入英语成绩 :"))
# 定义函数
def sum_avg(a,b,c):
```

```
return (a+b+c), (a+b+c)/3
# 调用函数
sum, avg= _____
print(" 总分为 %d,平均分为 %.2f"%(sum,avg))
```

6. 以下 Python 程序用于实现:从键盘输入整数 n,判断 n 是否是素数并输出。使用函数实现 n 是否是素数的判断。补充横线处缺失的代码。

```
# 定义函数,判断 num 是否是素数,返回 True 或 False
def is_prime(num):
# 判断 num 能否被 2~num-1 之间的数整除
    for i in range(2,num):
        if num%i==0:     # num 被 i 整除,则 num 不是素数
            return _____
    return True                # for 循环中一直未执行 return 语句,则 num 是素数
    n=int(input("请输入整数 n: "))
# 调用函数,输出结果
if is_prime(n) :
    print("%d 是素数 "%n)
else :
    print("%d 不是素数 "%n)
```

第5章　网络与数据分析

教学课件

> 泰山不让土壤,故能成其大;河海不择细流,故能就其深。
>
> ——《谏逐客书》[1]

【导读】

20世纪60年代,信息技术高速发展,具有高可靠性和稳定性的二进制数据传输方式被科学家用于多台计算机之间的数据传输,进而形成数字通信网。

从最初由四台计算机构成的计算机网络ARPANET,到如今发展成覆盖全球通信的庞大网络Internet(互联网),人类社会逐渐成为一个网络化的社会。

近年来人们不断拓展互联网的边界,将互联网从"人"延伸到"物",从而诞生了物联网,实现了人与物品以及物品之间信息的交换和通信。

计算机网络与物联网迅猛发展彻底重塑了数据生态。前者让信息全球流转,后者使海量设备持续产生数据,推动大数据时代来临。海量数据促进人工智能算法突破,进而掀起人工智能研究与应用的新浪潮,开启科技变革新篇章。

【教学要求】

知识点	教学要求		
	了解	理解	掌握
5.1　数据通信系统模型	✓		
5.2　计算机网络			✓
5.3　物联网及其应用		✓	
5.4　数据与数据分析		✓	
*5.5　基于Python的数据分析			✓

---

① 此句出自李斯《谏逐客书》。其含义是:泰山不拒绝微小的山石颗粒,才能变得如此高耸;河海不挑拣一条条细流,才能变得如此深广。此句强调,任何伟大事功的建立都要从点滴积累开始。

5.1　数据通信系统模型

数据通信(data communication)是通信技术与计算机技术深度融合的新型通信方式。20 世纪 50 年代初,随着计算机远程信息处理应用的兴起,数据通信技术应运而生。依据传输介质的不同特性,数据通信可划分为有线数据通信和无线数据通信两大类别。数据通信借助传输信道,将数据终端与计算机相连,以此实现资源共享。

典型的数据通信模型如图 5-1 所示,主要由源端系统、传输系统和目的端系统三部分构成。

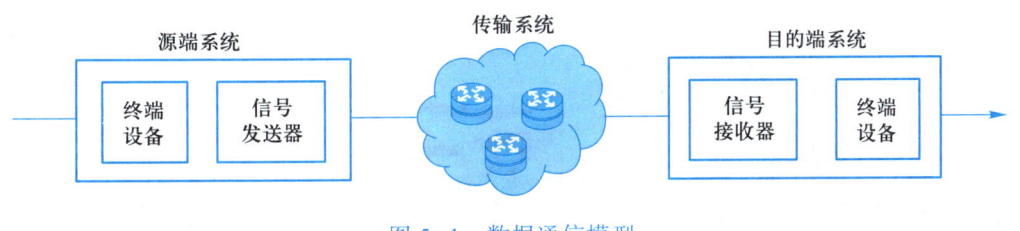

图 5-1　数据通信模型

源端系统和目的端系统是信息的发送端和接收端,是由终端设备(例如,计算机、手机等)、信号发送器和接收器构成。

传输系统是将信息由发送端传输到接收端的系统,由传输介质(例如,双绞线、光纤等)和传输设备(例如,交换机、路由器等)构成。

5.2　计算机网络

伴随数据通信技术与计算机科学技术的日渐成熟,众多源端与目的端跨越物理距离与技术壁垒,在数字空间中紧密联结,进而催生了计算机网络这一复杂而庞大的信息交互生态系统。它无缝实现了信息的高速交换、资源的广泛共享以及分布式应用的高效部署,深度重塑了人类社会的信息流通格局与协作模式。

5.2.1　计算机网络的定义

计算机网络(computer network)是指将地理位置不同的具有独立功能的多台计算机及其外部设备,通过通信线路进行连接,在网络操作系统、网络管理软件及网络通信协议的管理和协调下,实现资源共享和信息传递的计算机系统。

从整体上来说计算机网络就是把分布在不同地理区域的计算机与专用的外部设

备用通信线路互联成一个规模大、功能强的系统,从而使众多的计算机可以方便地互相传递信息,共享硬件、软件、数据信息等资源。简单来说,计算机网络就是由通信线路互相连接的许多自主工作的计算机构成的集合体。

　　网络传输介质(也称为传输媒体,传输媒介)是网络中传输信号的物理通路,是通信线路。常用的网络传输介质分为有线传输介质和无线传输介质两大类,不同的传输介质有不同的特点,适用于不同的应用场合。有线传输介质主要有同轴电缆、双绞线和光纤,如图 5-2 所示。同轴电缆和双绞线传输的是电信号;光纤传输的是光信号。无线传输介质主要有微波、无线电波、红外线和激光。无线电波广泛应用于广播、电视、移动通信等。微波常用于长途电话通信、卫星通信等。红外线常用于短距离通信,如电视机、空调等家电的遥控器。激光应用于一些特殊的通信场景,如海岛之间的通信、近距离的高速数据传输等。

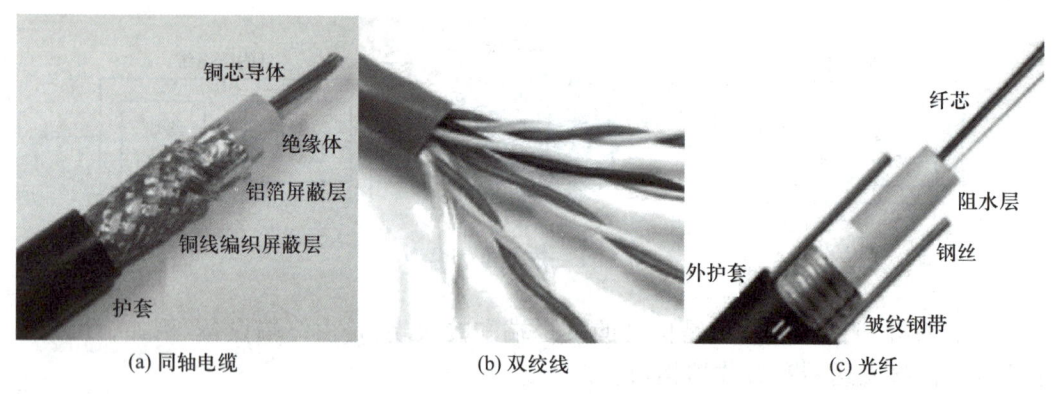

(a) 同轴电缆　　　　　　　　(b) 双绞线　　　　　　　　(c) 光纤

图 5-2　计算机网络的传输介质

　　网络中数据在源端到目的端进行传输,但是在不同的网络中数据的格式各不相同。在不同的网络间进行数据传输,就需要网络互联设备充当"翻译官",将不同的数据进行分析和转发。常用的网络互联设备包括交换机和路由器。

　　交换机(switch)是一种用于电(光)信号转发的网络设备,如图 5-3 所示。它的作用可以理解为将一些机器连接起来组成一个局域网。比如,我们的实验室中有三排计算机,每一排中有一台 24 端口交换机,三个交换机使用双绞线连接,就构成了一个局域网。

图 5-3　交换机

　　路由器(router)是连接两个或多个网络的中间设备(如图 5-4 和图 5-5 所示),是

图 5-4　有线路由器　　　　　图 5-5　无线路由器

在网络之间通信时读取每一个数据包中的地址然后决定如何传送的一种智能性的网络设备,是计算机网络核心部分的构成主体。比如我们的学校有不同的教学楼,将不同教学楼的网络通过路由器连接,以此实现不同局域网的通信。

5.2.2　计算机网络的发展历程

1. 计算机网络发展史

计算机网络的发展从开始到现如今,一共经历了四个阶段。

第一阶段:面向终端的计算机网络(20 世纪 50 年代至 60 年代中期)

美国军方为了在战场上确保部分通信线路损毁仍可以保持通信联系,便由美国国防部的高级研究计划局(ARPA)建设了一个军用网——"阿帕网"(ARPANET)。阿帕网于 1969 年正式启用,当时仅连接了 4 台计算机。

此阶段,计算机主机昂贵,通信线路和设备相对便宜,为共享主机资源和综合处理信息,形成了以单主机为中心的联机终端系统。

第二阶段:计算机—计算机网络(20 世纪 60 年代中期至 70 年代末)

20 世纪 70 年代,ARPANET 已经实现几十个计算机网络互联,但是通信仅限于网络内部,不同计算机网络之间仍无法互通。为此,ARPA 又设立了新的研究项目,内容就是想用一种新的方法将不同的计算机局域网互联,形成"互联网"。研究人员称之为"internetwork",简称"Internet",这个名词一直沿用至今。

1974 年,TCP/IP 协议横空出世,如同为网络世界量身定制了一套通用规范(类似制定全球"普通话")。1983 年,具有里程碑意义的事件发生了,ARPANET 毅然决然地强制所有接入设备切换至 TCP/IP 协议。这一举措堪称网络发展史上的关键转折点,成功完成了技术标准的大一统。

此阶段奠定了互联网体系架构理论模型,多个计算机网络相互连接,形成了由多个主机系统互联构成的计算机网络。

第三阶段:开放式标准化网络(20 世纪 80 年代至 90 年代)

1984 年,开放系统互连参考模型(OSI 模型)应运而生。国际标准化组织(ISO)推出这一七层参考模型,旨在为全球网络架构确立统一标准。这一举措犹如为网络通信领域构建了一部"理想国宪法",为网络技术的规范化发展指明了方向。

尽管 OSI 模型理论完美,但 TCP/IP 凭借简单实用(仅四层结构)在现实中胜出。这类似于"实用英语"战胜"古典拉丁语"的过程,工程师更倾向可快速部署的方案。

此阶段,TCP/IP 协议逐渐成为标准协议,不同厂家的设备能够更好地互联互通,局域网和广域网蓬勃发展。

第四阶段:网络互联与高速网络(20 世纪 90 年代至今)

1991 年,万维网(WWW)诞生,网页浏览器让普通人摆脱复杂命令操作,能轻松获取图文信息,网络不再只属于专业人士。

云计算用远程数据中心替代个人计算机存储,用户能随时通过网络访问云端数据,减轻本地存储压力,提升数据安全性与共享性,推动办公、软件开发等领域创新。

物联网把联网设备从手机扩展到家电、汽车、工厂。智能家居可远程操控,车联网实现智能驾驶辅助,工业物联网优化工厂生产流程,万物互联形成智能化生态。

人工智能依靠海量网络数据训练算法,在语音识别、图像识别、智能推荐等方面成果显著,改变网络交互与服务模式。

此阶段,全球范围内的网络互联,网络规模不断扩大,应用更加丰富多样,极大地改变了人们使用网络的方式。

2. 我国计算机网络发展史

我国计算机网络发展史堪称一部数字文明的跃迁史诗,其历程可划分为三个关键阶段。

第一阶段:技术启蒙(1987—1993年)

随着1987年北京计算机应用技术研究所发出"跨越长城,走向世界"的划时代电子邮件,我国正式叩开互联网时代大门。此时网络技术主要服务于科研机构的国际学术交流,全国仅有数条国际专线,如同数字荒漠中的涓涓细流。1990年北京正负电子对撞机首次实现国际数据同步,标志着我国具备自主建设科研网络的能力。

第二阶段:基础构建(1994—1996年)

1994年4月,中关村教育与科研示范网络通过64K专线直连国际互联网,在万维网发明人蒂姆·伯纳斯·李的见证下,我国正式成为国际互联网第77个成员。随后两年间,CHINANET(电信)、CERNET(教育)、CSTNET(科技)、ChinaGBN(金桥)四大骨干网相继建成,构建起"四网通衢"的雏形。1996年首个网吧在上海开业,普通民众开始触网,如同蒸汽机车开启工业革命般,互联网正悄然改变社会形态。

第三阶段:全民普及(1997年至今)

1997年网易、搜狐等门户网站诞生,网络应用进入爆发期。2000年移动梦网推出,手机上网开始萌芽。截至2024年,我国已建成全球最大数字基础设施:光纤入户覆盖所有行政村,5G基站超360万座,IPv6活跃用户达7.8亿。数字经济规模突破50万亿元,占GDP比重超40%。当前,从北斗导航时频系统到"东数西算"工程,我国正在构建自主可控的下一代互联网体系,在卫星互联网、量子保密通信等前沿领域引领全球突破,为人类数字文明贡献中国智慧。2020年12月—2024年12月网民规模和互联网普及率如图5-6所示。

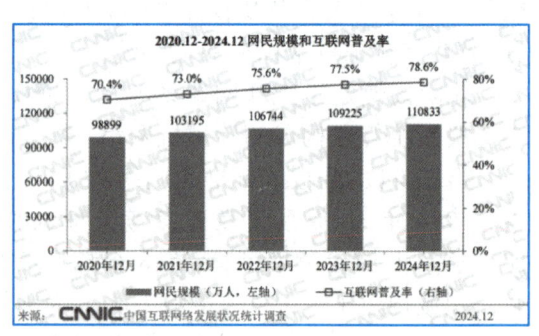

图5-6 我国网民规模和互联网普及率(2020年12月—2024年12月)

【科普知识】 5G(5th generation mobile communication technology,第五代移动通信技术)是具有高速率、低时延和大连接特点的新一代宽带移动通信技术,5G通信设施是实现人机物互联的网络基础设施。2022年10月31日是我国5G正式商用三周年的日子。11月1日,央视《朝闻天下》报道运营商提前超额完成当年网络建设任务,中国电信与中国联通已建成了业界规模最大、速率最快的全球首张5G独立组网共建共享网络。截至2022年9月末,三家基础电信企业移动电话用户总数达15.82亿户。其中,5G移动电话用户达5.1亿户,占移动电话用户的30.3%。截至9

月末,我国移动通信基站总数达 1 072 万个。其中,5G 基站总数达 222 万个。[①]

5.2.3　计算机网络的体系结构

计算机网络体系结构(computer network architecture)是指计算机网络层次结构模型和各层协议的集合,它是对计算机网络应完成的功能进行的精确定义。它好比是一个城市的交通系统规划,这个规划把城市交通分成了不同的层次和区域,每个层次和区域都有专门的任务和规则,让整个城市的交通能够有序运行。

1. OSI/RM 体系结构

在计算机网络体系结构中,极为重要的概念是协议,可以简单概括计算机网络体系结构 = 分层 + 协议。城市交通系统便是借助"分层"的思路拆解复杂的交通问题。最底层是道路、桥梁等物理设施,它们构成了交通运行的基础载体,仅提供最根本的通行能力;往上是路口的交通规则,通过信号灯、标线等规范,保障局部路段的有序传输;再到导航系统,承担起跨区域的路径规划与指引功能;而快递服务则聚焦于端到端的物资可靠交付;最上层的具体出行需求,则直接对接用户的多样化场景,如通勤、旅游、货运等。这种分层模式通过标准化接口实现了层与层之间的"解耦"——就像道路维修时,导航软件仍能正常规划绕行路线;新增共享单车这类出行工具,也无须对道路、桥梁等基础设施进行改造,既简化了系统设计,又提升了整体扩展性和维护效率,让复杂系统能像城市交通般有序高效运行。

网络体系结构中的协议规定了数据在各层之间的传输格式、顺序和规则等,确保数据能够准确无误地传输。交通中的交通规则规定了车辆和行人的通行方式、优先级、信号指示等,保证交通的安全和顺畅。

在计算机网络中,数据在不同层之间封装和解封装,通过网络链路进行传输,就像用户的货物通过一层层进行打包运输。数据在网络中的传输路径可以类比为车辆的行驶路线,根据网络的拓扑结构和路由算法,数据选择最优路径到达目的地,如同车辆根据地图和交通状况选择最佳路线到达目的地。

基于分层原理,计算机网络的 OSI/RM 结构是七层结构,而 TCP/IP 结构是四层结构,如图 5-7 所示。

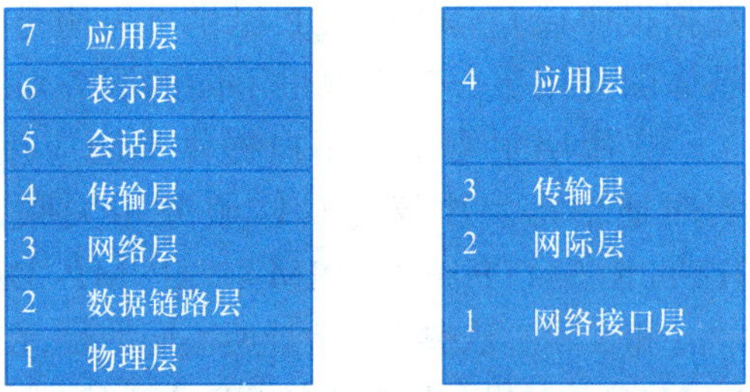

① 应用层:提供网络服务与最终用户的接口。

② 表示层:提供数据表示、加解密和压缩。

③ 会话层:建立、管理和终止会话(断点续传)。

④ 运输层:定义传输数据的协议端口号以及流量控制和差错校验。

⑤ 网络层:进行逻辑地址寻址并实现

(a) OSI/RM七层　　　　(b) TCP/IP四层

图 5-7　两种计算机网络体系结构

---

① 摘自百度百科词条"5G"。

不同网络之间的路径选择。

　　⑥ 数据链路层:建立逻辑连接、进行硬件地址寻址、差错校验。

　　⑦ 物理层:完成传输介质上传送比特流。

2. TCP/IP 体系结构

目前 Internet 正在使用的体系结构是 TCP/IP 体系结构。TCP/IP 体系结构是一个四层结构,自下而上分别是网络接口层、网际层、运输层和应用层。每一层通过若干协议完成不同的功能,上层协议使用下层协议体系的服务,下层为上层服务提供接口。TCP/IP 体系结构的具体实现方式被称为 TCP/IP 协议族,其经典的结构如图 5-8 所示。

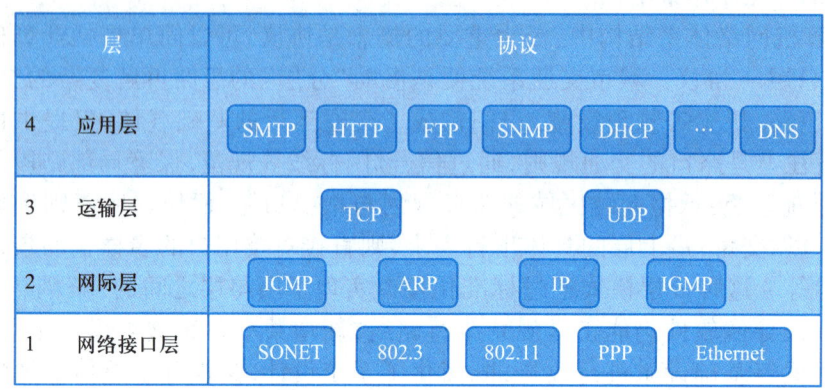

图 5-8　TCP/IP 协议族

网络接口层的作用是处理与通信介质相关的物理接口。主要负责处理网络的硬件部分,比如,网卡、光纤、各种连接器等。

网际层的作用是处理数据包在网络上的流动传输,即通过选定的路径传输数据包到达目的地。主要协议包括 ARP(IP 地址到 MAC 地址的解析),ICMP(因特网控制报文协议,用来实现差错检测和信息查询),IGMP(因特网组管理协议,实现组播功能)和 IP(因特网协议,实现目的地的定位)。

运输层的作用主要是提供端到端的数据通信。运输层有两个协议 TCP(transmission control protocol,传输控制协议)和 UDP(user datagram protocol,用户数据报协议)。其中,TCP 提供可靠服务,UDP 提供尽最大努力服务,它们根据应用层具体的应用服务需求提供不同的服务对接。

应用层主要是向用户提供不同应用服务时的通信。比如,文件传输、域名解析、实时通信等。协议与具体服务相关联,也是协议最多的一层,常用协议有:HTTP、HTTPS、SMTP、POP3、IMAP、SNMP、DHCP、DNS、FTP、TELNET 等。

和实际生活中我们地址所不同的是,在 Internet 中有不同的地址,主要包括:数据链路层的 MAC 地址,以及网际层的 IP 地址,运输层的端口号。

5.2.4　计算机网络的分类

按照不同的标准,计算机网络分类也有很多不同的方式。本节只列举其中两种较为常见的。

1. 按照网络覆盖地域范围

个域网:围绕某个人而搭建的计算机网络,覆盖范围很小,一般在半径 10 m 之内。一个简单个域网案例如图 5-9 所示。

局域网:局限于一定范围,属于一个组织,一个单位或者一个部门所有,比如,校园网、实验室网络、家庭网络等。特点是:一般不对外提供公共服务,管理方便,安全保密性高。优点是:传输速率高,组建方便,投资少,见效快,使用灵活,是最普遍的计算机网络。小型企业局域网拓扑如图 5-10 所示。

城域网:通常是跨越一个区域或者是一个城市。比如,有线电视网。

图 5-9　个域网案例

广域网:范围较大,可以大到一个国家、几个国家,甚至是全世界,比如,因特网。特点是:提供大范围的公共服务。缺点是:投资大,维护困难,安全保密性差,传输速率慢。

需要注意的是这里我们进行的网络划分并不是严格意义上地理范围的划分,只是一个定性的概念。比如,不能确定的说个域网就是 3 km 以内,局域网覆盖范围就是 3~10 km。随着计算机网络的发展,这种地域范围界限变得很模糊,不能单纯按照地理范围进行区分网络类型。

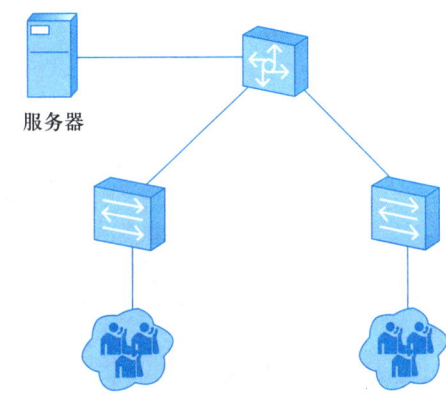

图 5-10　局域网案例

2. 按照拓扑结构

星形:指各工作站以星形的方式进行连接,网络有中央节点,其他节点都与中央节点直接相连,又称为集中式网络。特点:结构简单,便于管理;控制简单,便于建立;延迟小;差错率低。一般家庭和小型办公网络使用星形拓扑,案例如图 5-11 所示。

环形:由若干节点通过点到点连接的方式形成一个闭合的环。案例如图 5-12 所示。

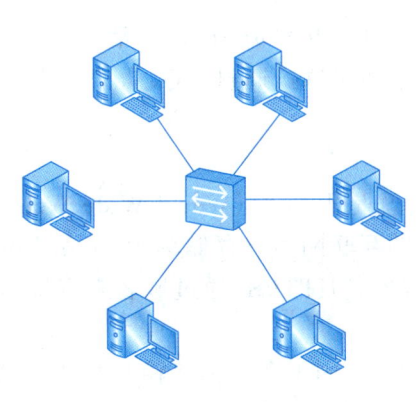

图 5-11　星形拓扑

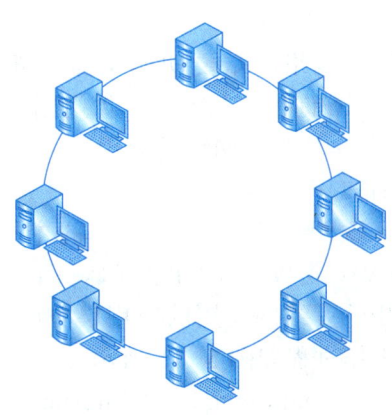

图 5-12　环形拓扑

总线型:所有网络节点都连接到一条总线上,各节点地位平等。案例如图5-13所示。

网状:又称为无规则结构,节点之间连接是任意的,没有规律。优点:可靠性高,扩展性好。缺点:结构复杂。目前广域网基本采用网状拓扑结构。案例如图5-14所示。

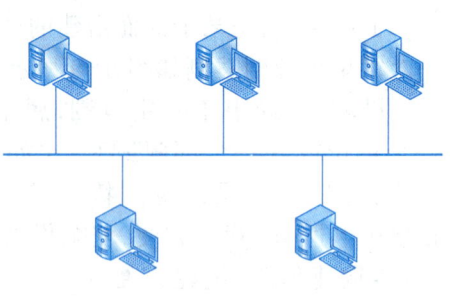

图5-13   总线型拓扑

需要注意的是互联网并不是单纯某一种拓扑结构,而是由以上多种拓扑所构成的融合体,是由分散在不同区域的若干个网络连接起来的、形成互相访问的巨型通信网。比如,家庭中使用的网络拓扑结构大部分是星形拓扑,因特网的骨干网络使用的网络拓扑结构是网状拓扑等。

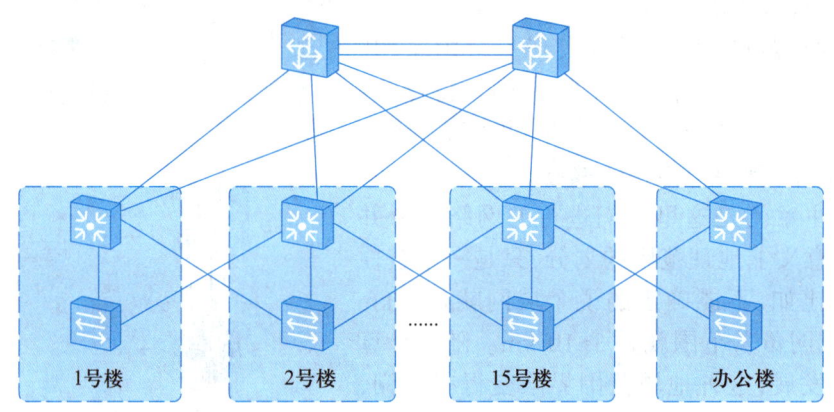

图5-14   网状拓扑

其他分类方式还有很多,比如,按照交换方式、按照网络协议、按照应用规模等,都可以进行网络分类,在此不一一列举。

5.2.5   计算机网络的主要应用

计算机网络的重要功能是实现资源共享和信息交流,日常生活中,我们使用百度、谷歌等查询信息;使用淘宝、京东等进行网络购物;通过QQ、微信等进行信息交流,这些都是计算机网络的应用。

1.   信息分享

在互联网中实现信息分享的主要方式就是万维网(World Wide Web,也称为Web、WWW或'W3')。万维网是一个大规模的互联网信息存储场所,是互联网的一种网络应用。万维网使用的应用层协议是HTTP或HTTPS,通过域名来定位信息。万维网的工作过程如图5-15所示。

域名(domain name),是Internet地址的一种,用于在数据传输时对计算机进行定位。当使用浏览器进行信息查询的过程中,需要用到域名。

IP 地址（Internet Protocol Address），是分配给连接到互联网的网络中设备的数字标签,用于在网络中标识设备的位置并实现数据的传输和通信。如同现实生活中的家庭住址一样,IP 地址能够唯一地标识网络中的每一台设备,无论是计算机、服务器、智能手机还是路由器等,都有其特定的 IP 地址,以便在网络中进行区分和识别。

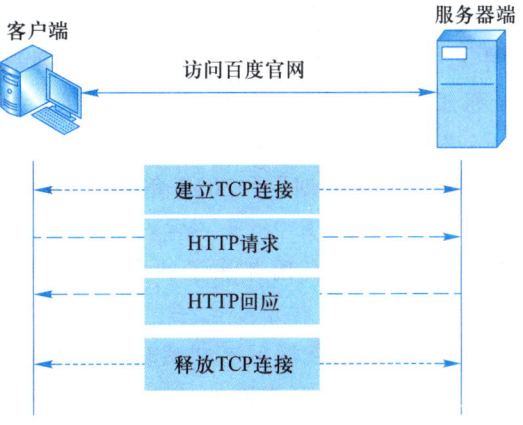

图 5-15　万维网工作过程

互联网中使用 IP 地址作为地址标识,用于定位设备,实现数据传输。但是由于 IP 地址是数字标识,难以记忆,因此引入域名这种符号化的地址方案,代替了数字型的 IP 地址。IP 地址和域名之间相互关联,每一个域名都有特定的 IP 地址与之对应。比如,百度公司域名对应的 IP 地址是:240e:e9:6002:1ac:0:ff:b07e:36c5,很明显域名更容易记忆。

一个企业或者个人如果需要在互联网上发布自己的主页,就必须需要一个域名。域名是企业或者个人在网络上的重要标识,从而实现更好的资源共享。

域名的构成是分部分的,各部分用点(.)隔开,主要形式是:主机名.三级域名.二级域名.顶级域名。比如,www.tsinghua.edu.cn。其中,www 是主机名,tsinghua 是三级域名,edu 是二级域名,cn 是顶级域名。顶级域名主要包括两种。

（1）国家顶级域名

接入互联网的国家和地区都会分配有两个字母组成的国家和地区的顶级域名。比如,中国.cn、日本.jp、美国.us、英国.uk 等。

（2）通用顶级域名

通用顶级域名是提供给一些特定组织使用的顶级域名,以其代表组织的名称的简写来表示。比如,公司 com、网络服务机构 net、非营利性组织 org、国际组织 int、教育机构 edu、政府部门 gov、军事部门 mil 等。

2010 年 7 月开始,中文顶级域名". 中国"正式写入全球互联网根域名系统,标志着中文顶级域名开始在互联网的使用。据中国互联网络信息中心（CNNIC）最新发布的第 55 次中国互联网络发展状况统计报告显示,截至 2024 年 12 月,我国域名总数为 3 302 万个,如表 5-1 所示。其中,".CN"域名数量为 2 082 万个;".COM"域名数量为 705 万个;". 中国"域名数量为 17 万个;新通用顶级域名（New gTLD）数量为 364 万个。

表 5-1　我国分类域名数

分类	数量 / 个	分类	数量 / 个
.CN	20 823 037	ORG	23 118
.COM	7 047 974	New gTLD	3 640 877
.NET	590 181	其他	680 956
. 中国	165 265	合计	33 019 905
INFO	48 497		

【科普知识】　根服务器是国际互联网最重要的战略基础设施,是互联网通信的"中枢"。由于种种原因,IPV4互联网根服务器数量一直被限定为13个(其中唯一的主根服务器在美国,其他12台辅助根服务器分布在美国、日本和欧洲,我国没有)。[①]

基于全新技术架构的全球下一代互联网(IPv6)根服务器测试和运营实验项目——"雪人计划"于2015年6月23日正式发布。

2017年11月28日,"雪人计划"已在全球完成25台IPv6(互联网协议第六版)根服务器架设,我国部署了其中的4台,打破了我国过去没有根服务器的困境。我国下一代互联网工程中心主任、"雪人计划"首任执行主席刘东认为,该计划将打破根服务器困局,全球互联网有望实现多边共治。[②]

信息分享是万维网的核心目的之一,万维网是信息分享的重要平台,而HTTP和HTTPS是实现万维网上信息分享和交互的关键技术支撑,三者相互关联、相互促进,共同构成了现代互联网信息传播的基础。

超文本传输协议(hypertext transfer protocol,HTTP)是互联网上应用最为广泛的一种网络协议,是浏览网页、看在线视频、听在线音乐等所遵循的规则。所有的WWW文件都必须遵守这个标准。

HTTP定义了浏览器如何向万维网服务器请求万维网资源,以及万维网服务器如何将资源传送给浏览器。比如,用户打开浏览器访问"华为家用路由器",用户输入网址之后按Enter键发生的事件如下:

① 浏览器分析网址。

② 计算机向域名服务器(实现域名到IP地址映射)请求根据consumer.huawei.com找到对应的IP地址。

③ 域名服务器解析得到华为服务器的IP地址是119.188.48.85。

④ 本地计算机与服务器建立TCP连接(HTTP是基于TCP的)。

⑤ 浏览器发出取文件命令。

⑥ 服务器给出回应,返回请求的文件。

⑦ 释放TCP连接。

⑧ 浏览器显示页面。

随着互联网发展,HTTP的安全问题凸显,如数据明文传输易被窃取和篡改,为解决这些问题,HTTPS应运而生,它在HTTP基础上加入传输加密和身份认证用于加密通信。HTTPS(hyper text transfer protocol secure)即超文本传输安全协议,是在HTTP的基础上来确保网络通信安全的协议。

2. 信息交流

互联网中进行信息交流最为流行的应用是电子邮件(E-mail)和即时通信(如QQ,微信),这些应用也是互联网上最为重要和使用最为广泛的应用。

(1) 即时通信

即时通信(instant message,IM)是指能够即时发送和接收互联网消息等的业务。

---

① 摘自百度百科词条"根域名服务器"。

② 摘自百度百科词条"雪人计划"。

即时通信因为其实时性、便捷性、灵活性,是目前日常生活中最常使用的互联网应用。据统计,截至 2024 年 12 月,我国即时通信用户规模达 10.81 亿人,较 2023 年 12 月增长 2 170 万人,占整体网民的 97.6%。

自 1998 年面世以来,特别是近几年的迅速发展,即时通信的功能日益丰富,逐渐集成了电子邮件、博客、音乐、电视、游戏和搜索等多种功能。即时通信不再是一个单纯的聊天工具,它已经发展成集交流、资讯、娱乐、搜索、电子商务、办公协作和企业客户服务等为一体的综合化信息平台。

现在国内的即时通信工具按照使用对象分为两类:一类是个人 IM,如 QQ、微信、百度 Hi、网易泡泡和淘宝旺旺等。另一类是企业 IM,简称 EIM,如 E 话通、UC、EC 企业即时通信软件、UcSTAR 和商务通等。

（2）电子邮件

电子邮件(electronic mail,E-mail)是一种通过电子手段完成信息交流的通信方法。它是即时通信未出现之前互联网上使用最广泛的服务。通过网络电子邮件系统,用户可以以非常低的价格(无论发送到哪里,他们只需承担网络费用)和非常快速的方式(可以在几秒内发送到任何指定的目的地)联系世界任何角落的网络用户。

电子邮件可以有多种形式,如文本、图像、声音等。电子邮件在 Internet 上发送和接收的原理与我们日常生活中邮寄包裹相类似:当要邮寄一个包裹,首先要找到快递点,在填写完收件人姓名、地址等等之后包裹就寄出而到了收件人所在地的快递点,对方取包裹的时候根据收件人信息和发件人信息进行收取。同样地,当发送电子邮件时,这封邮件是由邮件发送服务器发出,根据收信人的地址判断对方的邮件接收服务器而将这封信发送到该服务器上,收信人到该邮件接收服务器进行读取。电子邮件的工作方式如图 5-16 所示。

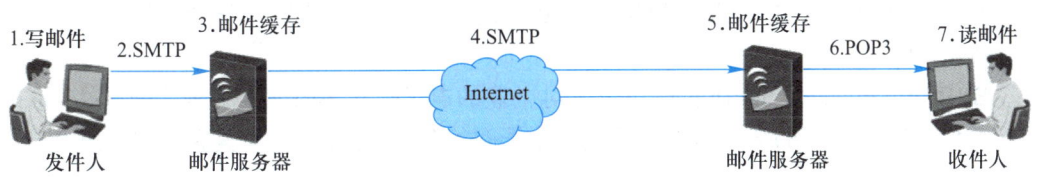

图 5-16　电子邮件发送过程

电子邮件有 SMTP、POP3 和 IMAP 三种协议,其中,SMTP 负责发送邮件,POP3 和 IMAP 负责接收邮件。

SMTP(simple mail transfer protocol)即简单邮件传输协议,它是一组用于由源地址到目的地址传送邮件的规则,由它来控制信件的中转方式。SMTP 协议属于 TCP/IP 协议族,它帮助每台计算机在发送或中转信件时找到下一个目的地。SMTP 通信的三个阶段是:连接建立、邮件传送和连接释放。

POP3(post office protocol-version 3,邮局协议版本 3),是 TCP/IP 协议族中的一员,它主要用于支持使用客户端远程管理在服务器上的电子邮件,比如,下载、阅读、删除等。

IMAP(internet message access protocol)即互联网消息访问协议,是一种用于电子邮件客户端从邮件服务器获取邮件的协议,它允许用户在本地设备上管理邮件,可在服务器上对邮件进行分类、标记等操作,并能实现多设备间邮件状态的同步,常见版本为 IMAP4,相比 POP3 协议,IMAP 更适合需要在多个设备上同步邮件操作和管理大量邮件的用户,目前广泛应用于企业和个人电子邮件系统中。

在 Windows 中,可以方便地查看 QQ 邮箱所用邮件协议,查看过程如例 5-1。

【例 5-1】 查看 QQ 邮箱所用的邮件协议。

【解析】 在 Windows 中,在浏览器中登录 QQ 邮箱,选择"设置"→"账户"命令则可以看到邮件协议,如图 5-17 所示。

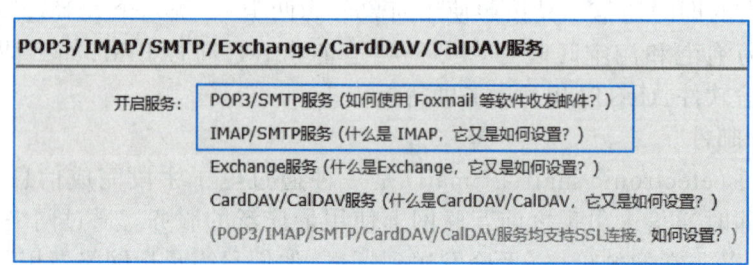

图 5-17　QQ 邮箱邮件协议

3. 电子商务

自 IBM 公司于 1996 年提出电子商务(electronic commerce)的概念以来,得益于计算机技术、网络技术以及远程通信技术的持续发展,电子商务呈现出蓬勃发展的态势。它拓宽了服务渠道,使商务活动的服务质量得到了极大提升。

电子商务通常是指在商业贸易活动中,在因特网开放的网络环境下,买卖双方不谋面地进行各种商贸活动,实现消费者的网上购物、商户之间的网上交易和在线电子支付以及各种商务活动、交易活动、金融活动和相关的综合服务活动的一种新型的商业运营模式。

根据电子商务中参与人的身份及所处的角度,主要分为以下三种类型:

(1) B2B

B2B(business to business)即企业对企业的电子商务,是企业与企业之间通过互联网进行产品、服务及信息的交换的方式,即进行电子商务交易的供需双方都是企业,如阿里巴巴。

(2) B2C

B2C(business to customer)即企业对用户。B2C 模式是我国最早产生的电子商务模式,以 8848 网上商城正式运营为标志,如今的 B2C 电子商务网站非常多,比较大型的有京东商城、拼多多、当当网等。

(3) C2C

C2C(consumer to consumer)即用户对用户。C2C 商务平台就是通过为买卖双方提供一个在线交易平台,使卖方可以主动提供商品上网拍卖,而买方可以自行选择商品进行竞价,如淘宝网、孔夫子旧书网等。

我国线上消费在居民消费中发挥积极作用。数据显示,截至 2024 年 12 月,网络支付用户规模达 10.29 亿人,网络购物用户规模达 9.74 亿人,网上零售额、移动支付普及率稳居全球第一。

【科普知识】 阿里巴巴集团控股有限公司(简称:阿里巴巴集团)是 1999 年在浙江省杭州市创立的电子商务公司。阿里巴巴集团经营多项业务,另外也从关联公司的业务和服务中取得经营商业生态系统上的支援。业务和关联公司的业务包括:

淘宝网、天猫、聚划算、全球速卖通、阿里巴巴国际交易市场、1688、阿里妈妈、阿里云、蚂蚁金服、菜鸟网络等。2014 年 9 月 19 日,阿里巴巴集团在纽约证券交易所正式挂牌上市,创造了史上最大 IPO 记录,股票代码"BABA"。2019 年 11 月 26 日,阿里巴巴港股上市。12 月,阿里巴巴集团入选 2019 中国品牌强国盛典榜样 100 品牌。[①]

5.3　物联网及其应用

自 1999 年物联网概念被提出以来,它已成为继计算机、互联网之后信息产业发展的第三次信息革命。现如今,随着工业自动化和生活智能化的发展,以互联网为依托的物联网,已经融入社会生活的各个方面,比如,手机支付、门禁、导航、智能家居等,成为日常生活和工作中不可或缺的一部分。

5.3.1　物联网概述

目前物联网的研究正处于发展阶段,定义尚未统一。比较正式的定义:

物联网(internet of things,IoT)是指通过信息传感设备,按照约定的协议,把任何物品与互联网连接起来,进行信息交换和通信,以实现智能化识别、定位、跟踪、监控和管理的一种网络。

物联网就是"物物相连的互联网",它包含两层含义:第一,物联网是互联网的延伸和扩展,其核心和基础仍然是互联网;第二,物联网的用户端不仅包括人,还包括物品,物联网实现了人与物品及物品之间信息的交换和通信。

"物"不仅仅局限于手机、电话手表等各种高科技产品,还包括各种电器、电子设备、车辆等包含电子装置的物体,甚至是衣服、食物、零食、动物、植物等不含电子科技的产品都可以实现"上网"。

IoT 将人、机、物有机融合,延长了人类对于万物的感知,并在不断改变人类的社会生活方式。

物联网是人、机、物之间的信息传递与控制。物联网工作的流程是信息收集处理→信息传输→智能化管理应用。信息收集处理是物联网应用的基石,通过传感器将原始数据进行采集并简单处理转化为电信号;通过网络技术将电信号进行传输;最后由嵌入式终端系统对接收的信号进行智能化识别、定位、跟踪和监管等。

在物联网中,将万物加上各种"感觉器官"——传感器,就可以研究自然现象和规律。传感器(sensor)是实现自动检测和自动控制的终端环节,在物联网中负责对所需要的环境原始参数进行精确可靠的采集。信息采集是将温度、湿度、压力、电压等测量的数据转换成可用的输出信号。可以说传感器是人类五官的延伸,因此又称为"电五官"。

物联网的网络技术包含:标识技术、传感器网络以及物联网通信技术。标识技术

---

①　摘自百度百科词条"阿里巴巴集团控股有限公司"。

主要包括:一维码、二维条形码和 RFID(射频识别)等电子标签。当带有特定电子标签的物品通过特定的信息读写器时,标签被读写器激活并通过无线电波将标签携带的信息传送到读写器及信息处理系统,完成带有"身份"的信息自动采集工作。传感器网络是能够协调各类传感器进行实时监控、感知和采集监测对象信息的网络。典型的传感器网络通常由大量传感器节点、收发器、Internet 或通信卫星、基站(sink)构成。物联网通信技术为物联网数据提供传送通道,是在现有互联网基础上进行的扩展,以适应物联网业务需求(如低时延,低功耗、低移动性等)。

嵌入式技术聚焦于面向特定领域的精准需求,打造专属的计算机系统(嵌入式系统)。嵌入式系统以应用为中心,以计算机技术为基础,并且软硬件量身定做,适用于对功能和性能都有严格要求的物联网。针对物联网特点功能设计的嵌入式系统主要是将通过传感器网络和互联网接收的数据进行智能化处理,并进行分析,最后将用户需要的数据进行可视化呈现。

5.3.2 物联网的应用

物联网的应用涉及人类社会的很多方面,现在已经应用在工业、医疗、农业、物流、交通、电网、环保、消防、家具等领域,为我们带来各种便利。随着物联网技术不断发展和成熟,未来物联网将给社会生活带来革命性的变化。以下举例说明物联网常用领域。

1. 智慧交通

智慧交通主要体现在人、车、路的有效结合,实现车辆依靠智能自动驾驶,公路依靠智能调整车流、行人达到最佳状态。从而减轻交通负荷,改善交通环境,保障交通安全,有效提高资源利用率。

智慧交通主要解决以下问题:第一,交通实时监控,获知道路最新消息(比如,交通事故定位,交通拥挤通知,道路通畅导航),并将信息整合通知给驾驶员、行人或交警。第二,公共交通工具管理,根据客流量和交通情况,实现驾驶员和调度中心的有效沟通,提升运营效率。第三,旅行信息服务,向旅行者提供多种方式的交通综合信息。第四,车辆智能驾驶,利用交通实时数据实现车辆自动驾驶。其他应用方面如共享单车、红绿灯控制、充电桩等。

2. 智能家居

智能家居是综合利用计算机技术、网络通信技术、智能云端控制、综合布线技术、物联网技术依照人体工程学原理,融合个性需求,将与家居生活有关的各个子系统(如安防、灯光控制、窗帘控制、煤气阀控制等)有机地结合在一起,通过网络化综合智能控制和管理,实现"以人为本"的全新家居生活体验。

目前很多方面已经得到实施,比如,遥控控制(灯光、空调、热水器等的开启和关闭)、电话控制、定时控制、报警功能、空气调节、智能安防等。

3. 智慧农业

智慧农业是传统农业与物联网的有机融合,是改造传统农业的运维模式,其通过智能终端(比如手机、计算机、平板等),对利用传感器收集的数据进行分析,使用软件控制农业发展各个环节,主要体现在农业种植、畜牧养殖。

农业种植利用传感器、摄像头、卫星或互联网,实现农业环境感知,实现智能预警、智能决策、智能分析以及专家系统的在线指导,实现农业生产精准化。

畜牧养殖通过耳标、可穿戴设备、摄像头收集数据,然后分析数据,处理数据,并使用算法判断畜牧的状况,实现喂养、健康、位置、生产等精准管理。

4. 智慧医疗

在医疗领域,利用物联网将患者、医护人员、医疗机构、医疗设备进行有效连接,从而实现医疗过程的可视化、信息化和智能化。以可穿戴医疗设施为例,患者佩戴安装有传感器的定制服装,通过各种功能传感器可以监测佩戴人的心跳频率、体力消耗、血压高低、血氧饱和度,将收集的原始数据形成电子文件,通过数据处理和数据分析,方便监测和控制。

智慧医疗可以覆盖整个医疗生态系统的每个群体(比如,医学研究人员、药品供应商、生产商、保险公司等),比如,可以利用物联网实现医疗设备、医疗用品监控,实现医院的可视化、数字化管理,建立信息平台,整合业务流程,共享资源,有效提高医疗资源的合理配置。

5. 物流管理

以物联网、大数据和人工智能为支撑技术,物流各个工作环节已经可以进行感知、分析、处理等。在物联网方向,主要可以实现仓储、运输监测、快递终端。

以运输监测这一关键环节为例。传感器被巧妙部署于货箱与运输车辆各处,对货物所处环境的湿度、温度进行实时精准监测,确保货物在适宜条件下运输,降低变质风险。同时,针对运输车辆,全方位追踪其位置信息,让调度人员能随时掌握车辆行踪,合理规划路线。车辆的运行状态,如发动机工况、刹车状态等也被密切关注,保障行驶安全。此外,油耗数据能帮助企业评估成本、优化运营,速度监测则确保车辆合规行驶、按时抵达。这些丰富的数据经汇总与分析,为物流决策提供有力依据,极大地提升了物流行业的智能化水平,让物流运输更高效、更智能、更可靠。

除了以上五个方面,物联网也在其他很多领域不断发展,比如,食品安全、工业制造、环境保护、零售、楼宇、电网、安防等。通过物联网技术获取数据,利用云技术、边缘计算、人工智能技术分析处理,可以让社会生活更加智能化、数字化。物联网作为获取数据的前期入口,具有极大发展潜力。

5.4　数据与数据分析

近年来,网络的发展和海量数据的产生推动了人工智能算法的突破。数据(特别是大数据)成为人工智能浪潮的主要驱动力。

5.4.1　数据的概念及其与人工智能的关系

数据(data)是对客观事物的符号表示,在计算机科学中是指所有能输入到计算机中并被计算机程序处理的符号的总称。

　　数据蕴含巨大的价值,已经被赋予多重战略意义。在资源的角度,数据被视为"未来的石油",被作为战略性资产进行管理,是战略新兴产业中最活跃的部分,已成为大国之间博弈和较量的利器。

　　数据是程序的处理对象,是计算机程序加工的"原料",严格来说,计算机的本质为"数据处理机"。同时数据也是人工智能的源泉,是人工智能发展和运行的基础。

　　人工智能技术可以对海量、复杂的数据进行高效的处理和分析。例如,利用数据挖掘算法可以从大量数据中发现隐藏的关联规则、聚类信息和异常点等;机器学习中的降维算法可以对高维数据进行处理,去除噪声和冗余信息,提取出更有代表性的特征,方便后续的数据分析和处理。

　　基于对历史数据的学习和分析,人工智能模型能够对未来趋势进行预测,为决策提供有力支持。例如,在金融领域,通过对历史交易数据、市场行情等数据的分析,人工智能模型可以预测股票价格走势、评估信用风险等,帮助投资者和金融机构做出更明智的决策。在医疗领域,利用患者的病历数据、检查结果等,人工智能可以预测疾病的发展趋势,辅助医生制定治疗方案。

　　人工智能能够从数据中发现新的知识和规律,为各个领域带来创新。例如,在科学研究中,通过对大量实验数据、观测数据的分析,人工智能可以帮助科学家发现新的物理现象、生物基因规律等;在商业领域,人工智能对用户行为数据的分析可以发现新的市场需求和用户痛点,推动产品和服务的创新。

5.4.2　大数据

1. 大数据的概念

　　随着计算机和互联网技术的飞速发展,人们的日常生活和工作中每时每刻都在产生大量的数据,如图5-18所示。

　　大数据(big data)是互联网发展到一定阶段的重要产物,提供了一种人类认识复杂系统的新思维和新手段,不仅积极影响着人们的生活、工作和学习方式,还给传统

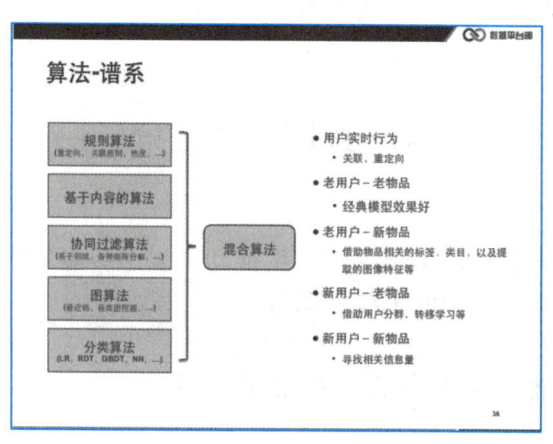

图 5-18　大数据示意图

信息技术带来了巨大变革。但是,和大多数信息学领域的新兴概念一样,大数据至今还没有一个确切的、统一的定义。

研究机构高德纳(Gartner)对大数据的定义是:大数据是需要新处理模式才能具有更强的决策力、洞察发现能力和流程优化能力来适应海量、高增长率和多样化的信息资产。

麦肯锡全球研究所的定义是:大数据是一种规模大到在获取、存储、管理、分析方面远超传统数据库软件工具能力范围的数据集合,具有海量的数据规模、快速的数据流转、多样的数据类型和价值密度低四大特征。

百度百科的定义:"大数据",或称巨量资料,是指所涉及的资料量规模巨大到无法透过目前主流软件工具,在合理时间内达到撷取、管理、处理、并整理成为帮助企业经营决策更积极目的的资讯。

维基百科的定义:大数据是指利用常用软件工具来获取、管理和处理数据所耗时间超过可容忍时间的数据集。换而言之,大数据的数据体量巨大、数据结构复杂,一些常用的软件工具无法在合理的时间内对这些数据进行有效的管理、收集、处理、分析。

【科普知识】　全球著名咨询机构 IDC(国际文献资料中心)在 2006 年估计全世界产生的数据量是 0.18 ZB(1 ZB=100 万 PB),而截至 2011 年,这个数字已经提升了一个数量级,达到 1.8 ZB。这种数据产生的速度仍在增长,预计 2030 年将达到 612 ZB。

2. 大数据的起源和发展

到目前为止,大数据的发展历程总体上可以划分为三个阶段:萌芽期、发展期和爆发期。

(1) 萌芽期(1980—2008 年)

1980 年,未来学家阿尔文·托夫勒(Alvin Toffler)在《第三次浪潮》里首次提出"大数据"这个词汇,并将其称颂为"第三次浪潮的华彩乐章"。1998 年,美国高性能计算公司 SGI 的首席科学家约翰·马西(John Mashey)在一个国际会议报告中使用大数据这一概念来描述"数据爆炸"的现象。2003 年到 2006 年期间,谷歌发表了三篇论文,以解决大数据的存储、运算和数据组织这三个最核心的问题。

这一阶段是大数据概念的萌芽阶段,大数据概念得到广泛的认可,但数据的收集、处理和存储没有得到进一步的探索,发展速度缓慢。

(2) 发展期(2009—2012 年)

2011 年 6 月,麦肯锡公司发布研究报告《大数据:创新、竞争和生产力的下一个前沿》,指出"大数据时代已经到来"。在我国,以腾讯、网易、新浪、搜狐、百度为代表的 IT 企业迅速崛起。2012 年,牛津大学教授维克托·迈尔·舍恩伯格在其畅销书《大数据时代》中提出了大数据的"4V"特征。同年,美国发布了《大数据的研究和发展计划》,其他国家也制定了相应的战略和规划。2012 年 7 月,联合国发布了大数据政务白皮书《大数据促发展:挑战与机遇》。

这一阶段大数据蓬勃发展,伴随着互联网的成熟,大数据技术逐渐被大众熟悉和使用,各国政府开始意识到数据的价值,尝试抢占大数据这一新高地。

(3) 爆发期(2013 年至今)

2013 年,被称为"大数据元年",大数据相关技术、产品、应用和标准不断发展,从技术向应用、再到治理的逐渐迁移,大数据概念体系逐渐成熟。2014 年,"大数据"首次写入我国《政府工作报告》,上升为国家战略;2015 年,国务院印发《促进大数据发展行动纲要》,这是指导我国大数据发展的国家顶层设计和总体部署。2021 年,工业和信息化部印发《"十四五"大数据产业发展规划》,作为未来五年大数据产业发展工作的行动纲领。

这一阶段,大数据终于迎来了爆发式的发展和大规模的应用,意味着大数据时代正在开启。世界各国将大数据作为国家发展的重要资产之一,开启大数据产业创新发展新赛道,聚力数据要素多重价值挖掘,抢占大数据产业发展制高点。

5.4.3　数据分析

1.数据分析概念

数据分析是指通过对数据的收集、整理、处理和分析,提取有价值的信息和知识,以支持决策和解决问题的过程。它涉及多种技术和方法,旨在帮助我们理解数据背后的含义。

在当今信息爆炸的时代,数据分析已成为各行各业不可或缺的工具。主要体现在以下几个方面:

(1)辅助决策制定

在商业决策中,通过对市场数据、销售数据、用户数据等多维度分析,企业能够了解市场动态、消费者需求和竞争对手情况,从而制定出更符合实际的战略规划和营销策略。例如,电商平台根据用户的浏览、购买等行为数据,分析消费者偏好,为商家提供商品上架和推广的决策依据,同时也为平台的资源分配和业务拓展提供有力支撑。

数据分析能够帮助决策者量化风险和不确定性。在投资领域,通过对大量金融数据的分析,投资者可以评估不同投资项目的风险和收益,从而做出更明智的投资选择,避免盲目投资带来的损失。

(2)优化业务流程

在制造业中,通过对生产过程数据的分析,可以发现生产环节中的瓶颈和问题,如设备故障、生产流程不合理等,进而优化和改进,提高生产效率和产品质量。在物流行业,通过分析运输路线、配送时间等数据,有助于优化物流配送方案,降低运输成本。

持续的数据分析可以监测业务运营的关键指标,及时发现潜在的问题和异常情况。例如,企业通过对财务数据的分析,能够提前发现资金流动异常、成本超支等问题,以便及时采取措施进行调整和解决,避免问题扩大化对企业造成严重影响。

(3)助力创新发展

数据分析可以帮助企业发现市场中的潜在需求和未被满足的空白领域。以互联网行业为例,通过对用户行为数据的深度挖掘,可能会发现新的用户需求或商业模式,从而推动企业进行产品创新和业务拓展,开拓新的市场空间。

在产品研发过程中,通过对用户反馈数据、市场调研数据的分析,企业可以了解用户对现有产品的意见和期望,从而有针对性地进行产品改进和创新,开发出更符合市场需求的新产品。

(4)提升用户体验

在互联网和移动应用领域,数据分析能够根据用户的行为、偏好等数据,为用户提供个性化的内容推荐、服务和产品。例如,音乐类应用根据用户的听歌历史推荐符合其口味的新歌单,视频平台推荐用户可能感兴趣的视频内容,提高用户的使用体验和忠诚度。

通过分析用户投诉数据、客服记录等,企业可以了解用户在使用产品或服务过程中遇到的问题和痛点,从而改进服务流程和质量,提升用户满意度。

(5)衡量和评估绩效

企业可以通过设定关键绩效指标(KPI),并利用数据分析来衡量和评估企业整体以及各个部门、团队的绩效表现。通过对财务数据、销售数据、市场份额等指标的分析,了解企业在一定特定时期内的经营成果和发展状况,为企业的绩效考核和激励机制提供依据。

在项目管理中,数据分析可以用于评估项目的进展情况和最终效果。通过对项目执行过程中的各项数据进行收集和分析,如项目进度、成本支出、质量指标等,及时发现项目中存在的问题,调整项目计划和资源分配,确保项目顺利完成,并为后续项目提供经验参考。

2. 数据分析的应用

数据分析广泛应用于多个领域,为各行业的决策与发展提供关键支持。

(1)商业与市场营销

通过分析消费者行为数据,企业能洞察消费者偏好、购买习惯和需求趋势。例如,零售企业借助销售数据判断哪些商品畅销、哪些滞销,进而调整库存管理与商品陈列。同时,利用客户数据分析进行精准营销,将合适的产品推荐给目标客户,提高营销效果和客户满意度。

(2)金融领域

银行、投资机构等利用数据分析评估风险,如通过分析客户信用数据、财务状况等,预测贷款违约风险,决定是否放贷以及利率水平。在投资领域,分析市场数据、行业趋势和企业财务数据,辅助投资决策,筛选出具有潜力的投资标的。

(3)医疗健康

在临床研究中,分析患者的病历数据、治疗效果数据,有助于医生评估治疗方案的有效性,探索疾病的发病机制和治疗方法。还可利用数据分析进行疾病预测,提前采取预防措施,提升公共卫生管理效率。

(4)教育行业

分析学生的学习成绩、学习行为数据,教师能了解学生的学习状况,发现学习困难的学生并提供个性化辅导。学校通过分析招生数据、就业数据,优化专业设置和课程安排,提高教育质量和学生就业竞争力。

3. 常用数据分析工具

数据处理工具:Excel 能录入、整理、计算、筛选、排序数据,还能通过数据透视表、图表做简单分析,适用于小规模数据;SQL 数据库,如 MySQL、Oracle 等,用 SQL 语言存储、管理、查询大规模结构化数据。

编程语言:Python 有 Pandas、NumPy、Matplotlib 等扩展库,用于数据处理、计算、可视化,还能用于机器学习;R 语言专注统计分析与绘图,在科研、学术领域应用广泛。

数据可视化工具:Tableau 能快速把数据转为直观图表、仪表板,支持交互式分析;Power BI 是微软商业智能工具,与微软生态集成,可自定义和建模,适合企业。

统计分析工具:SAS 专业统计分析软件,功能强大,在生物统计等专业领域常用;SPSS 操作简单,适合非编程人员,社会科学、市场调研用得多。

大数据处理工具:Apache Hadoop 是开源平台,用 MapReduce 实现分布式计算,适合批处理;Apache Spark 基于内存计算,速度快,支持机器学习等,适用于实时性要求高的场景。

本章 5.5 节将详细介绍使用 Python 进行数据分析的工具与实践过程。

【伦理角】 数据采集中的"知情同意"困境。

【案例】 某社交平台默认勾选用户数据用于 AI 训练,遭集体诉讼。

【讨论】 思考用户是否真正理解数据用途,"同意疲劳"是否导致权利让渡。讨论以下问题:

- 企业是否应通过"数据分红"补偿用户贡献?
- 如何设计更透明的数据授权机制?

*5.5　基于 Python 的数据分析

Python 是数据分析的最佳编程语言,因为它有很多该领域相关的扩展库,如 NumPy、Matplotlib、Pandas 等。如果还未安装这些扩展库,在 Windows 中可以使用命令进行安装。比如安装 NumPy 可以使用下面的命令:

pip install numpy

扩展库的详细安装过程可参考本书配套的实验教程。与数据分析相关的 Python 程序,需要更强大的集成编译环境。本节代码的编辑和运行使用了 Pycharm 集成开发环境,与本书配套的实践教程也介绍了该环境的安装与使用方法。

5.5.1　NumPy 库

NumPy(Numerical Python)是 Python 中一个非常重要的开源数值计算库,为 Python 提供了高性能的多维数组对象以及处理这些数组的工具,掌握 NumPy 的使用对于从事数据科学、机器学习等领域的开发者来说至关重要。

1. 核心对象——多维数组(ndarray)

ndarray(n-dimensional array)是 NumPy 的核心对象,它表示一个多维的、同质的数据容器,其中所有元素的数据类型必须相同。

(1) 创建数组

下面的代码展示了如何创建各类数组。

```
1  import numpy as np
2
3  # 从列表创建一维数组
4  arr1=np.array([1,2,3,4,5])
5
```

```
6    # 创建二维数组
7    arr2=np.array([[1,2,3],[4,5,6]])
8
9    # 创建全零数组
10   zeros_arr=np.zeros((3,4))                    # 创建一个 3 行 4 列的全零数组
11
12   # 创建全一数组
13   ones_arr=np.ones((2,2))                      # 创建一个 2 行 2 列的全一数组
14   # 创建等差数列数组
15   arr3=np.arange(0,10,2)                       # 从 0 到 10(不包含 10),步长为 2
16
17   # 创建等间隔数组
18   arr4=np.linspace(0,1,5)                      # 在 0 到 1 之间均匀取 5 个数
```

（2）数组的属性

NumPy 数组具有多个重要的属性,这些属性能够帮助我们了解数组的各种特征。shape 属性返回一个元组,元组中的每个元素代表数组在每个维度上的大小。size 属性返回数组中元素的总数,它是数组在各个维度上元素数量的乘积。dtype 属性返回数组中元素的数据类型。如整数类型(int8、int16、int32 等)、浮点类型(float16、float32、float64 等)、布尔类型等。

```
1    import numpy as np
2
3    arr=np.array([[1,2,3],[4,5,6]])
4
5    # 数组的形状
6    shape=arr.shape       # (2,3)
7
8    # 数组的维度
9    ndim=arr.ndim         # 2
10
11   # 数组元素的总数
12   size=arr.size         # 6
13
14   # 数组元素的数据类型
15   dtype=arr.dtype       # dtype('int64')
```

2. 数组的索引和切片

在 NumPy 中,数组的索引和切片是非常重要的操作,它们允许我们访问、选择和修改数组中的特定元素或子集,为后续的数据分析和科学计算打下基础。下面将详细解释一维数组和多维数组的索引和切片操作。

（1）一维数组的索引和切片

索引用于访问数组中特定位置的元素。在 NumPy 中,数组的索引从 0 开始,负数索引表示从数组末尾开始计数。

切片用于从数组中提取一个连续的子集。具体来说,切片的基本语法是 arr[start:stop:step],其中,start 是起始索引(包含),stop 是结束索引(不包含),step 是步长(默认为 1)。

```
1  import numpy as np
2
3  arr=np.array([1,2,3,4,5])
4
5  # 索引
6  element=arr[2]           # 获取索引为 2 的元素
7
8  # 切片
9  subset=arr[1:4]          # 获取索引 1 到 3 的元素
```

(2)多维数组的索引和切片

对于多维数组,可以使用多个索引来访问特定位置的元素,每个索引对应一个维度。多维数组的切片可以在每个维度上分别进行。

```
1  import numpy as np
2
3  arr=np.array([[1,2,3],[4,5,6],[7,8,9]])
4
5  # 索引
6  element = arr[1,2]       # 获取第 2 行第 3 列的元素
7
8  # 切片
9  subset = arr[:2,1:]      # 获取前 2 行中第 2 列及以后的元素
```

3. 数组的运算

NumPy 数组的运算功能强大且丰富,涵盖了算术运算、矩阵运算、逻辑运算等多个方面。

算术运算:NumPy 数组支持基本的算术运算,如加、减、乘、除等,这些运算都是元素级别的操作,即对应位置的元素进行运算。

广播机制:广播是 NumPy 中一个强大的特性,当两个数组形状不同时,NumPy 会使用广播机制使它们能够进行算术运算。如果两个数组的维度不同,将维度较小的数组的形状前面补 1,直到两个数组的维度相同。对于每个维度,数组的大小要么相同,要么其中一个为 1。

矩阵运算:使用 np.matmul() 函数或 @ 运算符进行矩阵乘法,要求第一个矩阵的列数等于第二个矩阵的行数。

逻辑运算:NumPy 数组支持逻辑运算,如大于、小于、等于等,运算结果是一个布尔数组。

聚合运算:聚合运算是对数组中的元素进行统计计算,如求和、求平均值、求最大值等。

比较运算：比较运算用于比较两个数组对应位置的元素，返回一个布尔数组。

```python
import numpy as np

arr1=np.array([1,2,3])
arr2=np.array([4,5,6])

# 加法
result_add=arr1 + arr2          # array([5,7,9])

# 乘法
result_mul=arr1 * arr2          # array([4,10,18])

arr1=np.array([[1,2,3],[4,5,6]])
arr2=np.array([10,20,30])

# 广播操作
result=arr1 + arr2              # array([[11,22,33],[14,25,36]])

arr1=np.array([[1,2],[3,4]])
arr2=np.array([[5,6],[7,8]])

# 矩阵乘法
result_matmul1=np.matmul(arr1,arr2)  # array([[19,22],[43,50]])
result_matmul2=arr1@ arr2  # array([[19,22],[43,50]])
import numpy as np

arr=np.array([1,2,3,4,5])
condition=arr > 3
print(" 布尔数组 ( 大于 3):",condition)  # 输出 :[False False False  True  True]

# 使用布尔数组进行索引
selected_elements=arr[condition]
print(" 满足条件的元素 :",selected_elements)   # 输出 :[4 5]

arr=np.array([1,2,3,4,5])

# 计算平均值
mean=np.mean(arr)   # 3.0

# 计算最大值
max_val=np.max(arr)   # 5
```

```
41   # 计算最小值
42   min_val=np.min(arr)  # 1
43
44   # 计算标准差
45   std=np.std(arr)  # 1.4142135623730951
46
47   arr1=np.array([1,2,3])
48   arr2=np.array([2,2,2])
49
50   # 大于比较
51   greater_than=arr1 > arr2
52   print("大于比较结果 :",greater_than)  # [False  False  True]
53
54   # 等于比较
55   equal_to=arr1 == arr2
56   print("等于比较结果 :",equal_to)  # [False  True  False]
```

4. 数组的形状操作

在 NumPy 中,数组的形状操作是非常实用的功能,它允许我们改变数组的维度、大小和布局,以满足不同的计算和数据处理需求。下面详细介绍几种常见的 NumPy 数组形状操作。

(1) 重塑数组(reshape() 方法)

reshape() 方法用于改变数组的形状,前提是新形状的元素总数必须与原数组相同。

```
1    import numpy as np
2
3    arr=np.array([1,2,3,4,5,6])
4
5    # 将一维数组重塑为 2 行 3 列的二维数组
6    reshaped_arr=arr.reshape(2,3)
7    print("重塑后的数组 :")
8    print(reshaped_arr)
9    # 输出 :
10   # [[1 2 3]
11   #  [4 5 6]]
12   # 可以使用 -1 让 NumPy 自动计算某个维度的大小
13   # 这里的 -1 表示让 NumPy 根据元素总数和已知的 3 行自动计算列数
14   reshaped_arr_2=arr.reshape(3,-1)
15   print("再次重塑后的数组 :")
16   print(reshaped_arr_2)
17   # 输出 :
18   # [[1 2]
```

```
19  #  [3 4]
20  #  [5 6]]
```

（2）扁平化数组（flatten() 和 ravel() 方法）

扁平化数组是将多维数组转换为一维数组的操作。flatten() 和 ravel() 方法都可以实现这一功能，但它们有一些区别。

flatten() 方法：返回原数组的一个副本，对副本的修改不会影响原数组。

ravel() 方法：返回原数组的一个视图，对视图的修改会影响原数组。

```
1   import numpy as np
2
3   arr=np.array([[1,2,3],[4,5,6]])
4   flattened_arr=arr.flatten()
5   print("使用 flatten 方法扁平化后的数组：",flattened_arr)   # 输出 [1 2 3 4 5 6]
6   flattened_arr[0]=100
7   print("修改扁平化后的数组后，原数组：")
8   print(arr)   # 原数组未改变
9   raveled_arr=arr.ravel()
10  print("使用 ravel 方法扁平化后的数组：",raveled_arr)   # 输出 [1 2 3 4 5 6]
11  raveled_arr[0]=100
12  print("修改扁平化后的数组后，原数组：")
13  print(arr)   # 原数组被改变
```

（3）数组的转置（T 属性）

数组的转置是将数组的行和列进行交换，对于二维数组来说就是将第 i 行第 j 列的元素放到第 j 行第 i 列的位置。可以使用数组的 T 属性来实现。

```
1   import numpy as np
2
3   arr=np.array([[1,2,3],[4,5,6]])
4   transposed_arr=arr.T
5   print("转置后的数组：")
6   print(transposed_arr)
7   # 输出：
8   # [[1 4]
9   #  [2 5]
10  #  [3 6]]
```

（4）增加维度（newaxis）

np.newaxis 是一个特殊的对象，用于在数组的指定位置插入新的维度。

```
1   import numpy as np
2
3   arr=np.array([1,2,3])
4
5   # 在第 0 个位置增加一个维度,将一维数组变为二维数组(1 行 3 列)
6   new_arr_1=arr[np.newaxis,:]
7   print(" 在第 0 个位置增加维度后的数组形状 :",new_arr_1.shape)  # 输出 (1,3)
8   # 在第 1 个位置增加一个维度,将一维数组变为二维数组 (3 行 1 列 )
9   new_arr_2=arr[:,np.newaxis]
10  print(" 在第 1 个位置增加维度后的数组形状 :",new_arr_2.shape)   # 输出 (3,1)
```

5. 数组的文件操作

在数据分析和科学计算中,常常需要将 NumPy 数组保存到文件,或者从文件中读取数组数据。NumPy 提供了多种方式进行数组的文件操作,下面详细介绍常见的几种方法。

(1) 保存数组到二进制文件(.npy 格式)

np.save() 函数可将单个 NumPy 数组保存为 .npy 格式的二进制文件。这种格式是 NumPy 专用的,能高效地存储数组数据,并且可以保留数组的所有元信息(如形状、数据类型等)。在下述代码中,我们首先创建了一个二维数组 arr,然后使用 np.save() 函数将其保存到名为 saved_array.npy 的文件中。

```
1   import numpy as np
2
3   # 创建一个示例数组
4   arr=np.array([[1,2,3],[4,5,6]])
5
6   # 保存数组到文件
7   np.save('saved_array.npy',arr)
```

(2) 从二进制文件(.npy 格式)读取数组

np.load() 函数用于从 .npy 格式的文件中加载数组数据。下面代码使用 np.load() 函数从 saved_array.npy 文件中读取数组数据,并将其存储在 loaded_arr 变量中,最后打印出加载的数组。

```
1   import numpy as np
2
3   # 从文件中加载数组
4   loaded_arr=np.load('saved_array.npy')
5
6   print(" 加载的数组 :")
7   print(loaded_arr)
```

（3）保存多个数组到二进制文件（.npz 格式）

如果需要保存多个 NumPy 数组，可以使用 np.savez() 或 np.savez_compressed() 函数，它们会将多个数组保存到一个 .npz 格式的压缩文件中。np.savez_compressed() 会对数据进行压缩，适用于节省存储空间。在下面的代码中，我们创建了两个一维数组 arr1 和 arr2，然后使用 np.savez_compressed() 函数将它们保存到 multiple_arrays.npz 文件中，并分别为它们指定了名称 array1 和 array2。

```
1  import numpy as np
2
3  # 创建两个示例数组
4  arr1=np.array([1,2,3])
5  arr2=np.array([4,5,6])
6
7  # 保存多个数组到压缩文件
8  np.savez_compressed('multiple_arrays.npz',array1=arr1,array2=arr2)
```

（4）从二进制文件（.npz 格式）读取多个数组

使用 np.load() 函数同样可以从 .npz 格式的文件中加载多个数组。加载后得到的是一个类似字典的对象，可以通过指定的名称来访问各个数组。下面代码中，我们使用 np.load() 函数加载 multiple_arrays.npz 文件，得到 loaded_data 对象，然后通过指定的名称 array1 和 array2 分别获取对应的数组并打印。

```
1  import numpy as np
2
3  # 从文件中加载多个数组
4  loaded_data=np.load('multiple_arrays.npz')
5
6  # 通过名称访问数组
7  arr1_loaded=loaded_data['array1']
8  arr2_loaded=loaded_data['array2']
9
10 print("加载的第一个数组:")
11 print(arr1_loaded)
12 print("加载的第二个数组:")
13 print(arr2_loaded)
```

（5）保存数组到文本文件（.txt 格式）

np.savetxt() 函数可将 NumPy 数组保存为文本文件。可以指定分隔符、格式等参数。下面代码将数组 arr 保存到 saved_array.txt 文件中，并且使用逗号作为元素之间的分隔符。

```
1  import numpy as np
2
```

```
3   # 创建一个示例数组
4   arr=np.array([[1,2,3],[4,5,6]])
5
6   # 保存数组到文本文件,使用逗号作为分隔符
7   np.savetxt('saved_array.txt',arr,delimiter=',')
```

（6）从文本文件（.txt 格式）读取数组

np.loadtxt() 函数用于从文本文件中读取数组数据。需要根据文件的实际情况指定分隔符等参数。下面这段代码使用 np.loadtxt() 函数从 saved_array.txt 文件中读取数组数据,由于保存时使用了逗号作为分隔符,所以读取时也指定逗号为分隔符,最后打印出加载的数组。

```
1   import numpy as np
2
3   # 从文本文件中加载数组
4   loaded_arr_txt=np.loadtxt('saved_array.txt',delimiter=',')
5
6   print(" 从文本文件加载的数组 :")
7   print(loaded_arr_txt)
```

5.5.2 Pandas 库

Pandas 是 Python 的一个数据分析库,它提供了大量的数据处理和分析功能,使得数据处理和分析变得更加简单和高效。

如果还未安装 Pandas,在 Windows 中可以使用以下命令进行安装:

```
1   pip install pandas
```

详细的安装过程与在 Pycharm 集成环境的使用过程可参考实践教程。

1. Series 结构

Series 是一种一维的数据结构,它由一组数据以及与之相关的索引组成。Series 是 Pandas 中一种非常基础和重要的数据结构,它为数据处理和分析提供了一种灵活、高效的方式,是构建更复杂数据分析任务的基础。

创建:可以通过列表创建 Series,如 s=pd.Series([10,20,30,40],index=['a','b','c','d'])。也可以通过字典创建 Series,如 data_dict={'a': 10,'b': 20,'c': 30,'d': 40} s=pd.Series(data_dict)。

访问数据:可以通过索引标签来访问 Series 中的数据,如 s['b'] 将返回索引为 'b' 的数据值 20。也可以使用整数位置索引来访问数据,如 s[1] 同样会返回 20,这里的整数位置索引与默认的从 0 开始的索引相对应。

数据操作:可以对 Series 进行各种数学运算,如加法、减法、乘法、除法等。这些运算会自动应用到 Series 的每个元素上。例如,s * 2 会将 Series 中的每个数据值乘以 2。可以使用 loc 和 iloc 属性进行更灵活的数据选择和过滤。loc 基于标签进行选

择,iloc 基于整数位置进行选择。例如,s.loc['a':'c'] 会选择索引从 'a' 到 'c' 之间的数据,s.iloc[0:2] 会选择前两个数据。

其他操作:Series 还提供了许多其他有用的方法,如 unique() 方法用于获取 Series 中的唯一值,value_counts() 方法用于统计每个值出现的次数,sort_values() 方法用于对 Series 的数据进行排序等。

下面是一个简单的示例代码,展示了 Series 的基本用法。

```
1  import pandas as pd
2
3  # 创建 Series
4  data=[10,20,30,40]
5  index=['a','b','c','d']
6  s=pd.Series(data,index=index)
7
8  # 访问数据
9  print(s['b'])
10 print(s[1])
11 # 数据操作
12 new_s=s * 2
13 print(new_s)
14
15 # 其他操作
16 print(s.unique())
17 print(s.value_counts())
18 print(s.sort_values())
```

2. DataFrame 结构

DataFrame 是 Pandas 库中最常用且重要的数据结构之一,它是一个二维的表格型数据结构,类似于电子表格或 SQL 数据库中的表。DataFrame 是一个功能强大且灵活的数据结构,能够高效地处理和分析各种类型的二维数据,在数据科学、数据分析等领域有着广泛的应用。

(1)创建

DataFrame 可以从字典创建。字典的键将作为列名,值可以是列表、数组等,用于填充每一列的数据。例如:

```
1  import pandas as pd
2
3  data={
4      'Name':['Alice','Bob','Charlie'],
5      'Age':[25,30,35],
6      'City':['New York','London','Paris']
7  }
8  df=pd.DataFrame(data)
```

DataFrame 也可以从二维数组创建。可以使用 numpy 的二维数组创建 DataFrame，同时可以指定行索引和列索引。例如：

```
1  import pandas as pd
2  import numpy as np
3
4  arr=np.array([[1,2,3],[4,5,6],[7,8,9]])
5  index=['row1','row2','row3']
6  columns=['col1','col2','col3']
7  df=pd.DataFrame(arr,index=index,columns=columns)
```

DataFrame 还可以从 CSV 文件等外部数据源创建：使用 read_csv()、read_excel()等函数可以从 CSV 文件、Excel 文件等外部数据源读取数据并创建 DataFrame。例如：

```
1  df=pd.read_csv('data.csv')
```

（2）数据访问与选择

按列访问：可以使用列名直接访问某一列，返回一个 Series 对象。例如，df['Name'] 或 df.Name（列名是有效的 Python 标识符）。

按行访问：使用 loc 基于行标签访问，或使用 iloc 基于行的整数位置访问。例如，df.loc['row1'] 或 df.iloc[0]。

同时按行和列访问：可以使用 loc 或 iloc 同时指定行和列。例如，df.loc['row1', 'col1'] 或 df.iloc[0, 0]。

条件筛选：可以使用布尔条件筛选数据。例如，df[df['Age'] > 30] 会筛选出 Age 列中大于 30 的行。

（3）数据操作

列操作：可以添加新列、删除列、修改列数据等。例如，添加新列：df['Salary']=[5000,6000,7000]；删除列：df=df.drop('City', axis=1)。

行操作：可以添加新行、删除行等。例如，添加新行可以使用 append() 方法（Pandas 2.0 之前）或 concat() 函数，删除行：df=df.drop('row1')。

数据计算：可以对 DataFrame 中的数据进行各种数学运算，如求和、求均值等。例如，df['Age'].sum() 计算 Age 列的总和。

（4）数据合并与连接

合并（merge）：使用 merge() 函数可以根据一个或多个键将不同的 DataFrame 合并在一起，类似于 SQL 中的 JOIN 操作。例如：

```
1  df1=pd.DataFrame({'key':['A','B','C'],'value1':[1,2,3]})
2  df2=pd.DataFrame({'key':['B','C','D'],'value2':[4,5,6]})
3  merged_df=pd.merge(df1,df2,on='key')
```

连接（concat）：使用 concat() 函数可以沿着指定的轴（行或列）将多个 DataFrame 连接在一起。例如：

```
1  df1=pd.DataFrame({'A':[1,2],'B':[3,4]})
2  df2=pd.DataFrame({'A':[5,6],'B':[7,8]})
3  concatenated_df=pd.concat([df1,df2],axis=0)
```

（5）数据排序与分组

排序：使用 sort_values() 方法可以根据指定的列对 DataFrame 进行排序。例如，df.sort_values(by='Age', ascending=False) 按 Age 列降序排序。

分组：使用 groupby() 方法可以根据某一列或多列对数据进行分组，然后对每个组进行聚合操作。例如：

```
1  grouped=df.groupby('City')           # 分组
2  average_age=grouped['Age'].mean()    # 求均值
```

5.5.3　数据分析实践

1. 数据分析的基本流程

数据分析的基本流程如图 5-19 所示，其包含以下几个基本步骤：

（1）明确问题与目标

这是数据分析的起点，需要与业务方或相关利益者进行充分沟通，清晰地界定要解决的问题是什么，以及通过分析想要达到什么样的目标。例如，企业想要提升产品销量，那么目标可能是找出影响销量的关键因素，或者预测未来一段时间的销量走势，以便制定针对性的营销策略。

（2）数据收集

内部数据收集：从企业内部的各种系统和数据库中获取数据，如销售记录、用户行为数据、财务数据等。这些数据是企业运营的直接记录，能够反映企业内部的业务情况。

外部数据收集：通过网络爬虫、数据合作、公开数据平台等渠道收集外部数据。比如，市场调研数据、行业报告、社交媒体数据等，外部数据可以帮助企业了解市场环境和竞争对手情况，为分析提供更全面的视角。

（3）数据清洗

去除重复数据：在收集到的数据中，可能存在大量

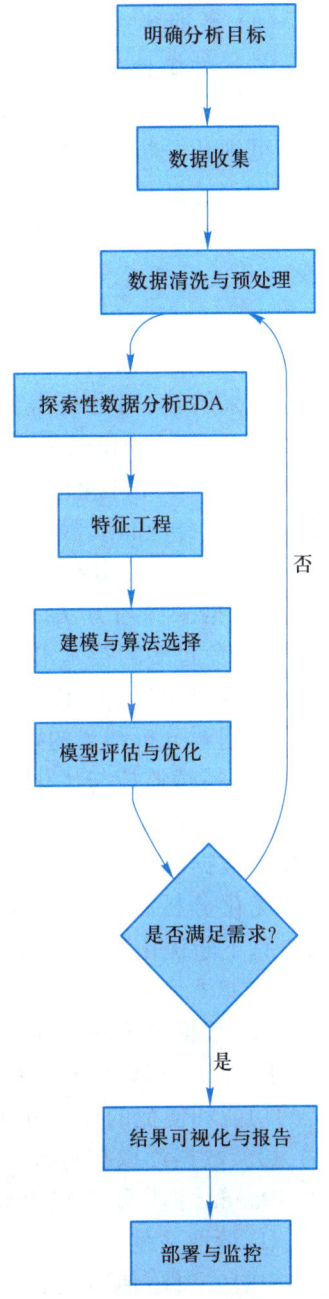

图 5-19　数据分析的基本流程

重复的记录,这些重复数据会影响分析结果的准确性和效率,需要通过数据处理工具或算法将其去除。

处理缺失值:数据中可能会存在一些缺失的字段或值,需要根据具体情况选择合适的处理方法,如删除缺失值记录、使用均值、中位数等统计量填充缺失值,或者利用机器学习算法进行缺失值预测填充。

纠正错误数据:检查数据中是否存在错误或异常值,如数据录入错误、数据范围超出合理值等,并进行纠正或标记。

（4）数据探索与分析

描述性统计分析:对数据进行初步的探索,计算数据的基本统计量,如均值、中位数、标准差、最大值、最小值等,了解数据的集中趋势、离散程度和分布特征。

可视化分析:通过绘制各种图表,如柱状图、折线图、饼图、散点图等,将数据以直观的图形方式展示出来,帮助分析人员更直观地发现数据中的规律、趋势和关系。

深入数据分析:根据具体的分析目标和数据特点,选择合适的数据分析方法和模型,如相关性分析、回归分析、聚类分析、时间序列分析等,挖掘数据背后的深层次信息和规律。

（5）数据解读与报告

结果解读:对分析得到的结果进行深入解读,结合业务背景和实际情况,理解数据所反映的问题和现象,找出影响因素和潜在的规律。例如,在分析销售数据时,发现某个地区的销售额下降,需要进一步分析是由于竞争对手的进入、市场需求的变化,还是自身产品或营销策略的问题。

撰写报告:将分析的过程、结果和结论以清晰、简洁的方式撰写成报告,通常包括引言、数据来源与方法、分析结果、结论与建议等部分。报告要尽量使用通俗易懂的语言,避免过多的技术术语,以便于非技术人员理解和使用。

汇报与沟通:向相关人员和部门进行报告汇报,与他们进行充分的沟通和交流,解答他们对分析结果的疑问,确保分析结果能够被正确理解和应用到实际业务中。

（6）持续监控与优化

实施建议并监控效果:将分析报告中的建议和决策应用到实际业务中,并持续监控相关数据和指标的变化,观察业务是否朝着预期的方向发展。

优化分析流程:根据实际应用中的反馈和新出现的问题,对数据分析的流程和方法进行不断优化和改进,提高数据分析的准确性和有效性,为企业提供更有价值的决策支持。

2. 数据分析的 Pandas 实践

Pandas 库是 Python 数据分析中不可或缺的工具,它为数据处理和分析提供了丰富的功能和便捷的操作方法,广泛应用于数据科学、数据分析、机器学习等领域。

（1）数据读取与写入

Pandas 提供了丰富的函数用于数据的读取和写入,支持多种常见的数据文件格式。

① 读取文件。

CSV 文件:使用 read_csv() 函数读取,支持自定义分隔符、无表头文件等。

Excel 文件:使用 read_excel() 函数读取,支持指定工作表。

JSON 文件：使用 read_json() 函数读取，支持按行存储的格式。

```
1   import pandas as pd
2   # 读取 CSV 文件
3   df=pd.read_csv('data.csv')
4   # 若文件使用其他分隔符，如制表符 \t
5   df=pd.read_csv('data.tsv',sep='\t')
6   # 若文件无表头，可设置 header=None
7   df=pd.read_csv('data_no_header.csv',header=None)
8   # 读取 Excel 文件的第一个工作表
9   df=pd.read_excel('data.xlsx')
10  # 读取指定工作表
11  df=pd.read_excel('data.xlsx',sheet_name='Sheet2')
12  # 读取 JSON 文件
13  df=pd.read_json('data.json')
14  # 若 JSON 数据为按行存储的格式
15  df=pd.read_json('data.json',orient='records')
```

② 写入文件。
CSV 文件：使用 to_csv() 函数写入，支持自定义分隔符。
Excel 文件：使用 to_excel() 函数写入，支持指定工作表。
JSON 文件：使用 to_json() 函数写入，支持按行存储。

```
1   import pandas as pd
2   # 创建示例 DataFrame
3   data={'Name':['Alice','Bob'],'Age':[25,30]}
4   df=pd.DataFrame(data)
5   # 写入 CSV 文件，不包含行索引
6   df.to_csv('output.csv',index=False)
7   # 若要指定分隔符
8   df.to_csv('output.tsv',sep='\t',index=False)
9   # 写入 Excel 文件，指定工作表名称
10  df.to_excel('output.xlsx',sheet_name='Sheet1',index=False)
11  # 写入 JSON 文件，按行存储
12  df.to_json('output.json',orient='records')
```

（2）数据清洗
数据清洗是确保数据准确性、一致性和完整性的关键步骤。Pandas 提供了丰富的功能来处理缺失值、重复值、数据类型转换、异常值等。
① 处理缺失值。

```
1   # 删除包含缺失值的行
2   df_drop_rows=df.dropna(axis=0)
```

```
3   # 用列的均值填充缺失值
4   df_fill_mean=df.fillna(df.mean())
```

② 处理重复值。

```
1   # 删除重复行
2   df_no_dup=df.drop_duplicates()
```

③ 数据类型转换。

```
1   # 将列转换为整数类型
2   df['A']=df['A'].astype(int)
```

④ 处理异常值。

```
1   # 计算 Z-score 并筛选非异常值
2   z_scores=np.abs(stats.zscore(df))
3   df_no_outlier=df[(z_scores<3).all(axis=1)]
```

⑤ 数据标准化。

```
1   # Min-Max 标准化
2   df['Value_scaled']=MinMaxScaler().fit_transform(df[['Value']])
3   # Z-score 标准化
4   df['Value_z_scaled']=StandardScaler().fit_transform(df[['Value']])
```

（3）数据处理与分析

Pandas 提供了强大的数据处理与分析功能,包括数据选择与过滤、分组与聚合、合并与连接、排序、数据透视表等。

① 数据选择与过滤。

```
1   # 筛选年龄大于 30 的行
2   above_30=df[df['Age']>30]
```

② 数据分组与聚合。

```
1   # 按城市分组并计算平均年龄
2   average_age_by_city=df.groupby('City')['Age'].mean()
```

③ 数据合并与连接。

```
1  # 内连接
2  merged_inner=pd.merge(df1,df2,on='key',how='inner')
```

④ 数据排序。

```
1  # 按年龄升序排序
2  sorted_by_age=df.sort_values(by='Age',ascending=True)
```

⑤ 数据透视表。

```
1  # 按地区和产品对销售数量进行求和
2  pivot=pd.pivot_table(df,values='Quantity',index='Region',columns=
3  'Product',aggfunc='sum')
```

（4）数据可视化基础

Pandas 本身基于 Matplotlib 库提供了简单易用的数据可视化接口，支持折线图、柱状图、直方图、箱线图、散点图、饼图等。

如果还未安装 Matplotlib 库，在 Windows 中可以使用以下命令进行安装：

```
1  pip install matplotlib
```

Matplotlib 库详细的安装过程与在 Pycharm 集成环境的使用过程可以参考实验教程。下面的代码展示了各种图形的绘制。

① 折线图。

```
1  df.plot()
2  plt.title('Line Plot')
3  plt.show()
```

② 柱状图。

```
1  df.plot(kind='bar',x='Category',y='Value')
2  plt.title('Bar Plot')
3  plt.show()
```

③ 散点图。

```
1  df.plot(kind='scatter',x='x',y='y')
```

```
2   plt.title('Scatter Plot')
3   plt.show()
```

（5）时间序列处理

Pandas 对时间序列数据有强大的支持，包括索引创建、重采样、滚动计算、滞后与超前、季节性分解等。下面的代码展示了各种时间序列的操作，其中，ts 是一个基于时间序列索引的 Series 结构。

① 重采样。

```
1   # 将日频率数据转换为月频率数据
2   monthly_mean=ts.resample('M').mean()
```

② 滚动计算。

```
1   # 计算 3 天的移动平均值
2   rolling_mean=ts.rolling(window=3).mean()
```

③ 季节性分解。

```
1   decomposition=seasonal_decompose(ts,model='additive')
```

（6）数据透视表。

数据透视表（pivot table）是 Pandas 中强大的数据汇总工具，允许从不同维度对数据进行分析和展示。

创建数据透视表的基本语法格式如下：

pivot=pd.pivot_table(data,values=None,index=None,columns=None,aggfunc='mean',fill_value=None,margins=False,dropna=True,margins_name='All')

参数说明：

- data：要创建数据透视表的 DataFrame。
- values：要进行聚合操作的列名，可以是单个列名或列名列表。
- index：用于分组的列名或列名列表，这些列将成为数据透视表的行索引。
- columns：用于分组的列名或列名列表，这些列将成为数据透视表的列索引。
- aggfunc：聚合函数，默认为 'mean'，也可以是其他函数，如 'sum' 'count' 'min' 'max' 等，还可以传入自定义函数。
- fill_value：用于填充缺失值的值。
- margins：是否添加汇总行和列，默认为 False。
- dropna：是否删除包含缺失值的列，默认为 True。
- margins_name：汇总行和列的名称，默认为 'All'。

3. 数据分析案例

【例 5-2】　数据分析案例。

假设我们有一个电商平台的销售数据集,包含订单日期、商品类别和销售额等信息。我们的目标是:①找出最畅销的商品类别;②分析销售额随时间的变化趋势。

说明:数据集 sales_data.csv 有以下三列:

- order_date:订单日期,格式为 YYYY-MM-DD。
- product_category:商品类别。
- sales_amount:销售额。

例 5-2 的 Python 程序实现如下:

```python
import pandas as pd
import matplotlib.pyplot as plt

# 步骤 1: 数据加载
# 读取 CSV 文件
data=pd.read_csv('sales_data.csv')

# 步骤 2: 数据清洗与预处理
# 将订单日期转换为日期时间类型
data['order_date']=pd.to_datetime(data['order_date'])

# 检查是否有缺失值
print(" 缺失值情况:")
print(data.isnull().sum())

# 若有缺失值,可根据情况进行处理,这里简单删除包含缺失值的行
data=data.dropna()

# 步骤 3: 找出最畅销的商品类别
# 按商品类别分组并计算总销售额
category_sales=data.groupby('product_category')['sales_amount'].sum().
reset_index()

# 找出销售额最高的商品类别
top_category=category_sales[category_sales['sales_amount'] ==
category_sales['sales_amount'].max()]

print(" 最畅销的商品类别:")
print(top_category)

# 步骤 4: 分析销售额的时间趋势
# 按订单日期分组并计算每日总销售额
```

```
33   daily_sales=data.groupby('order_date')['sales_amount'].sum()
34
35   # 绘制销售额随时间的变化趋势图
36   plt.figure(figsize=(12,6))
37   daily_sales.plot(title='Daily Sales Trend')
38   plt.xlabel('Date')
39   plt.ylabel('Sales Amount')
40   plt.show()
```

本 章 小 结

　　本章主要讲解了计算机网络、物联网、数据和数据分析相关知识,详细介绍了通信技术;计算机网络的体系结构,协议,Internet 服务,关键技术;物联网的关键技术,物联网应用;数据和大数据的概念;数据分析实践。学习完本章,读者应能够从宏观上了解网络在人类通信过程中所发挥的作用,能够掌握网络的基本工作原理,理解数据的作用,掌握使用 Python 进行数据分析的方法。

参考答案

习　　题

一、单选题

1. 计算机网络的主要目的是(　　　)。
　　A. 提高计算机运行速度　　　　　　　　B. 共享资源和信息交换
　　C. 增强计算机的处理能力　　　　　　　D. 实现分布式计算
2. 计算机网络是由(　　　)相互连接而成的系统。
　　A. 计算机与终端设备
　　B. 通信设备与传输介质
　　C. 计算机与通信设备
　　D. 计算机与计算机、终端设备以及通信设备
3. 以下不属于计算机网络硬件组成部分的是(　　　)。
　　A. 路由器　　　　　　　　　　　　　　B. 操作系统
　　C. 服务器　　　　　　　　　　　　　　D. 网卡
4. 在计算机网络中,负责将数据从一个网络传输到另一个网络的设备是(　　　)。
　　A. 交换机　　　　　　　　　　　　　　B. 集线器
　　C. 路由器　　　　　　　　　　　　　　D. 调制解调器

5. 计算机网络发展的第一个阶段是(　　)。

    A. 面向终端的计算机网络   B. 计算机—计算机网络

    C. 开放式标准化网络   D. 网络互联与高速网络

6. 标志着计算机网络进入到计算机—计算机网络阶段的是(　　)。

    A. ARPANET 的诞生   B. Ethernet 的出现

    C. TCP/IP 协议的标准化   D. 万维网的发明

7. TCP/IP 协议在(　　)阶段成为了计算机网络的标准协议。

    A. 面向终端的计算机网络   B. 计算机—计算机网络

    C. 开放式标准化网络   D. 网络互联与高速网络

8. 以下事件中,对计算机网络进入网络互联与高速网络阶段起到了关键推动作用的是(　　)。

    A. 个人计算机的普及   B. 光纤通信技术的发展

    C. 集成电路的出现   D. 操作系统的不断完善

9. 万维网(WWW)是在计算机网络发展的(　　)阶段诞生的。

    A. 面向终端的计算机网络   B. 计算机—计算机网络

    C. 开放式标准化网络   D. 网络互联与高速网络

10. 计算机网络发展过程中,从(　　)阶段开始,网络的体系结构逐渐走向标准化。

    A. 面向终端的计算机网络   B. 计算机—计算机网络

    C. 开放式标准化网络   D. 网络互联与高速网络

11. 在 OSI/RM 体系结构中,物理层的主要功能是(　　)。

    A. 传输比特流   B. 传输帧

    C. 传输分组   D. 传输报文

12. 在 OSI/RM 体系结构中,从下往上数,第三层是(　　)。

    A. 网络层   B. 传输层

    C. 会话层   D. 表示层

13. 在 OSI/RM 体系结构中,负责处理语法转换、加密解密等功能的是(　　)。

    A. 应用层   B. 表示层   C. 会话层   D. 传输层

14. 在 OSI/RM 体系结构中,负责建立、维护和管理会话的是(　　)。

    A. 应用层   B. 表示层   C. 会话层   D. 传输层

15. 在 TCP/IP 协议中,位于网络层的协议是(　　)。

    A. TCP   B. UDP   C. IP   D. HTTP

16. 在 TCP/IP 协议中,提供可靠的、面向连接的传输服务的协议是(　　)。

    A. TCP   B. UDP   C. IP   D. ICMP

17. 在 TCP/IP 协议中,用于域名解析的协议是(　　)。

    A. DNS   B. DHCP   C. SMTP   D. FTP

18. 按照网络覆盖范围来分,学校的一栋教学楼内的网络一般属于(　　)类型。

    A. 广域网(WAN)   B. 城域网(MAN)

    C. 局域网(LAN)   D. 个人区域网(PAN)

19. 在以下网络类型中,通常覆盖范围跨越城市与城市之间,甚至国家与国家之间的是(   )。

    A. 局域网   B. 广域网

    C. 城域网   D. 无线局域网

20. 按照网络的拓扑结构分类,网络中所有节点都连接到一条总线上,这种结构被称为(   )。

    A. 总线型   B. 星形   C. 环形   D. 树形

21. 从传输介质角度来看,使用双绞线作为传输介质的网络属于(   )。

    A. 有线网络   B. 无线网络

    C. 卫星网络   D. 微波网络

22. 家庭中使用蓝牙技术连接手机、耳机、智能手表等设备形成的网络属于(   )。

    A. 无线广域网(WWAN)   B. 无线城域网(WMAN)

    C. 无线个人区域网(WPAN)   D. 无线局域网(WLAN)

23. 以下应用中,主要用于信息分享的是(   ),用户可以在该平台上发布文章、照片、视频等内容,并与其他用户进行互动。

    A. 电子邮件   B. 社交媒体

    C. 在线会议   D. 网上银行

24. 在信息交流方面,能实现实时文本、语音和视频通话的是(   )应用。

    A. 即时通信工具   B. 博客

    C. 电子商务平台   D. 云存储

25. 企业通过网络将产品信息、技术资料等共享给员工和合作伙伴,这属于计算机网络的(   )应用。

    A. 电子商务   B. 信息交流

    C. 信息分享   D. 远程办公

26. 以下电子商务模式中,属于企业对消费者的模式的是(   ),典型的代表有淘宝、京东等。

    A. B2B   B. B2C   C. C2C   D. O2O

27. 小王在知乎上回答问题、与其他用户讨论问题,这体现了计算机网络的(   )功能。

    A. 信息交流与分享   B. 电子商务

    C. 在线娱乐   D. 远程控制

28. 物联网是通过感知设备、网络传输、数据处理等技术实现物与物、人与物之间的(   )。

    A. 简单通信   B. 单向传输

    C. 智能化连接和管理   D. 人工控制

29. 物联网的核心和基础是(   )。

    A. 互联网   B. 局域网

    C. 无线网   D. 蓝牙网

30. 以下不属于物联网的感知层设备的是（　　　）。

    A. 传感器　　　　　　　　　　　　B. 摄像头

    C. 路由器　　　　　　　　　　　　D. 射频识别标签

31. 在智能家居系统中，通过手机远程控制家电设备，这主要体现了物联网的（　　　）应用。

    A. 环境监测　　　　　　　　　　　B. 远程控制

    C. 人员定位　　　　　　　　　　　D. 物流跟踪

32. 在智能交通系统中，利用物联网技术实现车辆的自动识别和收费，这种应用属于（　　　）。

    A. 交通流量监测　　　　　　　　　B. 智能收费管理

    C. 车辆调度管理　　　　　　　　　D. 安全驾驶辅助

33. 在物联网应用中，能够实时监测土壤湿度、温度等信息，为农业生产提供数据支持的是（　　　）领域的应用。

    A. 智慧医疗　　　　　　　　　　　B. 智慧物流

    C. 智慧农业　　　　　　　　　　　D. 智慧安防

34. 下列关于物联网的说法中，错误的是（　　　）。

    A. 物联网可以实现设备的互联互通

    B. 物联网的数据需要进行分析和处理

    C. 物联网不需要网络就能实现设备间的通信

    D. 物联网在多个领域都有广泛的应用

35. 以下关于数据的描述中，正确的是（　　　）。

    A. 只有数字才是数据

    B. 数据不包括图像和音频

    C. 数据是对客观事物的符号表示

    D. 数据在计算机中不需要进行存储

36. 大数据的"4V"特征不包括（　　　）。

    A. 大量（volume）　　　　　　　　B. 高速（velocity）

    C. 多样（variety）　　　　　　　　D. 价值密度高（value high density）

37. 大数据与传统数据处理的区别在于（　　　）。

    A. 大数据只处理结构化数据

    B. 大数据强调对海量数据的快速处理和分析

    C. 传统数据处理不涉及数据挖掘

    D. 大数据不需要数据清洗

38. 人工智能与大数据的关系是（　　　）。

    A. 大数据是人工智能的基础，为其提供数据支持

    B. 人工智能与大数据没有关联

    C. 人工智能只需要少量数据就能发挥作用

    D. 大数据的处理不需要人工智能技术

39. 数据分析的目的是(　　　)。
   A. 简单地收集数据
   B. 制作漂亮的图表
   C. 存储大量的数据
   D. 从数据中提取有价值的信息,以支持决策

40. 以下不是数据分析在商业领域的应用的是(　　　)。
   A. 市场趋势分析　　　　　　　　　B. 客户细分
   C. 销售预测　　　　　　　　　　　D. 基因序列分析

41. NumPy 是 Python 的一个重要库,它主要用于(　　　)。
   A. 网页开发　　　　　　　　　　　B. 数值计算
   C. 数据可视化　　　　　　　　　　D. 数据库操作

42. 在 NumPy 中,创建一维数组最常用的函数是(　　　)。
   A. np.array()　　　　　　　　　　B. np.zeros()
   C. np.ones()　　　　　　　　　　 D. np.arange()

43. 以下代码创建的 NumPy 数组的形状是(　　　)。

```
1  import numpy as np
2  arr=np.array([[1,2,3],[4,5,6]])
```

   A. (2,)　　　　　B. (2,3)　　　　　C. (3,2)　　　　　D. (6,)

44. 要获取 NumPy 数组 arr 的元素个数,可使用的属性是(　　　)。
   A. arr.shape　　　　　　　　　　　B. arr.size
   C. arr.ndim　　　　　　　　　　　 D. arr.dtype

45. 若要创建一个全为 0 的 3×4 二维数组,可使用(　　　)。
   A. np.zeros((3,4))　　　　　　　　B. np.ones((3,4))
   C. np.empty((3,4))　　　　　　　　D. np.full((3,4),0)

46. 以下关于 NumPy 数组和 Python 列表的区别,说法错误的是(　　　)。
   A. NumPy 数组存储效率更高
   B. NumPy 数组支持向量化操作
   C. NumPy 数组中元素类型通常一致
   D. Python 列表比 NumPy 数组更适合大规模数值计算

47. 在 NumPy 中,对数组 arr=np.array([1,2,3,4,5]) 进行切片操作 arr[1:3] 得到的结果是(　　　)。
   A. [1,2]　　　　　　　　　　　　　B. [2,3]
   C. [3,4]　　　　　　　　　　　　　D. [2,3,4]

48. 要对 NumPy 数组进行矩阵乘法运算,应该使用(　　　)。
   A. *　　　　　　　　　　　　　　　B. np.multiply()
   C. np.dot()　　　　　　　　　　　 D. +

49. Pandas 库主要用于（　　）。
    A．数据可视化　　　　　　　　　B．机器学习模型训练
    C．数据处理和分析　　　　　　　D．图像识别
50. 在 Pandas 中，用于存储二维数据的数据结构是（　　）。
    A．Series　　　　　　　　　　　B．DataFrame
    C．Index　　　　　　　　　　　D．Panel
51. 以下函数中，可以用于读取 CSV 文件并创建 DataFrame 对象的是（　　）。
    A．pd.read_csv()　　　　　　　　B．pd.read_excel()
    C．pd.read_json()　　　　　　　　D．pd.read_html()
52. 假设 df 是一个 DataFrame 对象，要获取其前 5 行数据，可使用（　　）。
    A．df.tail(5)　　　　　　　　　　B．df.head(5)
    C．df.sample(5)　　　　　　　　　D．df.iloc[0:5]
53. 对于 DataFrame 对象 df，若要选择某一列的数据，以下方式中，正确的是（　　）。
    A．df['column_name']　　　　　　B．df.column_name
    C．df[['column_name']]　　　　　D．以上都正确
54. 在 Pandas 中，用于对数据进行分组操作的函数是（　　）。
    A．merge()　　　　　　　　　　　B．concat()
    C．groupby()　　　　　　　　　　D．pivot_table()
55. 以下关于 Pandas 的 loc() 和 iloc() 方法，说法正确的是（　　）。
    A．loc 是基于位置进行索引，iloc 是基于标签进行索引
    B．loc 是基于标签进行索引，iloc 是基于位置进行索引
    C．loc 和 iloc 都只能用于行索引
    D．loc 和 iloc 没有区别
56. 要将两个 DataFrame 对象按照某一列进行合并，应该使用（　　）。
    A．merge()　　　　　　　　　　　B．join()
    C．append()　　　　　　　　　　　D．combine()
57. 数据分析流程的正确顺序是（　　）。
    A．数据收集→数据清洗→数据分析→数据可视化
    B．数据清洗→数据收集→数据分析→数据可视化
    C．数据分析→数据收集→数据清洗→数据可视化
    D．数据可视化→数据收集→数据清洗→数据分析

二、简答题

1. 常用网络传输介质有哪些？
2. 简述 OSI 体系结构七层的名称以及各自的作用。
3. 简述 Internet 的体系结构名称及各自的作用。
4. 简述按照覆盖地域范围网络的分类。

5. 计算机网络应用有哪些?

6. 什么是物联网? 核心技术是什么?

7. 什么是数据、大数据、数据分析?

8. 数据分析的流程是什么?

第6章 人工智能技术架构与应用

教学课件

> 形而上者谓之道,形而下者谓之器,推而行之谓之通。
>
> ——《周易·系辞》①

【导读】

人工智能的技术架构为构建强大的人工智能系统奠定了坚实基础,其层级体系将人工智能系统划分为不同的层次,每个层次都有明确的功能和职责,使得整个系统结构清晰易懂,也为系统的扩展和升级提供了便利。

数据、算法、算力是人工智能技术的三大要素。数据是人工智能的基石,为模型的训练和学习提供必要的信息;算法是人工智能的核心,实现智能的功能和行为,算力是人工智能运行的动力源泉,提供强大的计算能力支持。机器学习和深度学习是人工智能算法的核心技术。机器学习为人工智能提供了一种强大的实现手段,而深度学习是机器学习的一个分支,也是人工智能算法的前沿领域。

一个人工智能系统的开发相当于设计并建造一栋房子,需要掌握多个应用领域的专业知识,但使用 AI 虚拟仿真平台可以体验一个人工智能系统的开发过程。

【教学要求】

知识点	教学要求		
	了解	理解	掌握
6.1　人工智能的技术架构			✓
6.2　机器学习			✓
6.3　深度学习		✓	
6.4　人工智能技术的应用和实现	✓		

---

① 　此句出自《易经·系辞》。"形而上"是指超越具体有形事物的、抽象的、无形的存在;"道"代表着宇宙万物的根源、本体、规律、原则等;"形而下"指的是具体的、有形的、可以通过感官感知的事物;"器"就是各种具体的器物、物品、现象等。此句的含义是:超越具体形态、无形无象的抽象本质,称之为"道";具有具体形态、可感知的现实事物,称之为"器";将"道"与"器"相互推演、实践运用,使之贯通无碍,称之为"通"。此句体现我国古代哲学对"抽象本质"与"具体事物"关系的认知。

6.1　人工智能的技术架构

　　人工智能的技术架构是构建和实现人工智能系统复杂且层次分明的结构化体系,通常可分为基础层、技术层和应用层,支撑着人工智能的广泛应用与发展,如图 6-1 所示。

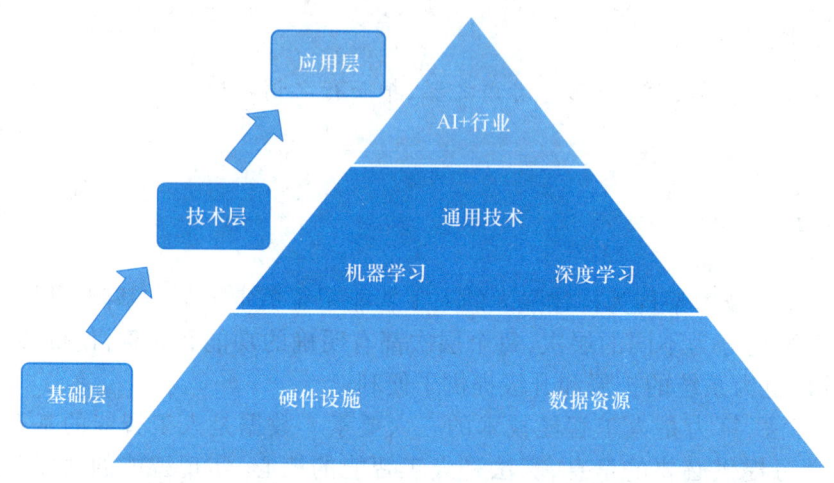

图 6-1　人工智能的技术架构

6.1.1　基础层

　　基础层主要包含硬件设施和数据资源。

1. 硬件设施

　　人工智能的硬件设施是支撑人工智能技术运行和发展的基础,主要包含计算芯片、存储设备及其他硬件。

　　(1)计算芯片

　　计算芯片提供人工智能系统运行所需的计算能力,包括 CPU(中央处理器)、GPU(图形处理器)、FPGA(现场可编程门阵列)、ASIC(专用集成电路)等处理器。不同的处理器适用于不同类型的计算任务,CPU 适用于通用计算,GPU 在处理大规模并行计算任务(如图像处理、深度学习模型训练)时具有显著优势,FPGA 使用户可根据具体需求对其硬件电路进行编程配置,ASIC 是为特定人工智能任务或算法专门设计的芯片。例如,在训练大型深度学习模型时,使用 GPU 集群可以大大缩短训练时间。

　　(2)存储设备

　　存储设备用于存储数据、模型参数和中间结果等信息。存储设备包括硬盘、固态硬盘、云存储等。根据数据的访问频率和重要性,可以选择不同的存储策略,如热存储用于频繁访问的数据,冷存储用于不经常访问的数据。例如,一些企业将不经常使用的历史数据存储在云存储的冷存储区域,以降低存储成本。

（3）网络设备

网络设备支持数据传输和模型部署的网络设施，包括互联网、局域网等。高速稳定的网络连接对于人工智能系统的运行至关重要，特别是在涉及大规模数据传输和分布式计算的情况下。例如，在分布式深度学习训练中，需要通过高速网络将数据和模型参数在多个计算节点之间进行传输和同步。

（4）传感器

传感器是一种能够感知物理世界中的各种信息，并将这些信息转换为电信号或其他可处理信号的设备。按感知信息分类，传感器可以分为视觉传感器、听觉传感器、距离传感器和环境传感器，将光信号、声音的压力及其他信息转化为电信号，在人工智能系统中起着获取数据的关键作用。例如，自动驾驶中的障碍物检测和距离测量、机器人的避障导航均需通过传感器获取距离、速度和角度，实现智能决策。

【科普知识】　GPU 的发展历史。1981 年 IBM 公司推出第一台个人电脑 IBM 5150，这台电脑配备的黑白显示适配器（monochrome display adapter，MDA）和彩色图形适配器（color graphics adapter，CGA）被认为是个人计算机中最早的图形处理单元。1999 年，NVIDIA（英伟达）公司发布了 Geforce 256 显示核心，也是首个以"Geforce"为名的显示核心。它首次在硬件上支持变换和光照（transform and lighting，T&L），整合了三角形生成、裁剪、纹理和染色引擎，并兼容 DirectX 和 OpenGL 等图形相关的应用程序编程接口（API），标志着 GPU 时代的正式开始。一年后，大部分公司由于兼容性和性能的落后逐渐退出市场。

2．数据资源

人工智能的数据资源是整个人工智能系统的基础，它为上层的算法模型提供数据支持，其质量和特性直接影响着人工智能模型的性能和效果。

（1）数据收集

数据收集（data gathering）是从多种数据源收集数据，这些数据源可以包括互联网（如社交媒体数据、网页数据等）、传感器（如摄像头采集的图像数据、温度传感器采集的环境数据等）、企业内部数据库（如客户信息、交易记录等）以及其他第三方数据提供商。例如，在商品推荐项目中，可能会从网页 PC 端系统、OCR/扫码上传、人工收集等方式收集大量不同类别的销售数据，用于训练商品推荐模型，如图 6-2 所示。

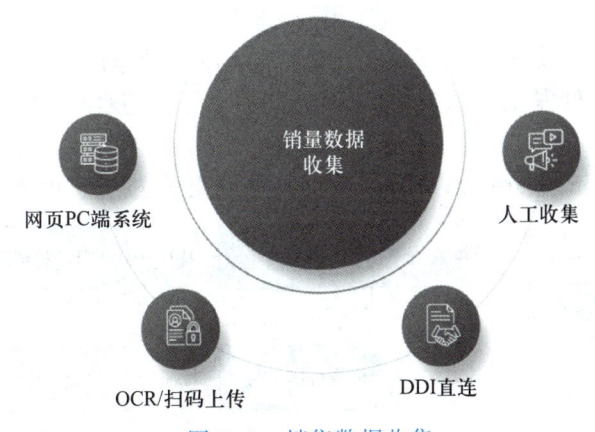

图 6-2　销售数据收集

（2）数据标注

数据标注（data labeling）是在需要监督学习的任务中，对收集到的数据进行标注，为数据添加相应的标签或注释，以便模型能够学习到输入数据和预期输出之间的关系。标注的类型有很多，例如，图像标注（标注图像中的物体类别、位置等信息）、文本标注（标注文本的情感倾向、实体类别等）。例如，在汽车识别任务中，需对大量的图像数据标注其汽车的种类、品牌等信息，同一张图片中需明确标注不同汽车的类别、位置等信息，如图6-3所示。

图6-3　汽车数据标注

（3）数据存储

数据存储（data storage）是指将收集和标注后的数据进行存储，以便后续的处理和使用。存储方式可以根据数据的特点和规模选择不同的存储系统，如关系型数据库（如 MySQL）适用于结构化数据的存储，非关系型数据库（如 MongoDB）适用于半结构化或非结构化数据的存储，数据仓库则更适合用于大规模数据的存储和分析。例如，一个大型电商平台可能会使用数据仓库来存储海量的用户行为数据，以便进行数据分析和挖掘。

（4）数据预处理

数据预处理（data preprocessing）是指对原始数据进行清洗、转换、归一化等操作，以提高数据质量和模型训练效果。数据清洗可以去除噪声数据、重复数据和缺失值；数据转换可以将数据转换为适合模型输入的格式，例如，将文本数据转换为向量表示；归一化可以将数据的特征值缩放到特定的范围，避免因数据尺度差异对模型训练产生不良影响。例如，在训练神经网络模型时，通常会对输入数据进行归一化处理，将数据的取值范围缩放到 0 到 1 之间。

6.1.2　技术层

人工智能的技术层是实现人工智能智能性的核心，主要包括机器学习、深度学习和其他通用技术，如自然语言处理、计算机视觉等技术。机器学习和深度学习的关系如图6-4所示。

1. 机器学习

机器学习（machine learning，ML）是一门多领域交叉学科，涉及概率论、统计学、逼近

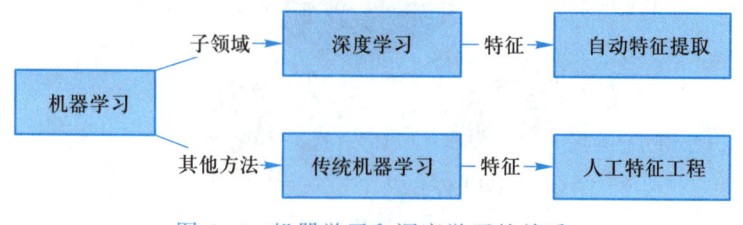

图6-4　机器学习和深度学习的关系

论、凸分析、算法复杂度理论等多门学科。它专门研究计算机如何模拟或实现人类的学习行为,以获取新的知识或技能,重新组织已有的知识结构使之不断改善自身的性能。

机器学习包括监督学习、无监督学习、半监督学习和强化学习等学习方式。监督学习通过已标记数据进行模型训练,如分类和回归算法;无监督学习则基于无标记数据发现数据中的模式和结构,如聚类和降维算法;半监督学习结合了少量标记数据和大量未标记数据进行学习;强化学习通过智能体与环境的交互,根据奖励信号来学习最优行为策略。

机器学习广泛应用于数据预测、异常检测、推荐系统等领域。如电商平台的商品推荐、金融领域的风险评估等。

2. 深度学习

深度学习(deep learning,DL)是机器学习的一个分支领域,它是一种基于对数据进行表征学习的方法。深度学习通过构建具有很多层的神经网络模型,自动从大量数据中学习特征和模式,以实现对数据的分类、预测、生成等任务。

深度学习包含多种神经网络架构,如卷积神经网络(CNN)、循环神经网络(RNN)及其变体长短时记忆网络(LSTM)、门控循环单元(GRU)等。CNN 在图像和视频处理中表现出色,能自动提取图像的特征;RNN 和 LSTM、GRU 等适用于处理序列数据,如文本、语音等。

深度学习在图像识别、语音识别、自然语言处理等诸多领域取得了巨大成功。如人脸识别系统、语音助手、机器翻译等应用。

3. 自然语言处理

自然语言处理(natural language processing,NLP)是计算机科学与语言学的交叉学科,主要研究如何让计算机理解和处理人类自然语言。它旨在使计算机能够读取、理解、生成和交互自然语言文本,实现人与计算机之间的自然语言通信。

自然语言处理包括词法分析、句法分析、语义理解、文本生成、机器翻译、信息检索、问答系统等技术。词法分析用于对文本进行分词和词性标注;句法分析用于分析句子的语法结构;语义理解旨在理解文本的语义信息;文本生成则根据给定的信息或意图生成自然语言文本;机器翻译实现不同语言之间的文本翻译;信息检索帮助从大量文本数据中快速检索出相关信息;问答系统能够根据用户的问题提供准确的答案。

4. 计算机视觉

计算机视觉(computer vision,CV)是一门研究如何让计算机"看懂"图像或视频内容的技术学科。它旨在使计算机能够理解和分析视觉信息,实现对图像或视频中的目标进行识别、定位、跟踪、理解和决策等任务。

计算机视觉涵盖图像分类、目标检测、图像分割、图像识别、视频分析等技术。图像分类指将图像划分到不同的类别中;目标检测用于检测图像中多个目标的位置和类别;图像分割则将图像划分为不同的区域,每个区域对应不同的物体或背景;图像识别用于识别图像中的特定物体或场景;视频分析则对视频中的内容进行分析,如行为分析、事件检测等。

5. 语音识别与合成

语音识别与合成是人工智能领域中与语音交互相关的两项重要技术。

语音识别也被称为自动语音识别(automatic speech recognition,ASR),是一种将人类语音中的词汇内容转换为计算机可读文本的技术,其目标是让计算机"听懂"人类说话,理解语音中的语义信息,从而实现人与计算机之间的自然语言交互。例如,智能语音助手(如 Siri、小爱同学)可以通过语音识别技术将用户的语音指令转换为文本,然后进行语义理解和处理,并通过语音合成技术将回答以语音的形式反馈给用户。客户可以通过语音与客服系统进行沟通,系统自动识别语音内容并提供相应的解答和服务,提高客服效率。

语音合成又称为文语转换(text to speech,TTS),是一种将文字信息转换为可听语音的技术,它让计算机能够"说话",将文本内容以自然流畅的语音形式输出,使人们可以通过听取语音来获取信息。比如,将文字书籍转换为语音,方便用户在开车、做家务等场景中听书,提高阅读的便利性和趣味性。在导航过程中,以语音形式为用户提供路线指引和交通信息,使用户无须查看手机或导航设备,提高驾驶安全性。

6.1.3　应用层

人工智能的应用层是将人工智能技术与各行业、各领域深度融合,以实现具体业务价值和应用场景的层面,形成 AI+ 医疗、AI+ 交通、AI+ 金融、AI+ 教育、AI+ 制造等新型 AI+ 行业,通过技术的集成与创新,实现对传统行业的全面赋能与重构。每个领域的详细介绍详见 1.5.1 节,在此不再赘述。

AI+ 是指人工智能(AI)技术与传统行业、应用场景深度融合,通过智能化改造和创新,驱动产业升级、提升效率并创造新价值的模式。其核心是"AI 赋能行业",而非孤立的技术研究。

AI+ 是推动社会数字化转型的核心引擎,其价值主要体现在以下几个方面:

1. 效率提升

AI 最直接的价值是替代重复性劳动,把人类从烦琐、枯燥的工作中解放出来,同时降低了时间成本,提升了精准度。比如,在客服行业,智能客服(如电话机器人)能 24 h 回答常见问题,人工客服只需处理复杂投诉;在制造业中,工厂用 AI 质检系统自动扫描产品缺陷,比人工检查快 10 倍,错误率接近零;在政务行业中,用 ChatGPT 自动写邮件、生成会议纪要,员工节省 30% 的文书时间。

2. 创新服务

AI 不仅能优化现有流程,还能突破人类能力边界,创造全新产品和服务,加快了创新的速度,也将创新技术普惠到大众。利用生成式 AI 可以创造新内容,比如,使用 MidJourney 生成独一无二的插画;使用 ChatGPT 写代码、做旅游攻略等。

3. 预测未来

AI 能通过历史数据预测可能发生的问题,防患于未然,减少损失,降低风险成本,减少资源浪费。比如,制造业通过预测性维护减少了 40% 的意外停机时间;超市用 AI 预测销量,使得进货量精准匹配需求,生鲜浪费率降低 50%。

AI+ 的本质是"能力放大器",它会成为人类的"超级助手",行业的"转型引擎",社会的"效率与公平的平衡器",让优质服务(如教育、医疗)覆盖更多人群。AI 的最终目标不是取代人类,而是让人类有更多时间从事更有价值的事——探索科学、艺术创作、关怀他人。

6.2　机　器　学　习

机器学习是人工智能的一个重要子集和实现途径,它专注于开发算法和模型,让计算机能够从数据中自动学习规律和模式,并利用这些学到的知识进行预测和决策,而无须被明确编程。

机器学习是一门多领域交叉学科,涉及概率论、统计学、逼近论、凸分析、算法复杂度理论等多门学科。

6.2.1　机器学习的定义

机器学习是一种让计算机系统能够自动从数据中学习规律,并利用这些规律对未知数据进行预测或决策的技术。

机器学习致力于开发算法和模型,使计算机能够像人类一样从经验中学习,而无须被明确编程来执行特定任务。机器学习主要有监督学习、无监督学习、强化学习三种类型,此外还有半监督学习和迁移学习等类型。

6.2.2　机器学习的基本术语

【例 6-1】　预测某个人是否会购买某商品的任务中的部分样本。

本节介绍一些机器学习的基本术语及相关案例说明。

1. 数据集

由一组数据样本组成,通常包含多个特征和对应的标签(在监督学习中)。例如,在预测某个人是否会购买某商品的任务中,数据集可能包含年龄、收入、性别等特征以及是否购买的标签,如表 6-1 所示。

表 6-1　数据集部分样本

序号	年龄	年收入 / 万元	性别	职业	所在城市	是否购买
1	25	8	男	程序员	杭州	是
2	32	15	女	教师	成都	是
3	28	10	男	设计师	广州	否
4	40	25	女	企业中层	北京	是
5	22	5	女	应届毕业生	武汉	否
6	35	18	男	销售经理	深圳	是
7	50	30	男	企业高管	上海	是

2. 样本

数据集中的一个单独的数据实例,也称为实例或观测值,是机器学习模型的处理对象。如表 6-1 的每一行代表一个人,包含了年龄、收入、性别等信息。

3. 特征

数据集中用于描述数据样本的属性或变量,用于描述样本的特点。比如,在图像识别中,图像的颜色、纹理等都可以作为特征,表 6-1 中年龄、年收入、性别等信息,它们从不同侧面描述了用户的特征。

4. 标签

在监督学习中,标签是与每个数据样本相关联的目标值或类别,是机器学习模型要预测的对象,也称为目标变量或输出变量。如在例 6-1 的预测某个人是否会购买某商品的任务中,"是否购买"就是标签,取值为"是"或"否",如表 6-1 最右一列所示。

5. 训练集

训练集从数据集中划分出来用于训练机器学习模型的数据子集。比如,在预测某个人是否会购买某商品的任务中,将收集到的数据按照一定比例,比如,70% 划分为训练集,用于让模型学习数据与各种特征之间的关系。

6. 测试集

测试集从数据集中划分出来用于评估机器学习模型性能的数据子集,在模型训练完成后使用。比如,在预测某个人是否会购买某商品的任务中,将剩下的 30% 商品销售数据作为测试集,用训练好的模型对测试集中的样本进行预测,然后与实际的标签对比,评估模型的准确性等性能指标。

7. 模型

模型是机器学习算法在给定数据和任务下学习到的一种数学表示或规则集合,用于对新数据进行预测或决策。比如,在预测某个人是否会购买某商品的任务中,使用线性回归算法学习到的一个可以根据各种特征预测销售量的数学公式就是一个模型。

8. 过拟合

过拟合是模型在训练集上表现很好,但在测试集或新数据上表现很差的现象,通常是因为模型过于复杂,学习到了训练数据中的噪声和细节,而没有捕捉到数据的真实规律。比如,在例 6-1 预测某个人是否会购买某商品的任务中,模型记住了训练集中每一个样本的细节,包括一些偶然因素导致的购买行为,而不是真正的用户购买规律,所以在面对新的测试数据时无法准确预测。

9. 欠拟合

欠拟合是模型在训练集和测试集上的表现都不好,是因为模型过于简单,没有充分学习到数据中的规律。在例 6-1 的预测某个人是否会购买某商品的任务中,模型只考虑了一个简单的特征,比如,只根据职业来预测是否购买,而忽略了其他重要因素,导致无法准确预测。

10. 准确率

准确率是模型预测正确的样本数占总样本数的比例,是评估模型性能的常用指标之一。比如,在例 6-1 预测某个人是否会购买某商品的任务中,模型对 100 个测试样本进行预测,其中,有 80 个预测正确,那么准确率就是 80%。

6.2.3　机器学习的主要类型及常用算法

机器学习主要分为监督学习、无监督学习、半监督学习和强化学习。通俗地讲,监督学习像老师手把手教学生,需要标准答案(标签);无监督学习像自学,学生从数据中自己总结规律;半监督学习就像老师只教一部分知识(少量标签),剩下的靠学生自学(未标签数据);强化学习则像训练宠物,通过奖励和惩罚让学生自己摸索最佳策略。

1.　监督学习

监督学习用标记数据进行训练,即数据集中既有输入特征,也有对应的输出标签或目标值。模型通过学习输入特征与输出标签之间的映射关系,来对新的未知数据进行预测。

监督学习广泛应用于各种预测和分类任务,如垃圾邮件分类,通过已知的垃圾邮件和正常邮件数据(输入特征为邮件内容等信息,标签为垃圾邮件或正常邮件)训练模型,让模型学会判断新邮件是否为垃圾邮件;还有房价预测,根据房屋的大小、房间数量等特征(输入特征)和对应的房价(标签)来训练模型,以预测新房屋的价格。

常见算法:包括决策树、支持向量机、逻辑回归、线性回归、神经网络等。

【例 6-2】　预测房价。假设你是一个房产中介的实习生,师傅想教你如何快速估算房价。他给了你一份过去成交的房屋数据表,如表 6-2 所示的信息。

表 6-2　房屋数据表

房屋面积 / 平方米	卧室数量	房龄 / 年	成交价 / 万元
80	2	5	300
120	3	10	450
60	1	2	250

师傅说:"你仔细看看这些数据,找找规律,下次有新房子时,你来报价! "。请用监督学习的方法找出规律。

【解析】　先来观察数据,表格中的前三列是输入特征(面积、卧室、房龄),最后一列是标签(真实房价)。这就像师傅给了你"练习题 + 标准答案",让你先学习规律。你发现面积越大、卧室越多,价格越高;房龄越老,价格越低。

你就需要找一个模型(如线性回归)并总结出一个公式,例如:

房价 ≈2 万 × 面积 +50 万 × 卧室数量 −5 万 × 房龄

现在有一套新房子的信息(面积 =100 平米,卧室 =2,房龄 =8 年),你用模型计算得:

$2×100+50×2-5×8=200+100-40=260$ 万元。

你向师傅报价:"大概 260 万! "师傅验证后发现实际成交价是 255 万,那误差只有 5 万,这就像师傅给了你"练习题 + 标准答案",让你先学习规律,便是监督学习的方法。

2.　无监督学习

无监督学习使用未标记数据进行训练,数据集中只有输入特征,没有给定的输出标签或目标值。模型的目标是发现数据中的内在结构、模式或规律。

无监督学习常用于数据探索、聚类分析和降维等任务。例如,在客户细分中,根据客户的消费行为、购买频率等特征,将客户分成不同的群体,以便企业制定针对性的营销策略;在图像压缩中,通过无监督学习算法对图像数据进行处理,发现图像的主要特征,实现数据的压缩。

无监督学习的常见算法有 K-Means、层次聚类、DBSCAN、主成分分析(PCA)、奇异值分解(SVD)等。

【例 6-3】 超市顾客分群。假设你是超市经理,手头有一堆顾客的购物小票,但没有任何分类标签。你想了解顾客的购物习惯,于是用无监督学习自动将顾客分成不同群体。原始数据如表 6-3 所示。

表 6-3　顾客购物数据

顾客 ID	每月购物次数	平均消费金额	最爱商品类别
001	4	200 元	母婴用品,食品
002	12	80 元	饮料,零食
003	2	500 元	进口化妆品,保健品

如果不预设任何分类标准,如何让算法自己发现顾客之间的相似性。

【解析】 这种问题就适合使用无监督学习方法,就像整理杂乱的衣服。无监督学习模型(如聚类算法 K-means)会分析数据,发现:

群体 A(如 001 号):购物次数中等,消费较高,买母婴用品 → 可能是家庭主妇。

群体 B(如 002 号):购物频繁,消费低,买零食饮料 → 可能是上班族。

群体 C(如 003 号):购物次数少,消费高,买奢侈品 → 可能是高收入人群。

超市根据分群结果制定策略:对群体 A 推送奶粉优惠券;对群体 B 在午休时间促销速食;对群体 C 推荐限量版商品。

3. 半监督学习

半监督学习结合了监督学习和无监督学习的特点,使用少量的标记数据和大量的未标记数据进行训练。模型先从未标记数据中学习到一些通用的特征和模式,再利用标记数据进行微调,以提高模型的准确性和泛化能力。

由于获取大量标记数据往往成本较高,半监督学习可在标记数据有限的情况下,充分利用未标记数据的信息,提高模型性能。比如,在医学图像分析中,标记医学图像需要专业的医生进行标注,成本高且耗时,半监督学习可以利用少量已标记的医学图像和大量未标记的图像进行训练,提高对疾病的诊断准确率。

半监督学习常见算法包括半监督支持向量机、基于图的半监督学习算法等。

【例 6-4】 教小朋友分辨苹果和橘子。假设你是一个幼儿园老师,想教小朋友区分苹果和橘子,但手头只有少量的带标签图片(如 5 张苹果图片和 5 张橘子图片),剩下的全是未贴标签的水果图片(如 100 张)。

【解析】 这个问题中只有少量的带标签的图片,可以用半监督学习的方法。

首先,把带标签的苹果和橘子图片展示给小朋友,引导他们观察特征:苹果偏红、椭圆;橘子偏橙、圆形。这属于监督学习部分。

接下来,拿出未贴标签的 100 张水果图,让小朋友自己尝试分类这些水果。他们会根据已学知识猜测哪些是苹果或橘子。比如,他们发现一张图片上橙色的圆形水果很像之前学的橘子,于是标记为"橘子";一张图片上红色的椭圆水果很像苹果,于是标记为"苹果"。这属于半监督学习部分。

最后,检查他们的猜测,发现大部分是对的,但也纠正个别错误(如一张红色的橘子图片被误标为苹果)。

重复标记过程,直到 100 张水果图片全部标记完成,并不断用新标记的数据更新知识,使小朋友最终能准确地分辨所有水果。

4. 强化学习

强化学习涉及智能体(agent)和环境(environment)。智能体是一个能够感知环境并采取行动的实体,它可以是机器人、软件程序或者生物个体等。环境则是智能体所处的外部世界,它包含了智能体可以感知到的各种状态信息,并且会根据智能体采取的行动做出相应的反应。智能体在环境中采取一系列行动,以最大化累积奖励。智能体通过与环境交互,根据环境反馈的奖励信号来学习最优的行为策略。

强化学习在机器人控制、游戏、自动驾驶等领域有广泛应用。例如,机器人在执行任务过程中,通过不断尝试不同的动作,根据环境给予的奖励反馈(如完成任务的程度、能量消耗等)来学习如何以最优方式完成任务;在围棋等游戏中,智能体通过与对手进行对弈,根据棋局的胜负结果和中间的奖励信号,学习最优的下棋策略。

强化学习常见算法有深度 Q 网络(DQN)及其扩展算法、策略梯度算法(如 A2C、A3C、PPO 等)、深度确定性策略梯度算法(DDPG)等。

【例 6-5】　训练小狗捡球。假设你养了一只小狗,想教它"把球捡回来"的技能,但你不会直接告诉它怎么做,而是让它自己尝试,通过奖励和惩罚学习让小狗学会捡球。过程如下:

① 环境:客厅里有一个球,你和小狗在客厅。

② 小狗的行动:乱跑、咬球、叼球回来、把球扔到角落等。

③ 奖励机制:

如果小狗叼球回到你身边 → 给零食。

如果小狗把球咬烂或跑开 → 不给零食,甚至轻拍头部并说"不对"。

④ 学习结果:经过多次尝试,小狗发现"叼球回来 = 有零食吃",于是逐渐养成正确的行为习惯。

【解析】　这个问题就像玩游戏闯关,适合使用强化学习方法,其中强化学习的核心要素如表 6-4 所示。

表 6-4　例 6-5 的核心要素

要素	对应例子	说明
智能体	小狗	学习的主体,通过行动影响环境
环境	客厅	智能体互动的场景
行动	叼球、乱跑等	智能体可执行的操作
奖励	零食(正向)/ 拍头(负向)	反馈信号,指导智能体优化策略
目标	最大化累计零食	小狗最终学会高效完成任务

6.3　深　度　学　习

6.3.1　深度学习的概念

深度学习是人工智能领域中机器学习的一个重要分支,它基于人工神经网络,通过构建具有多个层次的神经网络模型,让计算机自动从大量数据中学习特征和模式,以实现对数据的分类、预测、生成等任务。

深度学习是机器学习的一个分支领域,在机器学习的基础上发展而来,同时又推动了机器学习的发展。一方面,深度学习主要基于人工神经网络,通过构建具有多个层次的神经网络模型,让计算机自动从大量数据中学习特征和模式。另一方面,深度学习带来了一系列技术创新,为机器学习的其他领域提供了新的思路和方法,推动了整个机器学习领域的技术进步。

6.3.2　深度学习的起源与发展

深度学习的起源与发展可以分为以下几个阶段:

1. 起源早期阶段

深度学习的起源可以追溯到 20 世纪 40 年代。1943 年,美国大学教授 Warren McCulloch 和 MIT 学生 Walter Pitts 提出了第一个人工神经元模型,为深度学习的发展奠定了理论基础,标志着深度学习概念的萌芽。

1958 年,美国大学教授 Frank Rosenblatt 提出了第一个多层神经网络模型,被称为感知机,它能够对简单的图像进行识别,是深度学习的第一个实现。1965 年,数学家奥·赫·伊瓦赫年科(A. G. Ivakhnenko)和他的同事们提出了首个深度神经网络。

2. 发展停滞阶段

20 世纪 80 年代至 90 年代,由于计算能力有限,以及当时的算法存在诸多缺陷,如训练速度慢、容易陷入局部最优等问题,导致神经网络的发展受到限制,深度学习也处于相对停滞的状态。

3. 现代复兴阶段

2006 年,加拿大多伦多大学计算机系教授辛顿(Geoffrey Hinton)在《科学》杂志上发表了《利用神经网络刻画数据维度》一文,首次提出了深度学习的概念,并探讨了应用人工神经网络刻画数据的学习模型,标志着深度学习作为人工智能的一个分支正式诞生。

2009 年左右,计算机硬件技术飞速发展,GPU(图形处理单元)被广泛应用于数据处理,使得计算速度大幅提高,为深度学习的发展提供了有力的硬件支持。

2009 年,斯坦福大学人工智能实验室推出了 ImageNet 数据集,该数据集包含超过 1400 万张具有人工标注的海量公开图像,为深度学习提供了丰富的数据资源,极大地促进了之后神经网络的发展。

4．快速发展阶段

2011 至 2012 年间，卷积神经网络 AlexNet 在 ImageNet 图像识别竞赛中以巨大的优势战胜了以往基于浅层神经网络与传统机器学习算法的其他方法，在机器学习领域掀起了一场复杂神经网络的复兴潮。

2014 年，生成对抗网络（GAN），它使用零和博弈将两个相互竞争的神经网络结合起来，能够产生更加清晰、离散的输出。同年，Google Brain 项目成功地训练了一个大规模的深度神经网络，证明了深度学习在大规模数据处理方面的优势。

2016 年，由 Google 公司 DeepMind 团队研发的围棋机器人 AlphaGo 在没有任何让子的情况下，以 5∶0 完胜欧洲围棋冠军、职业二段选手樊麾，同年 3 月在韩国首尔挑战世界围棋冠军李世石九段，最终以 4∶1 的总比分胜出，其主要工作原理就是深度学习，这一成果让深度学习受到了全球范围内的广泛关注。

5．广泛应用阶段

2020 年代至今，深度学习技术已经成为人工智能领域的核心技术，广泛应用于图像识别、语音识别、自然语言处理、自动驾驶、医疗影像诊断等众多领域。据《2025年中国人工智能计算力发展评估报告》显示，2025 年我国智能算力规模将达 1 037.3 EFLOPS，较 2024 年增长 43%，远高于通用算力增幅，表明深度学习在未来仍将保持快速发展的态势。

6.3.3　深度学习工作原理

深度学习通过构建多层神经网络架构（如 CNN、RNN），模拟人脑层次化处理信息，实现自动特征学习：底层提取基础特征（如边缘、纹理），高层组合为抽象概念（如物体、语义）。

深度学习的核心是数据驱动的端到端学习机制，依赖海量数据与算力不断调整模型，最终完成分类、回归等任务。

深度学习的优势在于处理高维复杂数据（图像、文本）且无须人工设计特征，但需解决数据依赖性、算力消耗及模型可解释性等挑战。

1．构建神经网络架构

深度学习模型通常由多个层次组成，包括输入层、隐藏层和输出层。每层由多个神经元（节点）构成，神经元之间通过权重连接。信息从输入层输入，经过隐藏层的层层处理，最终在输出层得到结果。

深度学习模型基于对人脑的仿生学设计，构建了多层神经网络架构，其运行机制类似一条设置了多道关卡的精密流水线。以识别照片中的猫为例，在这个神经网络的流水线中，第一层如同一位专注的"轮廓侦察兵"，着重捕捉图像的轮廓和边缘信息，比如，猫耳朵独特的形状；第二层则像是一位技艺精湛的拼图大师，依据第一层传递的信息，拼接出更完整的整体形状，像猫的圆脸、尖耳朵等标志性特征；最后一层则如同一位经验丰富的"鉴定专家"，综合前两层的所有线索，最终精准识别出这是一只猫。

2．自动特征学习

深度学习的核心优势在于能够自动从原始数据中学习到不同层次的特征。以识别照片中猫的三层神经网络结构为例，整个学习过程并不依赖人类逐步灌输"猫有胡子"这类特征信息。深度学习模型具备强大的自主学习能力,能够直接从海量的数据中探寻规律。这就如同小孩子在看过无数张猫和狗的照片后,能够凭借自己的观察和思考,总结出两者之间的差异。

深度学习的自动特征学习能力使得深度学习能够处理各种复杂的数据,而无须人工手动设计特征。

3. 基于数据驱动的学习

深度学习模型需要大量的数据来进行训练。通过将大量的数据输入到模型中,模型根据数据中的模式和规律来调整神经元之间的权重,以最小化预测结果与真实标签之间的误差。这个过程通常使用反向传播算法来实现,它能够有效地计算每个权重对误差的影响,并据此更新权重。

以识别照片中的猫这一任务为例,在训练阶段,计算机模型最初的判断可能是随机的,就像把猫误判为狗。随后,模型会依据"错误反馈"机制,对内部参数进行调整,这类似于人类大脑神经元之间连接强度的动态变化。为了提升准确性,模型会用大量的示例反复训练,例如,十万张标注好的图片。经过不断学习,模型的判断会越来越精准,甚至能够识别出从未见过的猫。

【例6-6】 手写数字识别。假设你有一堆手写的数字图片(如邮政编码),想让计算机自动识别这些数字是 0 到 9 中的哪一个。

【解析】 这个问题可以使用深度学习解决。具体的过程如下:

(1)输入数据

每张图片是 28×28 像素的小图,每个像素是一个灰度值(0= 黑色,255= 白色)。把图片"扁平化"成一个长度为 784 的数组(28×28=784),这就是输入数据。

(2)设计神经网络结构

将输入层设计为 784 个神经元(对应 784 个像素),将隐藏层设计为 128 个神经元(负责提取特征,如边缘、曲线等),将输出层设计为 10 个神经元(对应 0~9 这 10 个可能的数字)。

(3)设计学习过程

① 随机初始化:神经网络的所有连接权重(参数)一开始是随机的,相当于一个"婴儿"什么也不懂。

② 输入数据:输入一张手写"3"的图片,神经网络会根据当前参数计算出一个结果。比如,它可能输出 [0.1,0.0,0.2,0.6,0.0,…],表示它认为这张图是"3"的概率最高(0.6)。

③ 计算误差:正确答案是"3",但神经网络输出的"3"的概率只有 0.6,而其他数字的概率可能更高,此时计算误差。

④ 反向传播:根据误差,反向调整神经网络的权重参数,让下次遇到"3"时,输出层中"3"的概率更高。

⑤ 重复:用成千上万张图片反复训练,神经网络逐渐学会识别数字的特征(比如,"8"有两个圈,"1"是一条竖线)。

(4)测试学习效果

训练完成后,输入一张新的手写数字图片,神经网络能通过学到的特征快速判断它是哪个数字(比如,输出"9"的概率是 95%)。

6.3.4　常见深度学习模型类型

从例 6-6 可以看出,传统程序靠人写规则,而深度学习从数据中自动总结规则。深度学习模型就像一个"自动学习规则的小学生",而深度学习的过程就像教小孩认字,一开始乱猜,但通过反复纠正,最后看到新字也能认出来。深度学习模型能够通过海量数据和试错,"练出"这种能力。

深度学习模型种类很多,就像"热带雨林中的生态系统",千奇百怪,各显神通。模型的门类众多,而且进化速度很快。从识别猫狗到创造艺术,从预测天气到编写代码,深度学习的模型宇宙里没有它做不到,只有你想不到。本节只介绍常见的几种深度学习模型类型。

1. 卷积神经网络

卷积神经网络(CNN)专门为处理具有网格结构的数据(如图像、音频)而设计。卷积神经网络工作原理是从像素开始,一步步"拼出"复杂图案,就像教小孩认字——先学笔画(横竖撇捺),再学偏旁部首,最后组合成完整的字。通过卷积层、池化层和全连接层等组件,自动提取数据的局部特征和空间信息,具有高效的特征提取能力和参数共享机制,大大减少了模型的计算量和参数数量,广泛应用于图像识别、目标检测、图像分割等领域。

假设你有一个工厂,任务是从一堆布料中找出是否有小猫图案。卷积神经网络的工作流程如下:

① 放大镜找细节(卷积层):工人拿着小放大镜,扫描布料的每个小区域(比如,3×3平方厘米),专门找基础图案,比如,斜线、圆点、尖角等(对应边缘、纹理等低级特征)。每个放大镜只负责找一种图案(比如,一个工人专找"曲线",另一个专找"直角")。

② 记重点,忽略冗余(池化层):工人把找到的图案位置记录下来,但只保留关键信息,比如,"左上角有 3 条曲线,右下角有 1 个尖角"(相当于降维,防止过度关注细节)。

③ 重复流水线:下一组工人用更大的放大镜,组合之前的图案,比如,"3 条曲线 +1 个尖角"可能组成猫耳朵(中级特征),继续重复,最后有人能认出完整的猫头(高级特征)。

④ 最终决策(全连接层):厂长汇总所有记录,判断:"这块布有小猫图案,置信度 90%"。

2. 循环神经网络

循环神经网络(RNN)适合处理序列数据,如文本、语音等。RNN 通过"记忆链"处理连续信息,就像和朋友聊天——你每说一句话时,都会记住之前的对话内容,否则会前言不搭后语。它能够对序列中的每个元素进行处理,并将当前的输出与之前的状态信息相结合,从而捕捉序列中的长期依赖关系。但传统的 RNN 存在梯度消失和梯度爆炸等问题,在处理长序列时效果有限。

假设你要读一本小说,每一页的情节都依赖前面的内容(比如,谁是凶手)。RNN 的读书流程类似于:

① 逐页阅读,边读边记:每次读一页(一个时间步),同时用笔记本记下关键信息(比如,"A 在第 3 页出现")。读下一页时,你带着之前的笔记,结合新内容更新记忆(比如,"A 在第 5 页有嫌疑")。

② 记忆传递:RNN 有一个"记忆盒子"(隐藏状态),每次读新内容时,结合当前输

入(新一页的文字)和之前的记忆(隐藏状态)更新记忆盒子,生成新的记忆,并根据新记忆输出结果(比如,预测凶手是谁)。

3. 长短期记忆网络

长短期记忆网络(LSTM)是 RNN 的一种改进模型,通过引入记忆单元和门控机制,能够有效地解决 RNN 中的长期依赖问题,更好地记住序列中的重要信息,在自然语言处理、语音识别等领域有广泛应用。

在读长篇小说时,RNN 读到后面会忘记前面的关键线索(比如,凶手在第 1 章露过脸),而 LSTM 采用一套智能笔记法,完美解决这个问题。

LSTM 有三个开关(门控机制),决定哪些信息要记住、哪些要忘记。遗忘门负责丢掉没用的笔记,输入门负责标注新内容,输出门负责按需提取记忆。RNN 读到第100 页时,早忘了第 1 章的鞋印,可能乱猜凶手。而 LSTM 靠"长期记忆本"和三个开关,牢牢记住跨章节的关键线索。

4. 生成对抗网络

生成对抗网络(GAN)是由生成器和判别器组成的神经网络架构。生成器负责生成与真实数据相似的数据,判别器则负责区分生成的数据和真实数据,两者通过对抗训练不断提升性能,常用于图像生成、数据增强、风格迁移等领域。

假设你想造一幅假画(比如,仿制梵高),但必须骗过顶尖鉴宝专家。GAN 就是这样一个"造假团队"。

(1)两个角色

假画大师(生成器):专门画假画,目标是让假画看起来和真迹一模一样。

鉴宝专家(判别器):专门鉴定画作,目标是分辨"真迹"和"假画"。

(2)对抗过程

第一轮:假画大师画了一幅很烂的假画(比如,颜色涂错),专家一眼看穿:"这是假的!"大师挨骂后偷偷改进技术。

第二轮:大师画出更逼真的假画,专家仔细检查后说:"90% 像,但笔触不对!",专家也升级了自己的鉴定方法。

在上面的两轮对抗中,两人不断互相逼着进步,直到大师的假画连专家也分不清真假(此时系统成熟)。

【伦理角】 算法歧视的归责难题。

【案例】 某银行 AI 信贷系统对少数族裔评分显著偏低。

【讨论】 思考歧视源于训练数据偏见还是算法设计缺陷,开发者与企业责任如何划分。讨论以下问题:

- 是否应立法要求企业公开算法决策逻辑?
- 被歧视者能否直接起诉 AI 系统?

6.4 人工智能技术的应用和实现

从上述技术架构也可以看出,人工智能技术的三大基本要素是数据、算法、算力。

这三要素也是各大互联网巨头角力的三个方向。数据和算法是人工智能的燃料和发动机,算力是制约人工智能成"人"还是"神"的基础硬件。将人工智能技术应用到每个领域中是发展需求和方向。那如何应用人工智能技术开发一个人工智能系统呢?

6.4.1　人工智能系统的开发过程

人工智能系统是一种能够模拟人类智能行为的计算机系统,它可以通过学习、推理和决策来处理各种复杂的任务。人工智能系统开发的过程就像盖房子,要一步一步来。人工智能系统的详细开发过程如图 6-5 所示。

1. 项目规划与需求分析

项目规划与需求分析的意思是想清楚要做什么。

明确项目目标:先得知道这个人工智能系统是用来做什么的,比如,是要做一个能帮人找电影的智能助手,还是能识别动物的软件。

进行需求调研:和要用这个系统的人聊一聊,问问他们希望这个系统有什么功能,界面要怎么设计,对系统有没有特别的要求。

制定项目计划:就像盖房子要先画图纸一样,给这个项目做个详细计划,安排好什么时候做什么事,明确所需人力、资金和时间。

2. 数据收集与预处理

数据收集:数据就是人工智能的"学习材料",得从各种地方把这些材料收集起来。比如,做识别动物的软件,就要找很多动物的图片,还有它们是什么动物的记录。

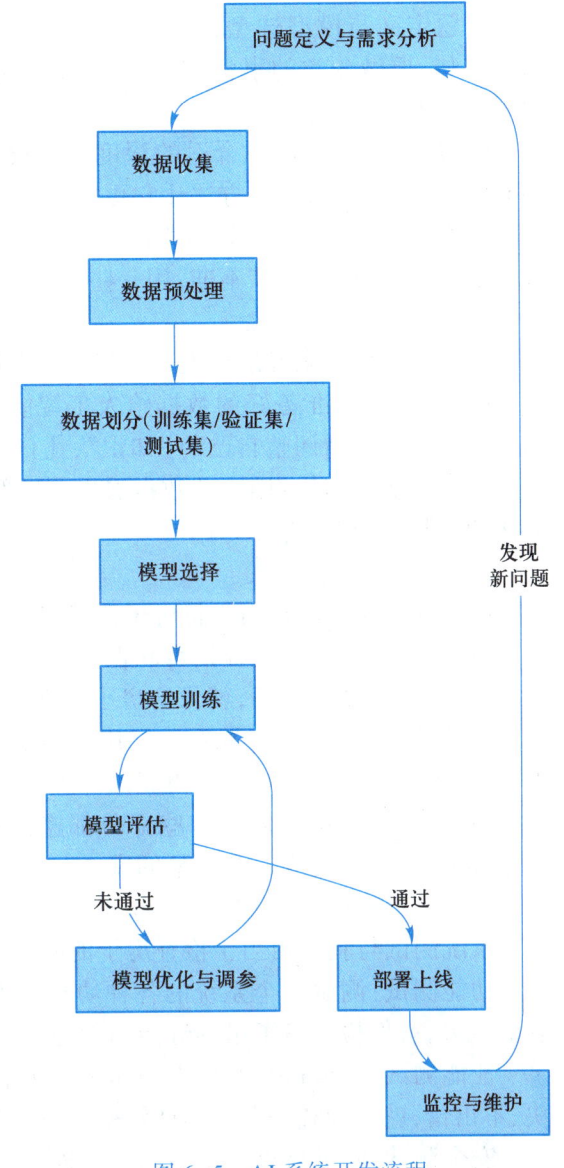

图 6-5　AI 系统开发流程

数据标注(如果需要):把收集到的数据整理一下,给它们贴上标签。比如,在动物图片上标注这是猫、那是狗,这样人工智能才能知道它看到的是什么。

数据清洗:检查一下数据有没有问题,像有没有重复的、有没有错误的、有没有缺东西的,把这些不好的数据处理掉。

数据转换:把数据变成人工智能能看懂的样子,就像把不同语言的书都翻译成一种语言,让它学习起来更方便。

数据划分:把这些处理好的数据分成三堆,一堆用来让人工智能学习,一堆用来看看它学得怎么样,还有一堆留着最后测试它的本事。

3. 模型选择与设计

模型选择与设计相当于选择和设计房子的样子。

问题定义与模型选型:根据要做的事情,选一个合适的"框架"让人工智能来学习。比如,要做分类的事情,就选一个适合分类的模型,就像选一个适合盖某种风格房子的框架一样。

模型架构设计:选择合适的深度学习模型,设计其内部结构,比如,有多少层,每层有多少个节点,用什么方法让它更聪明。

模型评估指标选择:如何判断这个人工智能学得好不好,比如,做识别动物的软件,就要看看它识别得准不准,用一些专门的指标来衡量它的表现。

4. 模型训练与优化

模型训练与优化就是让人工智能学习和进步的过程。

模型训练:把准备好的数据给人工智能,让它开始学习,就像让一个学生开始上课一样。它会不断调整自己的"知识",让自己的回答越来越接近正确答案。

模型评估与调优:用预留数据看看人工智能学得怎么样,根据结果调整它的学习方法和参数,让它变得更厉害。

5. 系统开发与集成

系统开发与集成相当于将房子盖起来。

后端开发:用一些编程语言和框架来搭建系统的"后端",让它能把学到的东西用起来,能接收和处理信息,就像给房子搭好内部的管道和线路。

前端开发:设计一个好看又好用的界面,让人们能和这个系统交流,看到它给出的结果,就像给房子装修一个漂亮的外观。

系统集成:把前面做的这些部分都连接起来,让它们能一起工作,就像把房子的各个部分组装好,变成一个完整的家。

6. 系统测试与验证

系统测试与验证相当于检查房子的质量。

功能测试:测试这个系统的各种功能是不是都能正常使用,是不是能达到人们想要的效果,就像检查房子里的灯能不能亮,水龙头有没有水。

性能测试:测试这个系统在很多人用或者处理很多数据的时候,是不是还能跑得快、不出错,就像检查房子能不能承受很多人住,会不会塌。

安全测试:测试检查一下系统安不安全,会不会被坏人攻击,数据会不会泄露,就像检查房子有没有防盗门窗,是不是很安全。

验证测试:用预留数据来全面测试一下这个系统到底好不好,是不是真的能做好它该做的事。

7. 系统部署与上线

系统部署与上线相当于把房子交给大家住。

部署环境选择:选一个合适的地方把系统放上去,让大家都能用到它,比如,放在自己的服务器上,或者放在云服务器上。

系统部署:把系统安装好,配置好各种东西,让它能正式运行,就像把家具都搬进房子,准备好让大家住进来。

上线发布:一切都准备好了,就可以把这个系统正式推出来,让大家都能使用了,同时要随时看着它,保证它运行正常。

8. 系统维护与更新

系统维护与更新相当于维护和改善房子。

系统监控:随时观察系统的运行情况,看看它有没有出问题,有没有什么异常,就像要经常看看房子有没有漏水、墙皮有没有掉。

问题处理:要是发现系统有问题了,就赶紧想办法解决,让它能继续正常工作,就像房子坏了要赶紧修。

数据更新与模型优化:随着时间的推移,要给系统一些新的数据,让它继续学习,变得更聪明,就像给房子定期装修一下,让它更舒服。

用户培训与支持:给使用这个系统的人提供帮助和培训,让他们能更好地用这个系统,同时听听他们的意见,把系统变得更好。

*6.4.2　基于 AI 智能体开发平台的智能体开发案例

AI 智能体开发平台是一种专门设计的软件生态系统或服务平台,旨在为开发者、数据科学家、工程师以及其他相关人员提供一站式、低门槛的环境,以高效地开发、测试、部署和管理人工智能应用。

AI 智能体开发平台可帮助用户构建具有各种功能的智能体,如对话智能体、决策智能体等,并提供对智能体的全生命周期管理,包括训练、测试、优化、部署以及后续的监控和更新等环节,确保智能体的性能和稳定性。

AI 智能体开发平台推动了 AI 技术普及与应用。它使更多没有深厚 AI 技术背景的人员和企业能够参与到 AI 应用的开发中,加速了 AI 技术在各个领域的普及和渗透,让 AI 不再局限于专业的科研机构和大型科技企业。

AI 智能体开发平台提高开发效率与质量。它提供预构建模型、算法库和丰富的插件库,开发者可以直接调用这些资源,避免了重复开发,大大缩短了开发周期,提高了开发效率。

【例 6-7】　基于 Coze(扣子)开发"大学英语写作助手"智能体项目。

【解析】　Coze(扣子)是字节跳动推出的 AI 智能体开发平台,支持无代码开发,拥有丰富插件库、内置多个大模型,可多平台发布,能创建聊天机器人、效率工具、虚拟角色等多种应用。

许多大学生在英语写作方面存在困难,比如,语法错误频出、词汇运用不恰当、文章结构混乱等。为了帮助他们提高英语写作能力,利用 Coze 平台开发一个能够提供写作指导、语法检查、词汇建议以及优秀范文参考的智能体。开发过程如下:

1. 注册与项目创建

① 打开 Coze 平台官网,完成注册流程。

② 登录后,单击"新建项目"按钮,将项目命名为"大学英语写作助手"。

2. 知识库搭建

在 Coze 平台的知识库管理界面,将预先收集的英语写作范文、语法错误案例、词汇列表等资料,按照不同类别分别上传。例如,创建"范文库""语法错误库""词汇库"等子库。在上传时,为每一份资料添加准确详细的标签,方便后续智能体进行检索。比如,对于一篇关于"环境保护"的议论文范文,可添加"议论文""环境保护主题""大学英语"等标签。

3. 对话流程设计

① 进入 Coze 的可视化对话流程设计界面。

② 当用户输入写作相关问题时,设计初始节点为判断用户问题类型。例如,若用户询问"如何写好英语议论文",智能体识别为写作指导类问题,流程跳转到"写作指导回复"节点。在此节点,智能体从知识库中检索关于议论文写作结构、论证方法等内容,组织语言进行回复,如"写英语议论文时,一般可采用'总-分-总'结构。开头提出论点,中间通过举例、对比等论证方法展开论述,结尾总结升华。"

③ 若用户输入一段英文写作内容,流程跳转到"语法检查"节点。智能体调用语法检查工具(可通过接入相关语法检查 API 实现),检查文本中的语法错误,并将错误位置和修改建议反馈给用户。例如,若用户写了"I am like English.",智能体回复"此句存在语法错误,'am'和'like'不能同时作谓语,应改为'I like English.'"

④ 对于词汇相关问题,如"'美丽'除了'beautiful'还能用什么词",智能体在"词汇库"中检索同义词,回复"还可以用'pretty''gorgeous''attractive'等词汇来表达'美丽'的意思"。

4. 大模型接入

在 Coze 平台的设置中,选择接入合适的大语言模型,如字节跳动的云雀模型。大语言模型将为智能体提供自然语言理解和生成的基础能力,使其能够更好地理解用户复杂多样的问题,并生成流畅、准确的回答。例如,当用户询问如何使自己的英语写作更生动时,大语言模型可根据知识库内容和自身语言生成能力,给出如"可以多使用一些形象的动词和形容词,像描述跑步时,用'dash'代替'run'会更生动;同时运用比喻、拟人等修辞手法,比如,'The sun smiled at us.'"这样的回答。

5. 插件添加

① 为了增强智能体的功能,添加"范文推荐"插件。当用户完成写作后,希望参考类似主题的优秀范文时,插件根据用户写作的主题和内容关键词,从"范文库"中筛选出合适的范文推荐给用户。例如,用户写了一篇关于"大学生活"的作文,插件可推荐多篇不同风格但同样围绕"大学生活"的范文,并标注范文的亮点和得分点。

② 添加"词汇拓展"插件,当智能体给出词汇建议后,该插件进一步拓展词汇的用法、搭配及例句。如推荐了"gorgeous"后,插件展示用法"a gorgeous view"(美丽的景色),例句"She looks gorgeous in that dress."(她穿那条裙子看起来美极了)。

6. 测试与优化

① 邀请一些大学学生作为测试用户,在 Coze 平台上与开发好的智能体进行交互。让他们提出各种英语写作相关问题,输入不同类型的写作内容,对智能体进行全面测试。

② 收集测试用户的反馈意见,如智能体回答不准确、回复速度慢、对话流程不顺畅等问题。针对这些问题,在 Coze 平台上对智能体进行优化。例如,如果发现智能体对某些语法错误判断不准确,检查语法检查工具的设置或更换更合适的语法检查 API;若对话流程混乱,重新梳理对话节点之间的逻辑关系。

*6.4.3　基于 AI 实训平台的人工智能应用系统案例

AI 虚拟仿真实训平台是一种融合了人工智能、虚拟现实、增强现实、混合现实等多种先进技术的综合性实训平台,旨在通过模拟真实场景和操作过程,为用户提供高效、安全、经济且具有个性化的培训解决方案。

在教育教学方面,AI 虚拟仿真实训平台通过沉浸式的虚拟体验和互动式的学习方式,帮助学生更好地理解和掌握专业知识和技能,提高学习的积极性和主动性,增强记忆效果,培养学生的实践能力、创新能力和解决问题的能力。

AI 虚拟仿真实训平台为教育机构提供了一种全新的教学资源,能够模拟一些在现实中难以实现的教学场景和实验内容,拓展了教学的广度和深度,弥补了传统教学资源的不足。

相比传统的实训教学,AI 虚拟仿真实训减少了对实物设备、场地、耗材等的需求,降低了实验教学的物质资源消耗和维护成本,特别是对于一些高成本、高损耗的实训项目,如航空航天模拟训练、大型机械设备操作等,优势更为明显。

【例 6-8】　基于百科荣创 AI 虚拟仿真实训平台的智能门禁系统开发。

【解析】　百科荣创 AI 虚拟仿真实训平台是面向电子信息等领域的产教融合实训平台,集合 AI 课程资源、代码环境、算法算力和实训案例。通过可视化 AI 编程,平台以流程图、拖拉拽式支持自定义节点编辑,助力人工智能教学与人才培养。

我们基于该平台演示一个人工智能应用系统的开发过程。首先需要登录网站 www.r8c.com 注册账号,然后登录 https://www.r8c.com/index/ai-cognitive/ai 进入 AI 通识教育平台创建新项目即可。平台界面如图 6-6 所示,左边是功能选择区,右边是设计图区,用户可以拖动左边的控件设计项目。

智能门禁系统主要通过人脸识别技术控制门锁开关。工作流程是首先将人脸录入系统数据库,为已录入的人脸设置开启权限。当识别到新的人脸时,系统将当前人脸进行对比,确定当前人脸是否有开锁权限,若对比通过则打开门锁。通过虚拟仿真,可完成智能门禁系统的构建,具体操作步骤如下:

① 进入"AI 智能应用系统开发平台",单击"空白项目"新建一个空白项目。然后选择"输入控件"中的"摄像头输入"控件,可实现利用摄像头获取图像视频类数据。拖动两个"摄像头输入"控件,一个用于录入人脸,一个用于捕捉当前人脸,如图 6-7 所示。

② 选择"人脸识别"中的"人脸对比"控件,可实现对输入的两个人脸数据进行人脸相似度比对,输出人脸相似度。分别拖动两个"摄像头输入"控件的"图片输出"按钮到"人脸对比"控件的按钮,如图 6-8 所示。

③ 选择"路由控件"中的"一分二"控件,可实现将"人脸对比"的输出结果一分为二显示,如图 6-9 所示。

④ 选择两种显示人脸对比结果的方法。选择"输出控件"中的"文字显示"控件并拖动一个"一分二"控件的一个输出到"文字显示"控件的数据输入，如图 6-10 所示。

选择"判断控件"中的"数字大小判断"控件，并拖动"一分二"控件的一个输出到"数字大小判断"控件的数据输入，可对输入的数字与设定的数字进行大小判断，右击可在"数字大小判断"控制中输入一个阈值，此处可以输入 90。再选择"逻辑控件"中的"逻辑真"和"逻辑假"控件，将"数字大小判断"控件的"大于 / 等于"输出拖动

控件

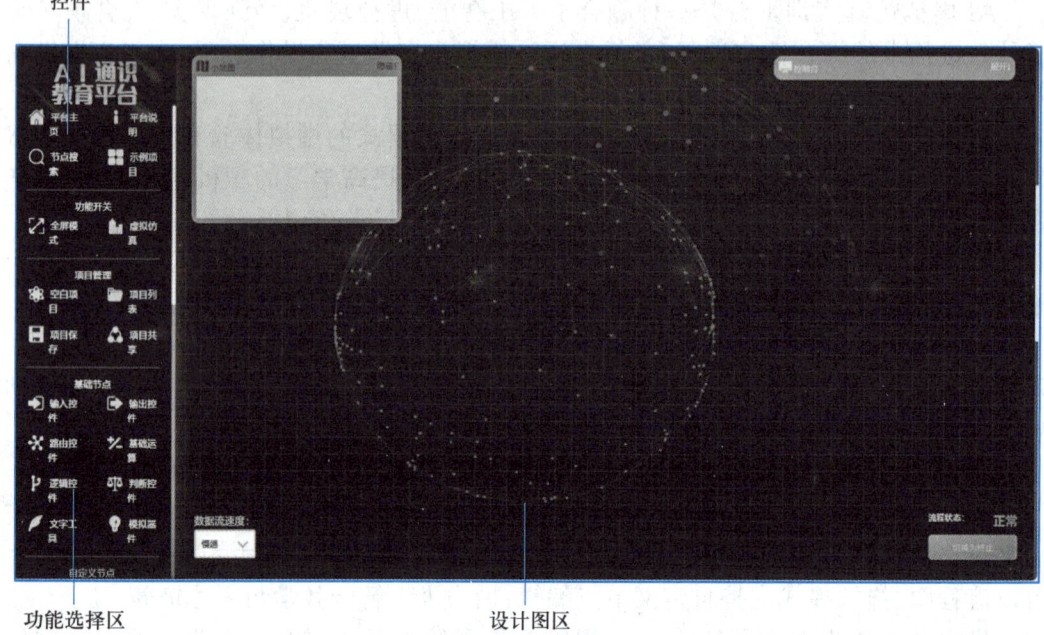

功能选择区   设计图区

图 6-6   百科荣创 AI 虚拟仿真实训平台界面

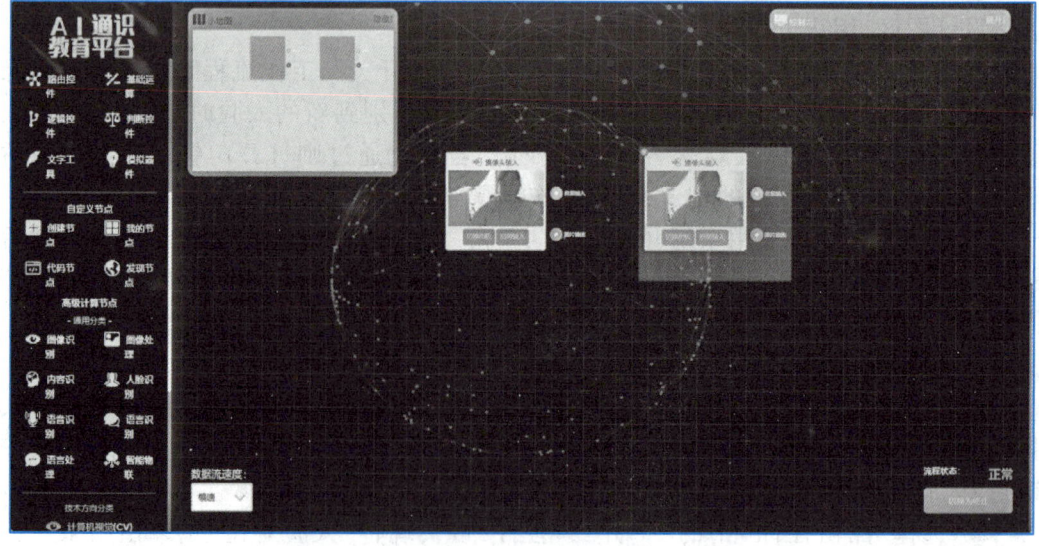

图 6-7   插入两个"摄像头输入"控件后界面

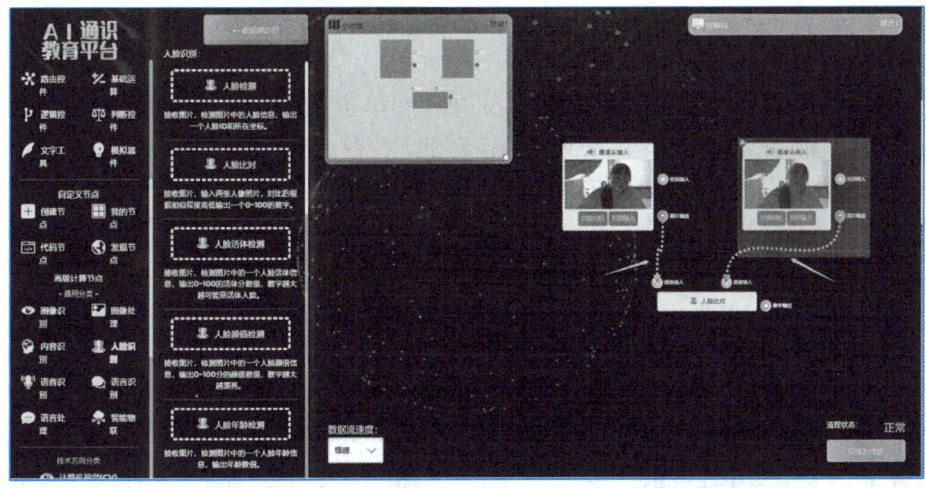

图 6-8　插入"人脸对比"控件后界面

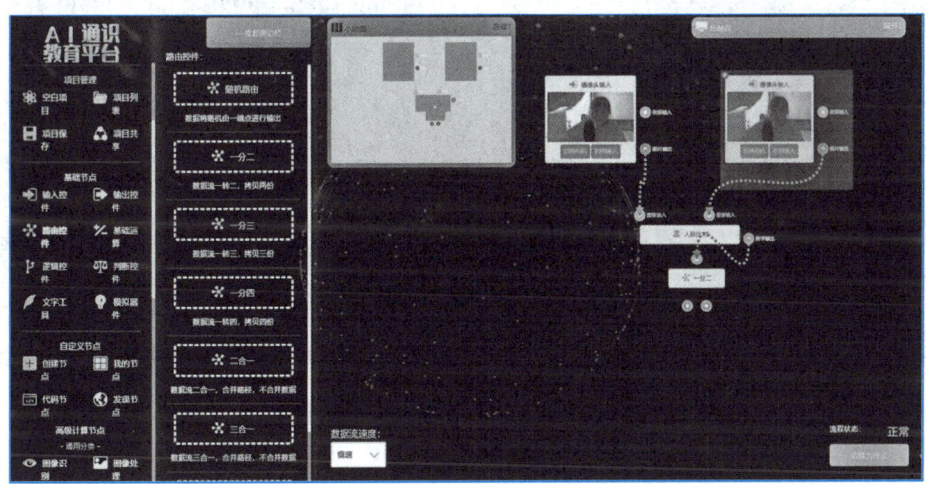

图 6-9　插入"一分二"控件后界面

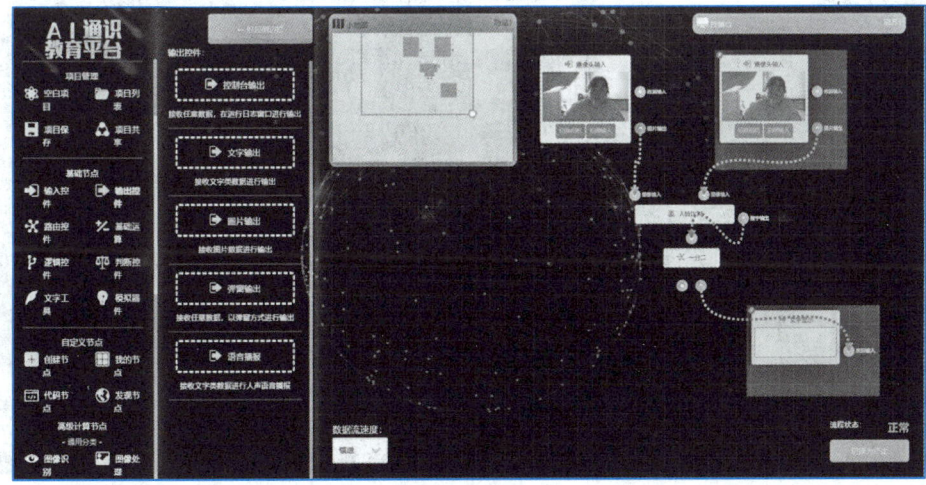

图 6-10　插入"文字显示"后界面

到"逻辑真"控件的"数据输入",将"数字大小判断"控件的"小于"输出拖动到"逻辑假"控件的"数据输入",如图 6-11 所示。

⑤ 运行程序。选择一个"摄像头输入"控件,单击"拍照输入",然后单击"运行",则界面中的虚箭头显示输入流入到"人脸对比"控件左边的"数据输入"。选择另外一个"摄像头输入"控件,单击"拍照输入",然后单击"运行",则界面中的虚箭头显示输入流入到"人脸对比"控件右边的"数据输入"。虚箭头继续动态显示数据走向,如果两次的人脸对比结果超过 90,则数据流向"逻辑真"控件,否则流向"逻辑假"控件。运行后界面如图 6-12 所示。

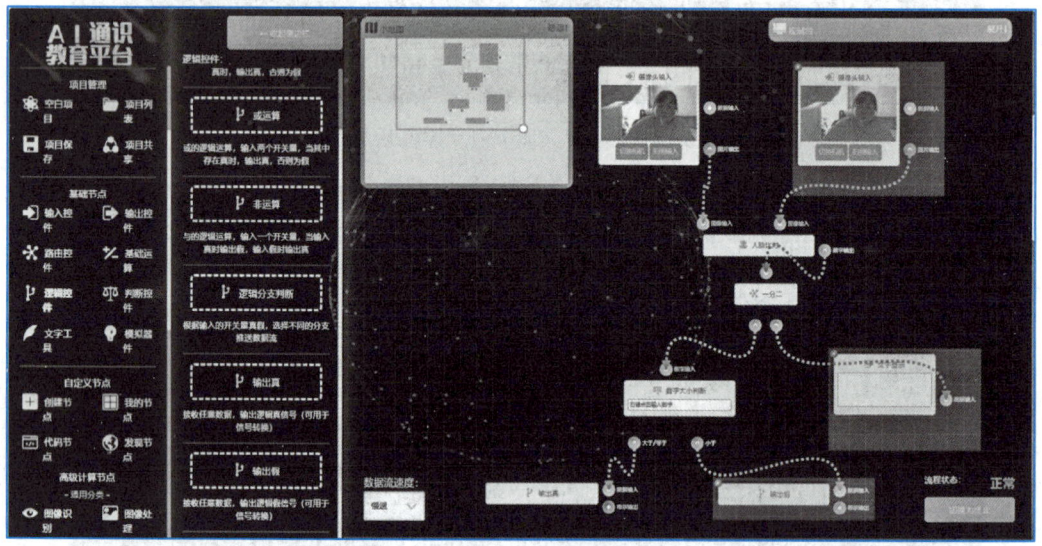

图 6-11　插入"数字大小判断"控件后界面

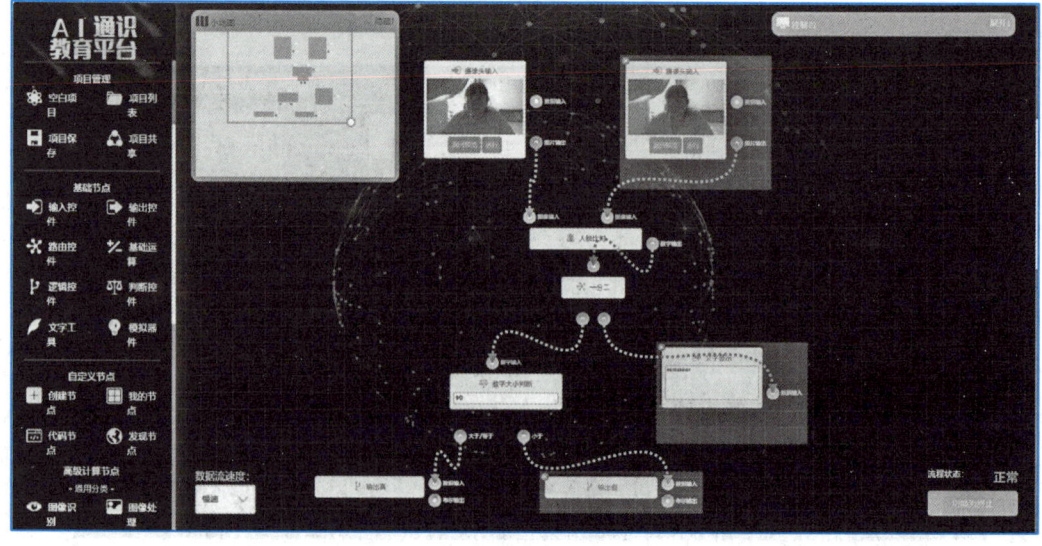

图 6-12　运行后界面

本 章 小 结

　　本章主要讲解了人工智能的技术架构;介绍了机器学习的相关术语及技术原理;介绍深度学习的概念及基本原理;具体介绍了应用 AI 虚拟仿真实训平台开发一个人工智能系统的过程。学习完本章,读者应理解人工智能能够迅速发展的技术原理,并掌握一个人工智能系统的开发过程。

习　　题

参考答案

一、选择题

1. 人工智能技术架构的基础层主要提供(　　　)。
　　A. 计算资源和数据存储　　　　B. 机器学习算法
　　C. 自然语言处理技术　　　　　D. 图像识别应用
2. 以下属于人工智能技术架构中技术层的是(　　　)。
　　A. 云计算平台　　　　　　　　B. 深度学习框架
　　C. 智能客服系统　　　　　　　D. 数据库管理系统
3. 人工智能技术架构的应用层旨在(　　　)。
　　A. 开发机器学习算法
　　B. 搭建数据中心
　　C. 将人工智能技术应用于实际场景
　　D. 研究人工智能的理论基础
4. 在人工智能的基础层中,(　　　)是重要的计算资源。
　　A. 硬盘　　　　　　　　　　　B. 网络
　　C. 操作系统　　　　　　　　　D. GPU(图形处理单元)
5. 技术层中的机器学习算法不包括(　　　)。
　　A. 数据加密算法　　　　　　　B. 决策树算法
　　C. 支持向量机算法　　　　　　D. 神经网络算法
6. 以下是人工智能应用层的典型产品的是(　　　)。
　　A. Hadoop 分布式文件系统　　 B. TensorFlow 深度学习框架
　　C. 自动驾驶汽车　　　　　　　D. Kafka 消息队列
7. 技术层的自然语言处理技术可以实现(　　　)。
　　A. 图像分类　　　　　　　　　B. 数据挖掘
　　C. 机器人运动控制　　　　　　D. 机器翻译

8. 机器学习是指计算机系统能够利用(　　　)来提升自身性能的过程。

　　A. 数据和经验　　　　　　　　B. 硬件升级

　　C. 人工干预　　　　　　　　　D. 随机猜测

9. 机器学习定义中,模型通过学习数据中的(　　　)来实现对未知数据的预测或决策。

　　A. 噪声　　　　　　　　　　　B. 表面特征

　　C. 模式和规律　　　　　　　　D. 所有细节

10. 机器学习的目标是让计算机能够(　　　)地从数据中学习知识,以解决实际问题。

　　A. 依赖人工指导　　　　　　　B. 自动或半自动

　　C. 完全自主　　　　　　　　　D. 按照固定规则

11. 机器学习定义中的"学习"过程主要是指(　　　)

　　A. 简单地存储数据　　　　　　B. 对数据进行可视化

　　C. 随机生成一些规则　　　　　D. 调整模型的参数以优化性能

12. 在机器学习中,数据集是指(　　　)

　　A. 一组随机生成的数据

　　B. 用于测试模型性能的数据集合

　　C. 包含所有相关数据的集合,通常用于训练和评估模型

　　D. 仅包含输入特征而不包含标签的数据

13. 以下关于样本的说法中,正确的是(　　　)。

　　A. 样本是数据集中的单个数据点或观测值

　　B. 样本就是整个数据集

　　C. 样本只包含特征,不包含标签

　　D. 样本是经过预处理后的数据

14. 特征在机器学习中是指(　　　)。

　　A. 数据集中的标签信息

　　B. 用于描述样本的属性或变量

　　C. 模型的输出结果

　　D. 对数据进行分类的依据

15. 标签在机器学习中的作用是(　　　)。

　　A. 作为模型的输入特征

　　B. 帮助模型选择合适的算法

　　C. 对特征进行分类

　　D. 表示样本的真实类别或目标值,用于监督学习中的模型训练和评估

16. 训练集的主要作用是(　　　)。

　　A. 用于训练机器学习模型,让模型学习数据中的模式和规律

　　B. 用于评估模型的最终性能

　　C. 用于调整模型的超参数

　　D. 用于展示模型的预测结果

17. 测试集是用来（　　　　）。
　　A. 训练模型的参数
　　B. 选择模型的结构
　　C. 评估模型在未见过的数据上的泛化能力
　　D. 对数据进行预处理

18. 一个模型在机器学习中是（　　　　）。
　　A. 一种数据结构
　　B. 一个由算法和参数组成的数学表达式或计算过程，用于对数据进行预测或分类
　　C. 一组固定的规则，不随数据变化而改变
　　D. 仅用于可视化数据的工具

19. 过拟合发生在（　　　　）。
　　A. 模型过于简单，无法捕捉数据中的复杂模式
　　B. 模型在训练集和测试集上的表现都很差
　　C. 模型的准确率始终保持在一个较低水平
　　D. 模型在训练集上表现很好，但在测试集或新数据上表现不佳，因为它过度学习了训练数据中的噪声和细节

20. 欠拟合的情况是指（　　　　）。
　　A. 模型过于简单，不能充分学习数据中的规律，导致在训练集和测试集上的表现都不理想
　　B. 模型在训练集上表现很好，但在测试集上表现不好
　　C. 模型的参数过多，导致计算量过大
　　D. 模型对数据中的噪声过于敏感

21. 准确率是机器学习中常用的评估指标，它的计算公式是（　　　　）。
　　A.（真正例 + 假正例）/ 总样本数
　　B.（真正例 + 真反例）/ 总样本数
　　C. 真正例 /（真正例 + 假反例）
　　D. 真正例 /（真正例 + 假正例）

22. 监督学习和无监督学习最核心的区别在于（　　　　）。
　　A. 监督学习使用模型，无监督学习不使用模型
　　B. 监督学习数据有标签，无监督学习数据无标签
　　C. 监督学习只能处理数值型数据，无监督学习可以处理多种类型数据
　　D. 监督学习的算法复杂度高于无监督学习

23. 以下关于监督学习和无监督学习联系的说法中，正确的是（　　　　）。
　　A. 无监督学习可以为监督学习进行数据预处理和特征提取
　　B. 监督学习的模型可以直接用于无监督学习任务
　　C. 两者的评估指标完全相同
　　D. 监督学习和无监督学习的数据来源不同，没有交集

24. 强化学习与无监督学习的区别主要体现在（　　　）。

    A. 强化学习处理连续数据，无监督学习处理离散数据

    B. 无监督学习有明确的目标函数，强化学习没有

    C. 强化学习通过与环境交互获得奖励来学习，无监督学习挖掘数据内在结构

    D. 无监督学习的算法复杂度高于强化学习

25. 下列关于三种机器学习类型（监督学习、无监督学习、强化学习）的说法中，错误的是（　　　）。

    A. 监督学习可用于预测房价，无监督学习可用于客户细分，强化学习可用于游戏策略制定

    B. 监督学习和强化学习都可能需要评估模型性能，无监督学习也有相应的评估指标

    C. 三种学习类型在训练过程中都需要人工不断调整模型参数

    D. 无监督学习和强化学习都可以为监督学习提供一些先验知识

26. 深度学习是机器学习的一个分支领域，它主要基于（　　　）来进行建模和学习。

    A. 人工神经网络   B. 决策树

    C. 支持向量机   D. 遗传算法

27. 深度学习的"深度"主要体现在（　　　）。

    A. 数据量非常大   B. 神经网络具有很多层

    C. 算法的复杂度很高   D. 对问题的理解很深入

28. 以下关于深度学习的描述中，错误的是（　　　）。

    A. 可以自动从大量数据中学习特征

    B. 在图像识别、语音识别等领域取得了很好的效果

    C. 深度学习模型的训练不需要大量计算资源

    D. 能够处理复杂的非线性关系

29. 深度学习与传统机器学习相比，其优势在于（　　　）。

    A. 不需要数据预处理

    B. 模型结构简单，易于理解

    C. 可以使用较少的数据进行训练

    D. 能够自动学习到更高级、更抽象的特征

30. 深度学习的概念最早可以追溯到 20 世纪 40 年代的（　　　）。

    A. 人工神经元模型

    B. 决策树算法

    C. 支持向量机

    D. 遗传算法

31. 2006 年，Geoffrey Hinton 在《科学》杂志上发表文章，首次提出了（　　　）的概念。

    A. 人工神经网络   B. 感知机

    C. 深度学习   D. 卷积神经网络

32. 2009 年左右,(　　)被广泛应用于数据处理,为深度学习的发展提供了有力的硬件支持。
    A. 中央处理器(CPU)　　　　　　B. 现场可编程门阵列(FPGA)
    C. 数字信号处理器(DSP)　　　　D. 图形处理器(GPU)

33. 2016 年,战胜世界围棋冠军李世石九段的 AlphaGo 主要工作原理是(　　)。
    A. 决策树算法　　　　　　　　　B. 支持向量机
    C. 遗传算法　　　　　　　　　　D. 深度学习

34. 在深度学习中,底层神经网络主要提取的是(　　)。
    A. 抽象概念　　　　　　　　　　B. 基础特征
    C. 语义信息　　　　　　　　　　D. 物体特征

35. 深度学习的核心机制是(　　)。
    A. 人工设计特征　　　　　　　　B. 模型驱动
    C. 数据驱动的端到端学习　　　　D. 依赖少量数据

36. 深度学习在处理数据时,无须进行(　　)操作。
    A. 人工设计特征　　　　　　　　B. 收集数据
    C. 调整模型　　　　　　　　　　D. 使用算力

37. 深度学习面临的挑战不包括(　　)。
    A. 数据依赖　　　　　　　　　　B. 算力消耗
    C. 模型过于简单　　　　　　　　D. 模型可解释性

38. 深度学习中高层神经网络将底层特征组合为(　　)。
    A. 基础特征　　　　　　　　　　B. 抽象概念
    C. 边缘和纹理　　　　　　　　　D. 具体实例

39. 深度学习完成任务的类型包括(　　)。
    A. 分类　　　　　　　　　　　　B. 回归
    C. 聚类　　　　　　　　　　　　D. 分类和回归

40. 在人工智能系统开发过程中,首先要进行的是(　　)。
    A. 问题定义与需求分析　　　　　B. 数据收集
    C. 模型选择　　　　　　　　　　D. 算法设计

41. 在数据收集阶段,以下(　　)数据来源通常具有较高的可靠性和准确性。
    A. 网络爬取的数据　　　　　　　B. 专业数据库中的数据
    C. 用户自行输入的数据　　　　　D. 社交媒体上的数据

42. 数据清洗是人工智能系统开发过程中的重要环节,其主要目的是(　　)。
    A. 增加数据的多样性　　　　　　B. 对数据进行分类
    C. 去除数据中的噪声和错误　　　D. 对数据进行加密

43. 在人工智能系统开发中,特征工程的主要任务是(　　)。
    A. 选择合适的模型算法
    B. 对数据进行可视化
    C. 评估模型的性能
    D. 提取和选择对模型有意义的特征

44. 以下（　　　）模型选择方法是基于经验和对问题的理解来选择合适的模型。

　　A. 基于领域知识的选择　　　　　　B. 随机选择

　　C. 基于模型性能指标的选择　　　　D. 基于计算资源的选择

45. 在模型训练过程中,调整模型参数以最小化损失函数的过程被称为（　　　）。

　　A. 模型评估　　　　　　　　　　　B. 模型优化

　　C. 模型验证　　　　　　　　　　　D. 模型部署

46. 在人工智能系统开发中,用于评估模型在新数据上的泛化能力的数据集是（　　　）。

　　A. 训练集　　　　　　　　　　　　B. 验证集

　　C. 测试集　　　　　　　　　　　　D. 评估集

47. 人工智能系统开发的最后一个环节是（　　　）。

　　A. 模型优化　　　　　　　　　　　B. 模型评估

　　C. 模型训练　　　　　　　　　　　D. 模型部署与维护

二、简答题

1. 简述人工智能架构的层级结构。

2. 简述机器学习的主要类型。

3. 列举几个常见的深度学习模型。

4. 简述人工智能系统的开发过程。

第 7 章　AIGC 应用与实践

教学课件

道生一,一生二,二生三,三生万物。

——《道德经》①

【导读】

近两年,ChatGPT、Stable Diffusion 等 AIGC 应用的爆火,引发了全球范围内对 AIGC 技术的高度关注和深入探讨。作为人工智能领域的关键技术,AIGC 正以前所未有的速度融入各个行业,重塑内容生产模式,深刻改变人们的生活和工作方式。

从新闻撰写到艺术创作,从游戏开发到医疗辅助,AIGC 的身影无处不在,展现出巨大的发展潜力和应用价值。众多科技巨头纷纷布局,加大在 AIGC 领域的研发投入,推动相关技术不断创新和突破。这一技术浪潮不仅为产业升级带来了新的机遇,也对社会发展产生了深远影响。

【教学要求】

知识点	教学要求		
	了解	理解	掌握
7.1　AIGC 的基本概念			✓
7.2　AIGC 的主要应用领域			✓
7.3　常见的 AIGC 工具及实践			✓
7.4　AIGC 的伦理与社会影响	✓		
7.5　AIGC 的未来趋势	✓		

---

① 此句出自老子的《道德经》第四十二章。"道"是一种混沌虚无的和谐状态,是宇宙万物的初始状态。"一"通常被认为是宇宙万物的本源。"二"一般指阴阳二气。"三"的解释较为多样。此句的含义是,"道"孕育出浑然一体的原始本初状态,这一本初状态分化出相互对立的阴阳二气,阴阳二气交合产生新的和谐统一体,这一和谐统一体演化出千姿百态的宇宙万物。此句讲述了道创生万物从少到多、从简单到复杂的过程,阐释了宇宙万物的起源和发展规律。

7.1　AIGC 的基本概念

7.1.1　什么是 AIGC

AIGC(artificial intelligence generated content,人工智能生成内容)是指利用人工智能技术自动生成文本、图像、音频、视频等多模态内容的技术。它是生成式人工智能(generative AI)的核心应用之一,近年来,随着深度学习技术的突破(如 GPT、扩散模型等),新技术正深刻改变内容创作和交互方式。

AIGC 是 AI(人工智能)的一个子领域。AI 模拟人类智能的理论、方法和技术系统。AIGC 特指利用 AI 技术生成新内容的应用分支,属于生成式人工智能的范畴,其核心是"创造"而非"分析",例如,生成文本(如 ChatGPT 写文章)、图像(如 MidJourney 绘图)、视频(如 Sora 生成视频)、代码(如 GitHub Copilot)模型等。AI 和 AIGC 的层次关系如图 7-1 所示。

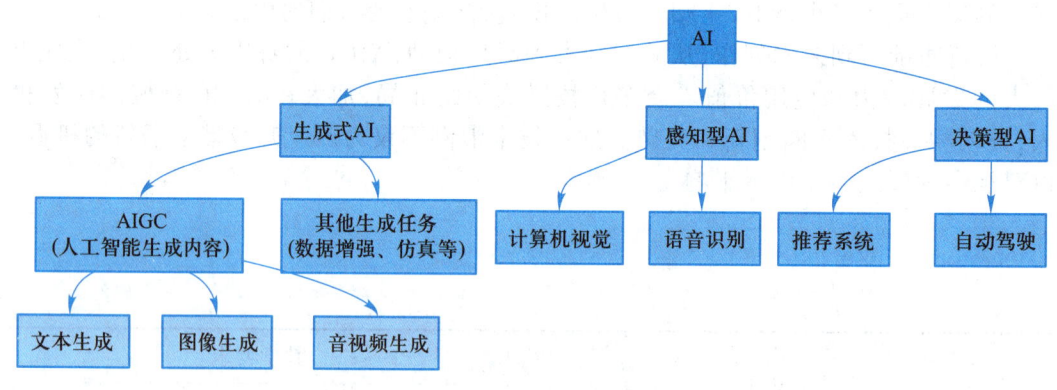

图 7-1　AI 和 AIGC 的层次关系

AIGC 是 AI 的创造力延伸。如果说,AI 是"工具箱",解决广泛问题,从识别到决策,那么,AIGC 则是"创作者",专注于生成新内容,推动内容生产革命。例如,AI 可以识别一幅画的作者风格,而 AIGC 能模仿该风格生成新画作。

未来,AIGC 将与传统 AI 技术融合,成为智能化社会的核心生产力工具之一。

7.1.2　AIGC 与大模型的关系

AIGC 与大模型之间存在着千丝万缕、相辅相成的紧密联系,这种关系在人工智能的发展进程中起着至关重要的作用。

1. 大模型是 AIGC 得以实现的技术基石

大模型凭借其复杂且精妙的神经网络架构,对海量数据进行深度训练。在此过程中,大模型逐渐获得强大的特征提取与模式识别能力。以 Transformer 架构为代表的大模型,展现出卓越的学习能力,它能够有效剖析文本、图像等多模态数据的内在规律,进而为 AIGC 提供生成内容的基础算法支撑。以文本创作场景为例,当 AIGC 执行文本创作任务时,大模型会依据在大量文本数据训练中所学到的丰富语言知识,生成语法准确、语义连贯且逻辑合理的文本内容,使得生成的文章不仅语句通顺,还能在一定程度上符合相应的语境和表达要求。

2. AIGC 是大模型应用的重要方向

大模型拥有强大的能力,但这些能力需要通过具体的应用场景来实现其价值,AIGC 场景恰好为大模型提供了广阔的施展舞台。在图像生成领域,基于大模型开发的算法能够将用户输入的简洁文本描述转化为精美的画作。在智能客服场景中,由大模型驱动的 AIGC 技术,能够快速且准确地理解用户提出的问题,并给出合理、有效的回复。此外,AIGC 在实际应用过程中产生的反馈信息,能够为大模型的优化升级提供关键依据,促使大模型不断改进和提升自身性能,从而更好地服务于 AIGC 应用,形成一个良性的技术发展循环。

大模型为 AIGC 注入源源不断的技术动力,推动其不断创新发展;AIGC 则为大模型开辟了广泛的应用天地,实现了技术的落地转化与价值提升。两者相互促进,共同推动着人工智能在内容生成领域持续向前迈进,为各个行业带来深刻的变革和崭新的发展契机。

7.1.3　AIGC 的发展历程

AIGC 的发展历程是一部充满探索与突破的演进史,如图 7-2 所示,大致可划分为以下 4 个阶段:

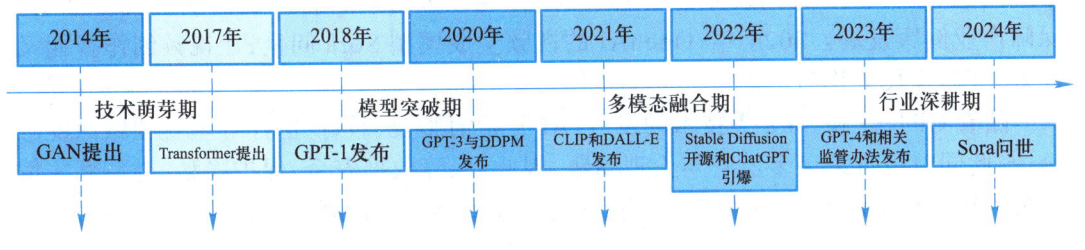

图 7-2　AIGC 的发展历程

1. 技术萌芽期(2014—2017 年)

2014 年,生成式对抗网络(GAN)被提出,它创造性地通过生成器与判别器相互博弈的方式来生成数据,为生成模型领域带来了全新的思路与方法。2017 年,Transformer 论文发布,其创新性地引入了自注意力机制,彻底改变了自然语言处理任务的格局,使得模型能够更好地捕捉序列中的长距离依赖关系。

GAN 和 Transformer 这两种模型凭借其独特的架构与原理,奠定了生成模型的理论基础,在一定程度上初步验证了 AI 生成内容的可能性。然而,受限于当时的技术水平、数据规模以及计算资源等多方面因素,这个时期生成的图片往往像抽象画,缺乏足够的细节与真实感,生成的文本也可能驴唇不对马嘴,逻辑连贯性欠佳,难以达到实际应用所期望的高质量水平。

2. 模型突破期(2018—2021 年)

2018 年 OpenAI 发布 GPT-1,开启了基于 Transformer 架构的预训练语言模型发展的重要篇章。2020 年 OpenAI 发布 GPT-3(175B 参数),凭借其大规模的参数设置,在自然语言处理任务上展现出强大的能力,大幅推动了语言生成技术的发展。同样在 2020 年,DDPM(去噪扩散概率模型)横空出世,该模型在图像生成领域取得了重大突破,通过逐步去噪的过程生成高质量图像。

上述几种模型分别在文本和图像生成方面取得了显著进展,使得文本和图像生成的质量显著提升,真正意义上进入实用化阶段,为后续诸如聊天机器人、智能绘画等众多应用场景的广泛拓展奠定了坚实基础。

3. 多模态融合期(2021—2023 年)

2021—2022 年,OpenAI 发布 DALL-E 系列,实现文本生成多种风格高质量图像,挖掘出 AI 在艺术创作中的潜力。2022 年,基于潜在扩散模型的 Stable Diffusion 开源,为 AIGC 图像生成提供更多技术选择,助力开发者创新,加速图像生成技术普及。同年,OpenAI 发布 ChatGPT,因强大的自然语言处理能力,能流畅对话、解答各类问题,在全球引发关注和讨论。

上述几个模型打破了模态壁垒,实现文本、图像、语音的协同生成,使得多模态信息交互成为可能,极大地拓展了人工智能的应用边界,让 AI 真正融入人们生活、工作、学习的各个方面,开启了人机交互的全新篇章,推动 AIGC 领域迈向一个更为多元和智能的发展阶段。

4. 行业深耕期(2023 年至今)

2023 年,OpenAI 发布 GPT-4,其支持多模态输入,打破 AI 文本处理局限,拓展了应用边界。同年,我国发布《生成式人工智能服务管理暂行办法》,明确规范准则,保障产业健康发展。2024 年,OpenAI 的视频生成模型 Sora 问世,让视频创作智能又高效,开启全民创作时代。

随着 GPT-4 和 Sora 等技术的发展,AI 开始向影视、教育、医疗等垂直领域深度渗透,与此同时也带来诸多监管与伦理问题,因此,保障数据安全、保护隐私、避免算法偏见成为行业重要课题,旨在促使各界探索完善监管体系和伦理准则,引导 AI 造福人类。

7.1.4 AIGC 的社会意义

AIGC 的社会意义深远且多维度,它不仅重塑了内容生产与消费方式,更在技术伦理、经济结构、文化传播等领域引发深刻变革。以下是其核心社会价值的系统阐述:

1. 生产力革命:释放人类创造力

AIGC 正引发一场生产力革命,助力释放人类创造力,主要体现在两方面。

① 效率跃升:AIGC 大幅提升各行业效率。如广告公司用 MidJourney,把原本 3 天的设计稿制作时间缩至 1 小时,团队能有更多精力投入创意。麦肯锡研究显示,AIGC 可将内容创作效率提高 30%~50%,能在相同时间产出更多优质作品,满足市场需求。

② 普惠化创作:AIGC 打破创作门槛,普通人无须专业训练,通过提示词就能用 AIGC 工具创作诗歌、插画、短视频等。像抖音"AI 绘画"特效,让数亿用户体验创作

乐趣,激发大众创作热情,使创作全民化,释放个体创造力。

2. 经济重构:催生新业态与就业转型

AIGC 正深刻改变经济格局,催生新业态,推动就业转型,主要体现在产业变革和企业竞争力提升两方面。

① 产业变革上,彭博数据显示,2030 年全球 AIGC 市场规模预计超 2 000 亿美元,前景广阔。同时,AIGC 重塑职业结构,基础文案、低复杂度插画师等岗位需求下降,提示词工程师、AI 伦理顾问、多模态内容审核员等新兴岗位不断涌现。

② 企业竞争力方面,AIGC 助力企业降本增效、加速创新。电商企业用 AI 生成商品描述,人力成本降低 80%;制药公司借助 AIGC 模拟分子结构,缩短药物研发周期,抢占市场先机。AIGC 已成为推动企业发展和经济重构的重要力量。

3. 文化传播:多元与风险并存

AIGC 发展之下,文化传播呈现多元与风险并存的态势。

① 在文化普惠方面,AIGC 消解语言壁垒,助力小众文化全球传播,如非洲口头文学经数字化与 AI 翻译得以推广;还能活化历史,像敦煌研究院用 AIGC 复原破损壁画、动态呈现古代生活场景,丰富大众对历史文化的认知。

② 文化传播也面临风险。AI 生成内容的便捷性可能挤压原创空间,导致文化快餐化,引发同质化危机。同时,AI 模仿创作易引发文化挪用争议,如 AI 生成“非洲未来主义”画作,因对文化理解不足,不当使用文化元素,引发文化归属和价值认同方面的争议。

4. 伦理与治理挑战

AIGC 技术快速发展,带来诸多伦理与治理挑战。

① 信任危机突出,深度伪造泛滥。欧盟数据显示,2023 年全球 87% 的虚假信息事件涉及 AI 生成内容,严重影响信息真实性,误导公众。同时,版权争议频发,如艺术家起诉 Stable Diffusion 未经授权用其作品训练模型,破坏创作生态。

② 监管层面积极应对。欧盟的《人工智能法案》明确要求对于人工智能生成内容(AIGC)需标注“人工智能生成”字样,以提升内容的追溯性与透明度;我国的《生成式人工智能服务管理暂行办法》明确训练数据合法性要求,从源头规范发展。技术上,OpenAI 推出 GPTZero,识别人工智能生成内容(AIGC)的准确率达 95%,助力辨别 AI 生成内容。

7.2　AIGC 的主要应用领域

7.2.1　文本生成

在文本生成领域,AIGC 展现出了强大的实力,自动写作和聊天机器人已广泛应用于各个场景。

① 自动写作:自动写作涵盖了新闻报道、小说创作、论文大纲生成等多个方面。对于学生而言,在撰写论文时,借助 ChatGPT 等工具辅助生成论文大纲是一种高效的方式。学生只需输入研究主题和相关要点,ChatGPT 就能根据其学习到的大量学术知识和论文

结构,生成具有一定逻辑性的论文大纲,帮助学生确定研究方向和主要内容框架,从而提高写作效率。在新闻领域,一些媒体利用 AIGC 技术,根据预设的模板和实时数据,快速生成体育赛事、财经新闻等报道,实现新闻的快速发布,满足用户对信息及时性的需求。

② 代码生成与辅助编程:代码生成与辅助编程是 AIGC 在文本领域的重要应用之一。随着软件开发规模和复杂度的不断增加,程序员面临着日益繁重的代码编写任务。AIGC 能够根据需求生成代码片段,帮助程序员快速完成重复性代码编写工作。例如,当程序员需要编写一段数据库连接代码或者实现某种常见算法的代码时,AIGC 工具可以根据程序员输入的功能描述,生成相应的代码,程序员只需对生成的代码进行检查和微调,即可将其应用到项目中,大大提升了编程效率,减少了开发时间和成本。

7.2.2　图像生成

图像生成在艺术创作、广告设计以及虚拟场景构建与游戏设计等领域发挥着不可或缺的作用。

① 艺术创作:对于艺术家来说,Midjourney 等工具为他们提供了全新的创作思路和手段。艺术家只需输入自己的创意描述,如"超现实主义风格的梦境花园,花园中有会发光的花朵和飞翔的兔子",Midjourney 就能快速生成相应的插画。这些插画可以为艺术家提供灵感,帮助他们突破创作瓶颈,创作出更具创意和想象力的作品。许多艺术家将 AIGC 生成的图像作为创作素材,进行二次创作,进一步拓展了艺术创作的边界。

② 广告设计:在广告设计中,通过 AI 生成独特的图像素材,能够使广告更具吸引力和创意。AI 可以根据广告的主题和目标受众,生成符合品牌形象且富有创意的图像。例如,一家汽车公司在设计新款汽车广告时,利用 AI 生成的具有科技感和未来感的汽车图片,搭配简洁有力的广告语,能够更好地突出产品特点,吸引消费者的注意力,提高广告的传播效果。

③ 虚拟场景构建与游戏设计:在虚拟场景构建与游戏设计方面,AI 生成的图像能够构建逼真的虚拟场景,丰富游戏画面,提升玩家体验。游戏开发者可以利用 AI 技术生成宏大的游戏地图、精美的角色形象和逼真的场景特效。例如,在一款开放世界游戏中,AI 可以生成栩栩如生的自然景观,如茂密的森林、奔腾的河流、壮丽的山脉等,以及充满细节的城市建筑和人文景观,让玩家仿佛身临其境,沉浸在游戏世界中。此外,AI 还可以根据玩家的行为和游戏进程,实时生成动态的场景变化,增加游戏的趣味性和挑战性。

【伦理角】　AI 生成内容冲击创作伦理。

【案例】　AI 绘画作品获国际艺术比赛金奖,引发艺术家抗议。

【讨论】　思考 AI 生成内容是否享有版权,人类创造力是否被工具化。讨论以下问题:

- 若 AI 模仿某画家风格生成作品,是否构成侵权?
- 如何界定"人类原创性"在 AI 时代的价值?

7.2.3　音频与视频生成

① 音频生成:在音频领域,AI 作曲与语音克隆技术不断取得新的进展。Suno 等工

具能够根据用户输入的情感关键词生成个性化音乐。例如,当用户输入"欢快""活力"等关键词时,Suno 可以生成节奏明快、旋律动听的音乐片段,这些音乐片段可以应用于短视频配乐、个人创作等场景。语音克隆技术则可以复制特定人物的声音,在有声读物、动画配音等场景中得到了广泛应用。例如,一些有声读物平台利用语音克隆技术,将知名主播的声音克隆后用于朗读书籍,为用户提供了更加丰富多样的听觉体验。

② 视频生成:在视频生成方面,AI 在短视频制作和虚拟主播领域发挥着重要作用。在短视频制作中,AI 可快速生成视频素材、添加特效等。用户只需上传一些图片或简单的视频片段,AI 就能根据用户的需求,自动添加转场效果、字幕、音乐等,生成一个完整的短视频。虚拟主播也逐渐走进大众视野,它们能进行新闻播报、直播带货等工作。虚拟主播不受时间和空间的限制,且形象可以根据需求进行定制,为内容传播带来了新的形式和体验。例如,一些虚拟主播在直播带货中,通过生动有趣的形象和互动方式,吸引了大量观众,取得了良好的销售业绩。

7.2.4　跨领域应用

① 教育领域:在教育领域,AI 的应用为教学带来了新的变革和机遇。AI 可以生成练习题,根据不同学生的学习进度、知识掌握程度和学习能力,生成个性化的练习题,满足每个学生的学习需求。此外,AI 还能充当虚拟教师,为学生提供个性化辅导。例如,当学生在学习数学时遇到难题,虚拟教师可以通过分析学生的解题思路和错误原因,提供针对性的指导和讲解,帮助学生更好地理解和掌握知识。一些在线教育平台利用 AI 技术,实现了智能教学,根据学生的学习情况自动调整教学内容和进度,提高了教学效果。

② 医疗领域:在医疗领域,AI 辅助药物分子设计具有重要意义。药物研发是一个漫长而复杂的过程,需要耗费大量的时间和资金。AI 通过对大量药物数据、疾病数据以及生物分子结构数据的分析,能够快速筛选出潜在的药物分子,大大缩短了药物研发周期。例如,一些制药公司利用 AI 技术,在药物研发的初期阶段,快速从海量的化合物库中筛选出具有潜在活性的药物分子,为后续的实验研究提供了重要的参考,提高了研发效率,降低了研发成本。

③ 商业领域:在商业领域,利用 AIGC 生成个性化营销内容是一种有效的营销手段。企业可以根据不同用户的偏好、购买历史、浏览记录等数据,利用 AIGC 生成定制化广告。例如,电商平台根据用户的购物习惯,为用户推送个性化的商品推荐广告,这些广告能够精准地满足用户的需求,提高用户的购买转化率,从而提升企业的营销效果。此外,AIGC 还可以用于客户服务,通过聊天机器人自动回答用户的常见问题,提高客户服务效率和质量。

7.3　常见的 AIGC 工具及实践

随着 AIGC 技术的飞速发展,各类工具不断涌现,为满足不同用户的多样化需求发挥着重要作用。按照功能来划分,常见的 AIGC 工具主要有文本生成工具、图像生成工具、音频生成工具等,下面将对这些工具进行详细介绍。

7.3.1 文本生成工具及实践

ChatGPT:由 OpenAI 开发,是一款极具影响力的大型语言模型。它在文本生成方面展现出了强大的能力,具备出色的语言理解和生成逻辑。无论是日常对话、专业知识问答,还是各类文本创作任务,ChatGPT 都能应对自如。在撰写文章时,它可以根据给定的主题迅速组织思路,生成结构清晰、内容丰富的文章;在创作故事时,能构建引人入胜的情节和生动的人物形象。例如,当要求它创作一篇关于科技对生活影响的议论文时,ChatGPT 能够从多个角度阐述科技在通信、交通、医疗等方面给生活带来的改变,并结合实例进行论证,同时还能给出对未来发展的展望。不过,它生成的内容可能存在与现实不完全相符的情况,在专业性较强的领域,知识的准确性也有待进一步提高。

Claude:由 Anthropic 公司开发,在处理复杂文本和知识问答方面具有独特优势。它对语言逻辑有着深入的理解,能够准确分析复杂文本中的语义和隐含信息。在面对专业性问题时,Claude 能够通过其丰富的知识储备,提供详细且准确的回答,常常会引用相关的学术研究、行业报告等作为依据,使回答更具说服力。比如,在解答法律、医学等专业领域的复杂问题时,Claude 可以清晰地阐述相关的法律条款、医学原理,帮助用户深入理解问题。与 ChatGPT 相比,Claude 在一些特定领域的知识处理上有自己的特色,但同样也面临着对某些领域知识精确度提升的挑战。

Notion AI:这是集成在 Notion 笔记软件中的文本生成工具,为用户的文档撰写提供了便捷的辅助功能。它可以根据用户在文档中输入的内容和指令,自动生成相关的文本片段,比如,在撰写项目文档时,能根据已有的项目背景和目标信息,生成项目计划、任务分配等部分的内容框架;在写文章时,能帮助用户生成段落大纲、补充相关论据。同时,Notion AI 还具备基本的语法检查和词汇优化功能,能及时发现并纠正文本中的语法错误,提供更丰富、准确的词汇选择建议,提升文档的整体质量,让写作过程更加高效和流畅。

DeepSeek:由杭州深度求索人工智能基础技术研究有限公司研发,拥有强大的自然语言处理能力。除了能够理解并准确回答各种一般性问题外,在辅助写代码、整理资料和解决复杂数学问题等方面表现突出。在辅助编程时,DeepSeek 可以根据用户对代码功能的描述,快速生成相应的代码片段,并给出详细的代码解释和优化建议,帮助程序员提高开发效率;在整理资料方面,它能够快速对大量文本进行分析,提取关键信息,进行分类和总结,为研究人员、办公人员等节省了大量时间和精力;在处理复杂数学问题时,DeepSeek 能够通过对数学知识的学习和推理,给出详细的解题步骤和准确答案,为学生和数学爱好者提供了有力的学习辅助。与 OpenAI 开发的 ChatGPT 相比,DeepSeek 不仅在性能上达到了媲美 OpenAI-o1 模型的效果,还大幅降低了推理模型的成本,其新模型 DeepSeek-R1 以十分之一的成本达到了 GPT-o1 级别的表现,在 AI 领域引发了广泛关注。

豆包:字节跳动公司基于云雀模型开发的 AI 工具,在文本生成方面功能多样。

它可以作为智能聊天伙伴,与用户进行自然流畅的对话,理解用户意图并提供准确的信息和建议;在写作辅助方面,能够帮助用户生成各类文本内容,如文章、故事、文案等,为创作者提供创意灵感和语言组织方面的帮助。例如,当用户想要创作一篇旅游攻略时,豆包可以根据用户设定的旅游地点,提供景点推荐、美食介绍、交通指南等内容框架,并能进一步细化每个部分的描述。豆包支持多模交互,用户可以通过文本、图片和音频等多种方式与它交流,获取所需的信息和帮助,在多模态交互和内容创作方面具有良好的用户体验。不过,在处理复杂的逻辑推理和高难度数学问题时,它的能力还有进一步提升的空间。

通义千问:阿里云自主研发的大语言模型,在文本生成领域应用广泛。它可以生成各种类型的文本,包括故事、公文、邮件、诗歌等,并且能够根据不同的场景和要求,调整文本的风格和语气。例如,撰写商务邮件时,通义千问能使用正式、规范的语言表达;创作故事时,则可以运用生动形象的语言,构建有趣的情节。此外,通义千问还具备文本处理能力,如对已有文本进行润色,提升语言的流畅性和准确性,以及提取文本摘要,帮助用户快速获取关键信息。在编程辅助方面,它也能为程序员提供一定的帮助,如代码解释、语法纠错等。通义千问在中文处理上表现出色,对中文语境和语义的理解较为精准,但目前在多语言处理方面存在一定的局限性,主要面向中文环境。

文心一言(文小言):百度打造的知识增强大语言模型,后改名为文小言。在文本生成方面,它具有跨模态、跨语言的深度语义理解与生成能力,尤其在文学创作和商业文案创作方面优势明显。文小言能够理解复杂的语言结构和语境,根据用户的需求生成风格多样的文本内容。在文学创作中,它可以创作出富有想象力和感染力的诗歌、小说等作品;在商业领域,能够生成吸引消费者的广告文案、产品介绍等。例如,为一款新上市的电子产品撰写宣传文案时,文小言可以突出产品的特点和优势,运用富有创意的语言表达方式,吸引潜在客户的关注。然而,文小言在多模态处理和实时信息处理方面相对较弱,需要进一步提升对图像、音频等其他模态信息的处理能力,以及对实时更新信息的获取和应用能力。

智谱清言:智谱 AI 推出的工具,拥有跨领域的知识和语言理解能力,能够基于自然对话方式理解与执行任务。在文本生成方面,它不仅可以生成一般性的文本内容,还能在数据分析和知识管理相关的文本生成中发挥重要作用。例如,在生成数据分析报告时,智谱清言能够根据给定的数据和分析要求,生成详细的报告内容,包括数据解读、趋势分析和结论建议等。它还可以帮助企业进行知识管理,如生成知识总结文档、培训资料等,在企业级应用场景中具有较高的价值。不过,智谱清言在通用性方面相对较弱,更侧重于满足特定行业和领域的需求,对于一些通用场景的适用性不如部分其他工具。

Kimi:月之暗面科技有限公司开发的智能助手,在文本生成方面的突出优势在于长文本处理。它能够高效地分析和理解长篇幅的文本内容,准确提取关键信息,并根据这些信息生成有针对性的总结、评论或拓展内容。例如,在处理学术论文、行业研究报告等长文本时,Kimi 可以快速梳理文章的核心观点、研究方法和主要结论,为用户节省大量阅读时间。此外,Kimi 还具备网络浏览的能力,能够实时获取网络上的相关信息,为文本生成提供最新的数据和知识支持。但 Kimi 在多模态处理能力上相对较弱,主要专注于文本处理,在图像、音频等其他模态的处理和交互方面,与专门的多模态 AIGC 工具相比存在差距。

【例 7-1】　请用文本生成工具生成一篇短文,主题为"美丽的春天"。

【解析】　使用 AIGC 进行短文创作可以选择 ChatGPT、DeepSeek、文心一言、豆包、通义千问等大模型。本例选择豆包来创作,操作步骤如下:

① 登录豆包,将要求"请你以'美丽的春天'为主题撰写一篇 150 字左右的短文"输入到豆包中,模型会根据其学习到的知识和算法,生成一篇相关的短文,如图 7-3 所示。

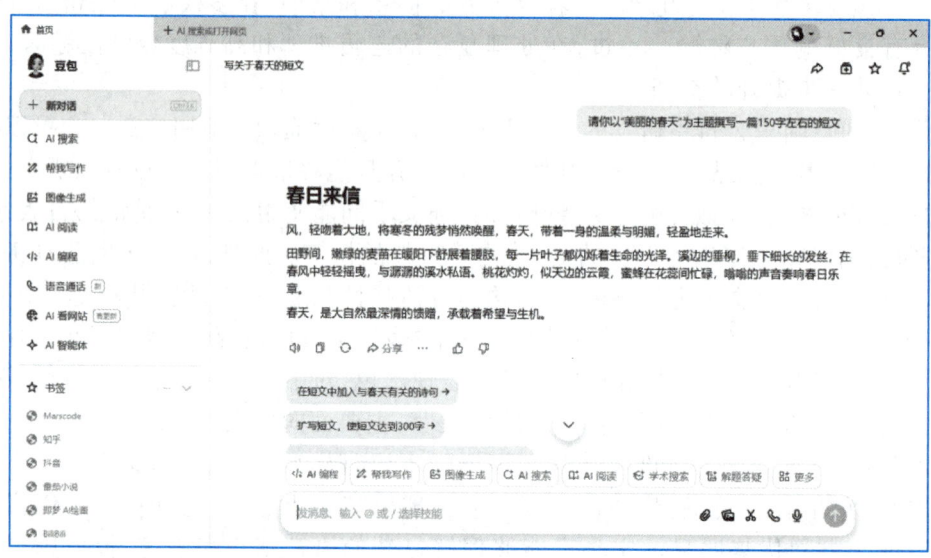

图 7-3　使用豆包客户端生成短文

② 如果觉得内容简单,可以添加更详细的描述,如"描写春天里花园中各种花朵盛开的景象,包括花朵的颜色、形态,以及花园里的其他元素,如蜜蜂、蝴蝶等"。调整提示词后,再次让模型生成内容,如图 7-4 所示。

③ 对生成的内容进行优化,仔细检查是否有语法错误以及语句是否通顺等。可以从

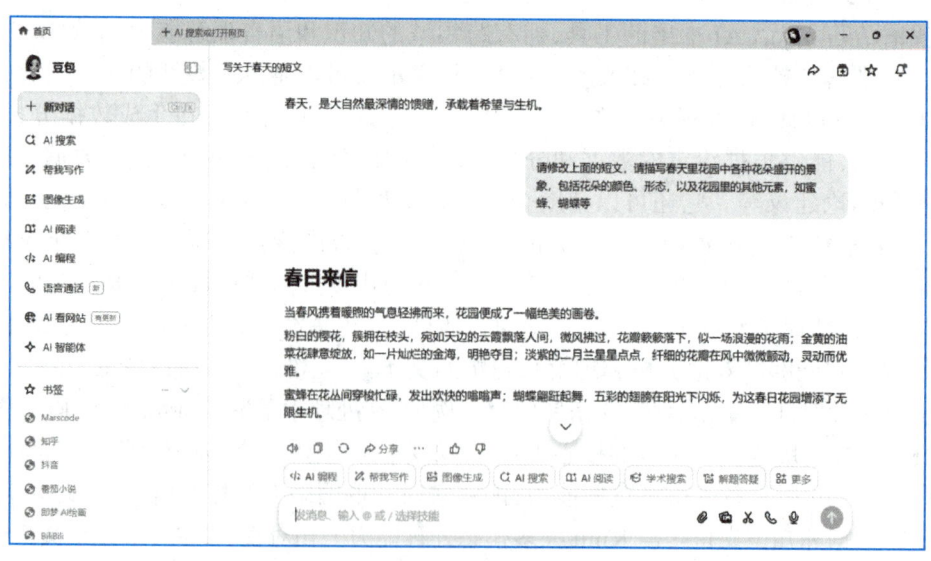

图 7-4　使用豆包客户端优化润色短文

语句的连贯性、词汇的准确性等角度进行修改,使短文更加完善,直到得到满意的结果。

7.3.2　图像生成工具及实践

MidJourney:是一款备受欢迎的图像生成工具,以生成高质量、风格多样的图像而闻名。它能够根据用户输入的文本描述,迅速生成极具创意和艺术感的图像作品。无论是奇幻风格的插画,如描绘神秘的魔法世界、奇异的生物;还是写实风格的风景图,如壮丽的山川、繁华的城市街景;抑或是抽象风格的艺术画,MidJourney 都能轻松驾驭。例如,当用户输入"在宇宙中漂浮的梦幻城堡,城堡散发着五彩光芒,周围有流星划过",MidJourney 可以生成一幅美轮美奂的插画,画面中的城堡细节精致,宇宙场景营造出宏大而神秘的氛围,为艺术创作者提供了丰富的灵感来源,在艺术创作领域得到了广泛应用。

Canva AI:最大的特点是操作简单易懂,非常适合没有专业设计技能的非专业人士进行简单的图像设计。它提供了大量丰富的模板和素材,涵盖了社交媒体封面图、海报、名片、宣传单页等多种常见的设计类型。用户只需通过简单的操作,如选择合适的模板,替换其中的文字、图片元素,调整颜色和布局等,就能快速生成符合自己需求的图像作品。例如,一家小型企业想要制作一张促销活动海报,使用 Canva AI,即使没有专业设计师,也能在短时间内创作出吸引人的海报,满足企业的宣传推广需求。

Bing Image Creator:其优势在于可直接在浏览器中使用,无须额外下载软件,使用起来方便快捷。用户在浏览器中输入文本描述,就能立即生成相应的图像。这种便捷性使得用户可以随时随地获取图像创作服务,在进行简单的图像搜索和创意启发时非常实用。比如,教师在备课过程中需要寻找与教学内容相关的图像素材,或者自媒体创作者在撰写文章时需要为文章配图,使用 Bing Image Creator 可以快速获得多样化的图像结果,节省了大量的时间和精力。

Stable Diffusion:是一款开源的图像生成模型,基于潜在扩散模型和扩散模型开发。它具有高度的灵活性和可扩展性,用户可以通过输入详细的文本描述,生成各种风格和主题的图像。由于其开源的特性,吸引了众多开发者和爱好者参与到模型的优化和扩展中,衍生出了许多基于 Stable Diffusion 的图像生成工具和平台。这些工具和平台在功能和操作界面上各有特色,但都依托于 Stable Diffusion 强大的图像生成能力,为用户提供了丰富的图像创作选择。在生成动漫风格图像、概念艺术图等方面,Stable Diffusion 表现出色,生成的图像具有较高的分辨率和丰富的细节,在图像生成领域具有重要的地位。

【例 7-2】　请用 AI 图像生成工具生成一座梦幻城堡。

【解析】　利用一款 AI 绘画工具轻松创作 AI 绘画。由于 MidJourney 等多数绘画工具都是收费的,本例选择一款国内免费的工具"360 鸿图"进行绘画介绍。

操作步骤如下:

① 在开始创作时,先清晰地描述画面风格,例如,设定为"一座梦幻城堡"。

② 登录 360 鸿图官方网站,用手机号注册之后就可以免费试用。首先将"一座梦幻城堡"这一描述输入左侧提示词编辑框中。单击左下方的"高级设置",调出右侧的"高级设置"菜单,为本次绘画设置"叠加风格""光线""景别""渲染方式"等参数,最后单击"立即生成"按钮。系统将生成多个版本的绘画作品,如图 7-5 所示。

图 7-5　使用 360 鸿图进行 AI 绘画

③ 修改描述内容,重新生成。如果觉得生成的绘画还不够理想,缺乏某些元素或创意,可以不断调整描述内容。例如,添加"在宇宙中漂浮的梦幻城堡,城堡散发着五彩光芒,周围有流星划过",使生成的绘画更加丰富、更具创意。通过多次调整描述内容,能够得到更满意的 AI 绘画作品,如图 7-6 所示。

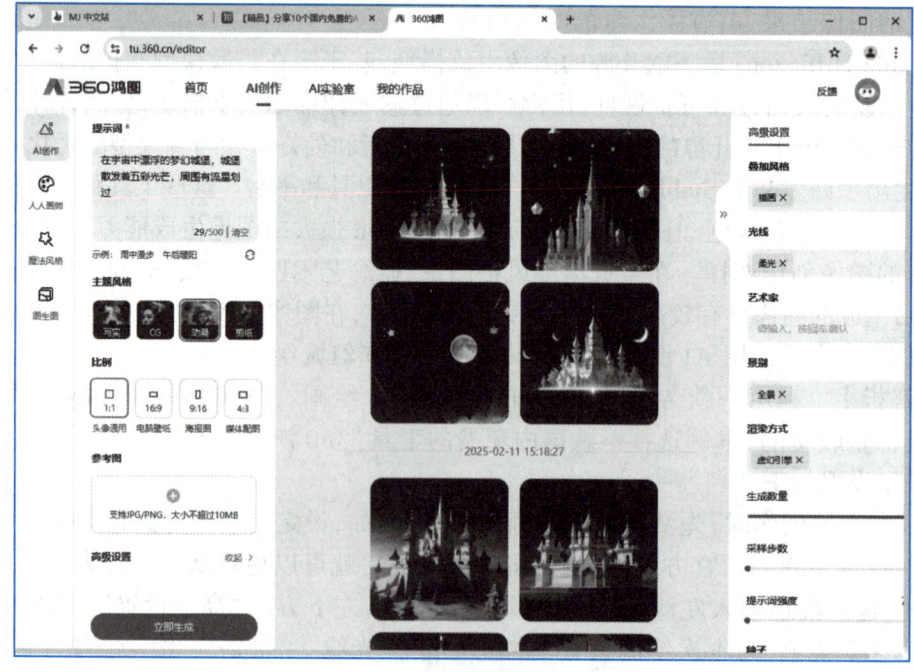

图 7-6　使用 360 鸿图修改和优化 AI 绘画

7.3.3　音频生成工具及实践

Suno.ai：这是一款专注于个性化音乐生成的工具，它能够根据用户输入的情感关键词，快速生成相应风格的音乐片段。比如，当用户输入"欢快""活力"等关键词时，Suno.ai 会生成节奏明快、旋律动感的音乐；输入"悲伤""抒情"，则会生成情感细腻、旋律舒缓的音乐。这种基于情感驱动的音乐生成方式，非常适合视频创作者为短视频添加配乐，能够快速匹配视频的情感基调，增强视频的感染力；也适用于游戏开发者为游戏中的不同场景创作贴合氛围的音乐，提升玩家的游戏体验。

AIVA：致力于专业音乐创作，通过对大量经典音乐作品的学习和分析，掌握了丰富的音乐理论和创作技巧，能够生成结构完整、旋律优美的音乐作品，涵盖古典音乐、流行音乐、电子音乐等多种类型。许多专业音乐人将 AIVA 作为创作辅助工具，利用它获取创作灵感，或者让其生成音乐初稿，再进行进一步的修改和完善。例如，一位作曲家在创作一首交响乐时，可以先借助 AIVA 生成一些主题旋律和和声框架，然后在此基础上进行个性化的创作和调整。AIVA 生成的音乐还广泛应用于影视配乐、广告音乐等专业领域，为这些行业提供了高质量的音乐素材选择。

Voicemod：主要功能是语音变声和语音克隆，在游戏、直播等领域应用广泛。在游戏中，玩家可以使用 Voicemod 将自己的声音变成各种有趣的声音效果，如卡通人物的声音、怪物的咆哮声、机器人的音效等，增加游戏的趣味性和互动性，让玩家更好地沉浸在游戏角色中。在直播领域，主播利用 Voicemod 的语音变声功能，可以为观众带来新奇的直播体验，吸引更多粉丝关注。此外，Voicemod 的语音克隆功能可以复制特定人物的声音，这在有声读物、动画配音等方面具有潜在的应用价值，为语音内容创作提供了更多可能性，比如，可以为有声读物克隆知名主播的声音，提升有声读物的吸引力。

【例 7-3】　使用音频生成工具生成一段音乐。

【解析】　使用 Suno.ai、AIVA 等工具都能够生成 AI 音乐。本例选择 Suno.ai。操作步骤如下：

① 登录 Suno 网站，首次登录需要注册。若未注册或者积分不够，也可以以"游客"身份使用网站推荐的歌词，生成音乐。还可以欣赏其他用户已经生成的音乐，如图 7-7 所示。

② 选择音乐类型，比如，选择"流行音乐"。

③ 输入创作提示词，比如，"一首关于春天的歌曲，以轻快的旋律和充满希望的歌词，表达人们在春天里对爱的渴望。"网站会根据所选的音乐类型和提示词，运用其音乐生成算法，生成一段音乐片段，如图 7-7 所示。

④ 生成后，用户可以对音乐进行导出操作，将其保存下来，用于个人创作，如为短视频配乐，或者仅仅用于欣赏，享受 AI 音乐带来的独特听觉体验。

7.3.4　代码生成工具及实践

GitHub Copilot：由 GitHub 和 OpenAI 联合开发，是一款集成在代码编辑器中的

图 7-7 使用 Suno.ai 生成 AI 音乐

智能代码生成工具,与主流代码编辑器(如 Visual Studio Code)深度集成。它基于大量开源代码训练,能理解上下文并预测开发者意图,实时生成代码建议。当开发者编写函数注释描述功能时,它可自动生成实现代码;在处理常见编程任务,如文件读取、数据库查询时,能快速给出对应代码片段。不过,它生成的代码可能存在安全性和准确性问题,需要开发者审查和优化。

CodeGeeX:由字节跳动开发,支持多种编程语言。它不仅能生成代码,还可进行代码解释、调试建议等。在应对复杂算法实现时,CodeGeeX 能提供详细代码逻辑,帮助开发者理解和优化代码。它的中文支持良好,方便国内开发者使用,降低语言障碍,提高开发效率。但在某些特定领域或复杂业务场景下,生成代码的适配性还需提升。

Tabnine:专注于代码自动补全和生成,通过分析代码上下文、变量命名和使用习惯等,提供精准代码建议。它还具备智能纠错功能,当检测到代码可能存在错误时,给出修正建议。Tabnine 能学习开发者的代码风格,随着使用时间增加,生成代码与开发者个人风格的契合度会更高。不过,在面对一些高度定制化或全新的业务逻辑时,其生成代码的可用性会受到一定限制。

本书的配套实践教程 4.3 节详细介绍了编程助手的安装和使用过程,在此不再赘述。

7.3.5 视频生成工具及实践

Runway:这是一款功能强大的综合性 AIGC 视频生成工具,融合了多种先进技术。它允许用户通过文本输入来生成视频内容,无论是奇幻的冒险场景,还是日常的生活片段,只需简单描述,Runway 就能利用其强大的算法生成相应的视频。例如,输入"在未来城市中,飞行汽车穿梭在高楼大厦之间",Runway 可以生成逼真的未来城市视频画面,汽车飞行的动态效果、城市的光影变化都能生动展现。此外,Runway 还支持对已有视频进行编辑和特效添加,通过文本指令就能为视频添加转场、滤镜、动画元素等,极大地降低了视频创作的门槛,无论是专业的视频创作者还是普通用户,都能借助它快速实现创意想法。

D-ID:专注于虚拟人视频生成领域,它能够将静态的图片或文本转化为栩栩如生的动态视频,通过先进的面部动画技术和语音合成技术,为虚拟人赋予生动的表情和自然的语音。用户上传一张人物图片,并输入想要表达的内容,D-ID 就能让图片中的人物"开口说话",且表情和口型与语音高度匹配。这种技术在新闻播报、知识科普、品牌宣传等场景应用广泛,许多企业利用 D-ID 生成虚拟代言人视频,以新颖的形式吸引观众的注意力,提升品牌形象和宣传效果。

Pika Labs:以其简洁易用的界面和出色的视频生成效果受到关注。用户在 Pika Labs 上输入一段详细的文本描述,如"阳光明媚的沙滩上,一只小狗在追逐海浪",就能快速生成相应的短视频。Pika Labs 生成的视频在画面细节和连贯性方面表现出色,能够营造出丰富的场景氛围。同时,它还提供了多种视频风格供用户选择,如卡通风格、写实风格等,满足不同用户的创意需求,在社交媒体内容创作、动画制作等领域有很大的应用潜力。

【例 7-4】　使用视频生成工具生成一段视频。

【解析】　生成 AI 视频可选择 Runway、D-ID、Pika Labs 等工具,但是由于收费原因,本例选择以一款国产的免费产品海螺 AI 进行文生视频的体验。操作步骤如下:

① 登录海螺 AI 网站,首次登录需要注册。

② 确定视频主题,如"神秘的海底世界奇遇"。然后,在提示词框的右下角选择"运镜指令"等参数。海螺 AI 每个账户每月赠送 30 次生成机会,不可商用。单击提示词框下面的带有数字"30"的按钮,就可以等待系统生成视频,如图 7-8 所示。

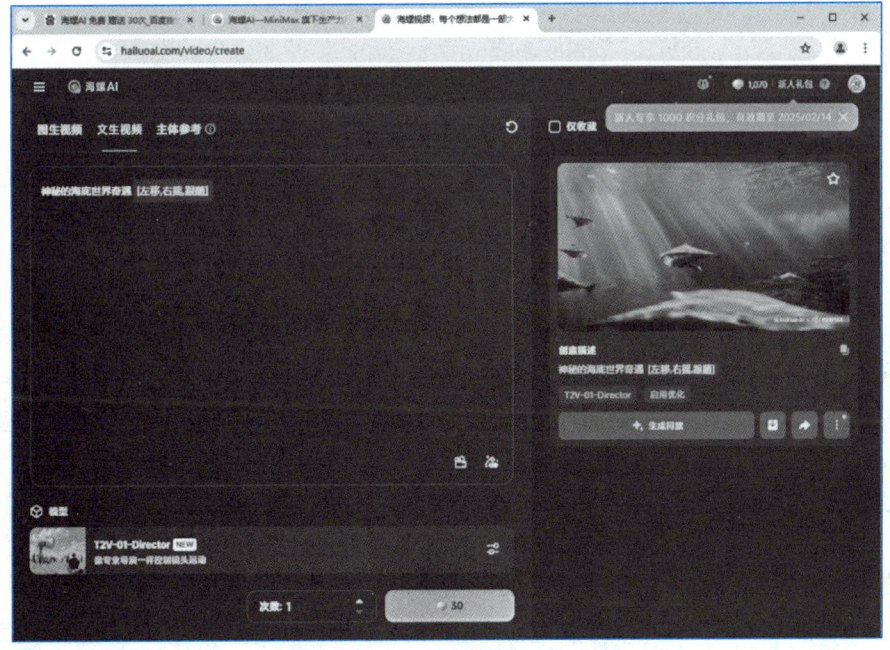

图 7-8　使用海螺 AI 生成视频

③ 在网站输入框详细描述视频内容："在五彩斑斓的海底,形态各异的珊瑚礁错落有致。一条可爱的小鱼,身上闪烁着蓝色荧光,正好奇地穿梭在海葵之间,突然发现了一个神秘的发光宝箱。"运镜指令设置为"推进",重新生成视频,如图 7-9 所示。

图 7-9   使用海螺 AI 优化生成视频

7.4   AIGC 的伦理与社会影响

7.4.1   伦理挑战

① 版权争议:随着 AIGC 技术的广泛应用,AI 生成内容的版权归属问题日益凸显,目前尚无明确的定论。从创作过程来看,AI 生成内容是基于对大量数据的学习和算法的运行,那么版权究竟应属于训练模型的开发者,他们投入了技术研发和数据训练的资源;还是提供数据的用户,这些数据为模型的学习提供了基础;抑或是生成内容的使用者,他们通过指令激发了内容的生成,目前在法律和伦理层面都存在争议。例如,一幅由 AI 生成的绘画作品,如果被用于商业用途,其版权收益该如何分配,各方的权益如何界定,成为了亟待解决的问题。

② 虚假信息风险增加:Deepfake 技术作为 AIGC 的一种应用,能够生成逼真的虚假音视频。这种技术如果被不法分子利用,将带来严重的社会危害。他们可能会

制造虚假新闻,误导公众舆论,影响社会稳定;或者用于诈骗活动,通过伪造名人或亲友的声音、图像进行欺骗,使人们遭受财产损失。比如,曾出现过利用 Deepfake 技术伪造政治家发表不当言论的视频,在网络上广泛传播,引发社会混乱。

7.4.2　社会影响

① 职业替代焦虑:AIGC 的发展引发了人们对职业替代的担忧。一些重复性、规律性较强的工作,如简单的数据录入、基础的文案撰写、标准化的图像设计等,可能会被 AI 取代。这使得从事这些工作的人员面临职业危机,产生职业替代焦虑。例如,在一些新闻机构中,部分简单的体育赛事报道和财经数据新闻,已经可以由 AI 自动生成,减少了对人工撰写的需求。

② 新职业机会涌现:然而,AIGC 也为社会创造了新的职业机会。例如,AI 训练师负责对 AI 模型进行训练和优化,提高模型的性能和准确性;提示词工程师则专注于设计高效、精准的提示词,引导模型生成更优质的内容。此外,还有 AIGC 内容审核员,负责审查 AI 生成的内容是否符合法律法规和道德规范。这些新职业的出现,为人们提供了新的就业方向和发展空间。

③ 职业转型与协作:面对 AIGC 带来的变革,许多传统职业开始进行转型与升级。以设计师为例,他们不再单纯依赖手工绘图和传统设计软件,而是与 AI 协作,利用 AI 生成创意草图,快速探索多种设计方案,然后再发挥自己的专业技能进行细节完善和创意升华。这种人机协作的模式,不仅提高了设计效率,还提升了设计质量,为传统职业的发展注入了新的活力。

7.4.3　应对策略

① 技术监管:为了应对 AIGC 带来的伦理和社会问题,采用水印技术是一种有效的技术监管手段。通过为 AI 生成内容添加独特标识,如数字水印,在内容传播过程中,可以实现内容溯源。一旦出现虚假信息或版权纠纷,能够快速追踪到信息的源头,明确责任主体,从而对不良行为起到威慑作用,维护信息传播的正常秩序。

② 教育转型:教育领域也需要进行相应的转型,以适应 AIGC 时代的发展需求。学校和教育机构应注重培养学生的人机协作能力,让学生掌握与 AI 协同工作的技能。例如,在编程教育中,引导学生学会利用 AI 辅助编程工具提高编程效率;在艺术教育中,鼓励学生借助 AI 图像生成工具激发创作灵感。通过这种方式,使学生在未来的工作和生活中,能够更好地与 AI 合作,发挥自身优势,适应社会的变革。

7.5　AIGC 的未来趋势

7.5.1　技术趋势

① 多模态生成深化发展:未来 AIGC 将朝着多模态生成的方向进一步深化发展,

实现文本、图像、视频的无缝联动。在未来,当用户输入一段文本时,AIGC 不仅能够生成对应的图像,还能自动生成匹配的视频内容。例如,用户输入一段关于旅游的描述,AIGC 可以生成相应的风景图片、景点介绍视频,甚至还能根据描述生成一段配乐的短视频,为用户提供更加丰富、沉浸式的体验。这将打破不同模态之间的界限,创造出更加生动、多元的内容形式。

② 个性化生成精准升级:个性化生成也将成为 AIGC 技术发展的重要趋势。随着技术的不断进步,AI 将能够更精准地理解用户偏好,通过对用户的兴趣、习惯、行为数据等多方面的深度分析,为每个用户量身定制高度个性化的内容。例如,在新闻推送中,AI 可以根据用户的阅读历史和兴趣爱好,推送完全符合其个人口味的新闻文章;在电商领域,为用户提供独一无二的产品推荐和购物建议,提高用户的满意度和参与度。

7.5.2　应用展望

① 教育领域的个性化教材定制:在教育领域,AIGC 将发挥更大的作用。未来,AI 将能够根据每个学生的学习进度、知识掌握程度和学习能力,生成个性化教材。教材内容可以精准匹配每个学生的学习需求,提供针对性的知识点讲解、练习题和拓展资料,帮助学生更高效地学习,实现真正的因材施教。

② 医疗领域的个性化康复方案设计:在医疗领域,AIGC 将助力个性化康复方案的设计。通过对患者的病情、身体状况、康复进展等数据的分析,AI 可以为患者提供更科学、个性化的康复治疗方案。例如,针对不同的骨折患者,AI 可以根据骨折的部位、严重程度以及患者的年龄、身体基础状况等因素,制定专属的康复训练计划,包括训练的强度、频率和时间安排等,提高康复效果。

③ 元宇宙领域的内容填充与场景构建:在元宇宙中,AIGC 将扮演关键角色,用于填充虚拟世界内容,构建逼真的虚拟场景、角色等。

本 章 小 结

本章围绕 AIGC 展开全面阐述。AIGC 即人工智能生成内容,它借助人工智能技术,通过学习大量数据生成各类内容,与大模型相互依存,共同推动人工智能在内容生成领域的发展。

其发展历经早期萌芽、沉淀积累和快速发展三个阶段。如今,AIGC 已广泛应用于文本、图像、音频、视频生成以及跨领域等多个方面,为各行业带来变革。在技术原理上,生成对抗网络、变分自编码器、语言模型等技术为 AIGC 提供了有力支撑,数据驱动、可交互性和多模态生成是其关键技术特点。

常见的 AIGC 工具种类繁多,功能各异,不同工具在文本、图像、音频等生成任务方面各有优势。提示词的运用技巧也至关重要,这些技巧引导模型生成更符合需求的内容。同时,AIGC 带来了版权争议等伦理挑战,也创造了新的职业机会。展望未来,AIGC 将朝着多模态和个性化方向发展,在教育、医疗等领域具有广阔的应用前景。

习　　题

参考答案

一、单选题

1. AIGC 是指（　　　）。
   A. 人工智能辅助内容创作
   B. 人工智能生成内容
   C. 自动智能内容分类
   D. 人工干预的智能内容

2. 以下不属于 AIGC 与传统 AI 的区别的是（　　　）。
   A. AIGC 侧重于内容生成
   B. 传统 AI 多执行特定任务
   C. AIGC 能模仿人类创造力
   D. 传统 AI 可生成多种内容形态

3. 以下不是 AIGC 的应用领域的是（　　　）。
   A. 文本生成　　　　　　　　B. 图像生成
   C. 视频生成　　　　　　　　D. 数据存储

4. AIGC 生成内容的过程中，模型通过学习大量的（　　　）来掌握内容的模式和规律。
   A. 代码　　　　　　　　　　B. 数据
   C. 规则　　　　　　　　　　D. 算法

5. 下列关于 AIGC 的说法中，错误的是（　　　）。
   A. AIGC 可以生成多种类型的内容
   B. AIGC 的发展得益于计算能力的提升
   C. AIGC 在创意启发方面有一定作用
   D. AIGC 目前已经能够完全替代人类进行内容创作

6. 大模型为 AIGC 提供了（　　　）。
   A. 应用方向　　　　　　　　B. 数据来源
   C. 技术基石　　　　　　　　D. 用户反馈

7. 以下不属于大模型在 AIGC 中发挥的作用的是（　　　）。
   A. 学习海量数据中的模式和规律
   B. 生成高质量的文本、图像等内容
   C. 提高 AIGC 系统的泛化能力
   D. 减少数据量

8. 大模型的（　　　）特点，使其能够支持 AIGC 的发展。
   A. 大量的参数和强大的计算能力

B. 简单的结构和少量的参数

C. 只能处理单一类型的数据

D. 对硬件要求低

9. 在 AIGC 中,大模型通过( )来生成新的内容。

　　A. 直接复制已有数据

　　B. 根据学习到的模式和概率分布进行采样和生成

　　C. 遵循固定的规则

　　D. 随机组合已有元素

10. 关于 AIGC 和大模型的发展,下列说法正确的是( )。

　　A. AIGC 的发展不依赖大模型的进步

　　B. 大模型的发展已经停滞,AIGC 开始独立发展

　　C. 随着大模型技术的不断改进,AIGC 的应用场景不断拓展

　　D. AIGC 只需要小模型就能实现所有功能

11. AIGC 技术开始出现初步成果,但尚未有重大突破的时期是( )。

　　A. 技术萌芽期(2014—2017 年)

　　B. 模型突破期(2018—2021 年)

　　C. 多模态融合期(2021—2023 年)

　　D. 行业深耕期(2023 年至今)

12. 在 AIGC 的( ),出现了一些具有代表性的模型,如 GPT 系列等,推动了 AIGC 技术的快速发展。

　　A. 技术萌芽期(2014—2017 年)

　　B. 模型突破期(2018—2021 年)

　　C. 多模态融合期(2021—2023 年)

　　D. 行业深耕期(2023 年至今)

13. 在 AIGC 发展阶段中,( )强调将多种模态的数据(如图像、文本、音频等)进行融合,以生成更丰富、更具表现力的内容。

　　A. 技术萌芽期(2014—2017 年)

　　B. 模型突破期(2018—2021 年)

　　C. 多模态融合期(2021—2023 年)

　　D. 行业深耕期(2023 年至今)

14. 从( )开始,AIGC 技术逐渐在各个行业深入应用,与行业场景紧密结合,为行业发展带来新的机遇和变革。

　　A. 技术萌芽期(2014—2017 年)

　　B. 模型突破期(2018—2021 年)

　　C. 多模态融合期(2021—2023 年)

　　D. 行业深耕期(2023 年至今)

15. 在( )领域,AIGC 可用于生成虚拟场景和角色,辅助游戏开发。

　　A. 游戏开发　　　　　　　　　　B. 医疗诊断

　　C. 金融风险评估　　　　　　　　D. 物流配送

16. 在（　　　）领域，AIGC 可以根据患者的症状和病历生成初步的诊断建议。
    A. 教育教学　　　　　　　　　　B. 医疗保健
    C. 工业制造　　　　　　　　　　D. 农业生产

17. AIGC 能够生成新闻报道、文案创作等内容，主要应用于（　　　）领域。
    A. 交通运输　　　　　　　　　　B. 能源管理
    C. 传媒娱乐　　　　　　　　　　D. 政府管理

18. 在（　　　）行业，AIGC 可用于生成个性化的产品推荐描述，提升营销效果。
    A. 房地产　　　　　　　　　　　B. 汽车制造
    C. 电子设备　　　　　　　　　　D. 电子商务

19. AIGC 在教育领域的应用不包括（　　　）。
    A. 生成个性化学习资料　　　　　B. 辅助教学课件制作
    C. 直接代替教师授课　　　　　　D. 为学生提供答疑解惑

20. 以下是 AIGC 在艺术设计领域的应用的是（　　　）。
    A. 生成创意绘画和设计图案　　　B. 进行建筑结构分析
    C. 优化生产流程　　　　　　　　D. 监测环境质量

21. AIGC 在语音领域的应用有（　　　）。
    A. 语音降噪　　　　　　　　　　B. 语音合成与语音交互
    C. 语音信号压缩　　　　　　　　D. 语音加密

22. 在影视制作中，AIGC 可以（　　　）。
    A. 负责影片的剪辑工作　　　　　B. 承担电影的发行任务
    C. 进行票房预测　　　　　　　　D. 生成特效场景和虚拟角色

23. AIGC 生成的内容可能存在版权问题，因为（　　　）。
    A. AIGC 生成的内容都没有价值，不存在版权
    B. AIGC 生成的内容自动归属于开发公司
    C. 其可能基于大量受版权保护的数据进行学习和生成，难以明确内容的原
       创性和版权归属
    D. 用户对 AIGC 生成的内容不享有任何权利

24. AIGC 可能带来的就业影响是（　　　）。
    A. 完全取代人类工作，导致大规模失业
    B. 对就业没有任何影响
    C. 只创造新的就业机会，不会导致任何岗位流失
    D. 虽然会自动化一些任务，但也会创造新的就业机会，如 AIGC 技术研发、
       内容审核等

25. AIGC 在伦理方面面临的挑战不包括（　　　）。
    A. 虚假信息传播　　　　　　　　B. 技术发展速度过慢
    C. 算法偏见　　　　　　　　　　D. 隐私保护

26. 当 AIGC 用于生成深度伪造的视频或音频时，可能引发的社会问题是（　　　）。
    A. 误导公众，造成信任危机　　　B. 提高媒体制作效率
    C. 促进艺术创作的多样性　　　　D. 推动技术的快速发展

27. AIGC 算法可能存在偏见的原因是（　　　）。

　　A. 算法本身具有主观意识

　　B. 开发人员故意设置偏见

　　C. 训练数据存在偏差，导致模型学习到不公正的模式

　　D. 用户使用方式不当导致偏见产生

28. 在教育领域使用 AIGC 时，可能面临的伦理问题是（　　　）。

　　A. 学生学习效率过高

　　B. 学生可能利用 AIGC 作弊，影响教育公平

　　C. AIGC 提供的学习资源过于丰富

　　D. 教师对 AIGC 技术过于依赖

29. AIGC 对社会公平性的影响体现在（　　　）。

　　A. 它只会加剧社会不公平

　　B. 它与社会公平性无关

　　C. 它能自动实现社会公平

　　D. 如果其技术和资源分配不均，可能导致不同群体之间的数字鸿沟扩大，影响社会公平

30. 为了应对 AIGC 带来的伦理与社会影响，以下措施中不合适的是（　　　）。

　　A. 禁止所有 AIGC 技术的发展

　　B. 制定相关法律法规和伦理准则

　　C. 加强对 AIGC 技术的监管

　　D. 提高公众对 AIGC 伦理问题的认识和理解

二、操作题

1. 选取一款 AI 工具，生成一篇关于"未来城市"的短文。

2. 选取一款 AI 工具，生成一幅关于"未来城市"的漫画。

3. 选取一款 AI 工具，生成一段关于"未来城市交通和出行"的视频。

三、思考题

1. 简述 AIGC 的概念及与人工智能大模型的区别。

2. 简述 AIGC 的基本原理。

3. AI 生成的艺术是艺术还是技术？为什么？

4. 如何正确地使用 AI 生成作品？

参考文献

［1］吴飞. 走进人工智能［M］. 2 版. 北京:高等教育出版社,2024.

［2］刘丽,孙洪峰. 人工智能基础及应用［M］. 北京:高等教育出版社,2024.

［3］王海宾,石浪. 人工智能基础与应用［M］. 北京:电子工业出版社,2021.

［4］陈波,刘慧君. Python 编程基础及应用［M］. 北京:高等教育出版社,2020.

［5］焦李成. 人工智能通识基础［M］. 北京:人民邮电出版社,2024.

［6］齐苏敏,董兆安,刘红娟. 大学计算机基础［M］. 北京:人民邮电出版社,2023.

［7］陈云志,胡韬,叶鲁彬. 人工智能通识教程［M］. 杭州:浙江大学出版社,2023.

［8］陈建海,朱朝阳,朱霖潮. 人工智能通识基础［M］. 杭州:浙江大学出版社,2025.